Friedrich Wilhelm Henkel
Sebastian Heinecke

Chamäleons im Terrarium

Friedrich Wilhelm Henkel
Sebastian Heinecke

Chamäleons im Terrarium

Landbuch Verlag

Hinweis:

Alle in diesem Buch enthaltenen Angaben, Daten, Ergebnisse etc. wurden von den Autoren nach bestem Wissen erstellt und von ihnen und dem Verlag mit größtmöglicher Sorgfalt überprüft. Gleichwohl sind inhaltliche Fehler nicht vollständig auszuschließen. Daher erfolgen die Angaben etc. ohne jegliche Verpflichtung des Verlages oder der Autoren. Sie übernehmen deshalb keinerlei Verantwortung und Haftung für etwaige inhaltliche Unrichtigkeiten. Der Haftungsausschluß gilt nicht, soweit nach dem Produkthaftungsgesetz für Personen- und Sachschäden gehaftet wird.

Jeder Leser muß beim Umgang mit den genannten Stoffen, Medikamenten, Materialien, Geräten usw. Vorsicht walten lassen, die Gebrauchsanweisungen und Herstellerhinweise beachten und den Zugang für Unbefugte verhindern. Dieser Hinweis muß auch dann beachtet werden, wenn der Text im Inneren des Buches keinen Einzelhinweis enthält.

Die Hinweise zur Behandlung von Krankheiten dürfen auf keinen Fall als Aufforderung zur Behandlung durch den Laien aufgefaßt werden. In erster Linie ist immer der Tierarzt zuständig.

Jeder Leser, der sich mit Chamäleons beschäftigen will, muß dabei unbedingt das Artenschutzrecht beachten. Laut Bundesnaturschutzgesetz in der Fassung vom 10. Dez. 1986 dürfen „besonders geschützte Arten" weder in Besitz genommen oder erworben noch vermarktet noch sonstwie in Verkehr gebracht werden. Sämtliche Chamäleons unterliegen diesen Vorschriften. Ausnahmegenehmigungen zum Zwecke der Forschung und Lehre sind möglich, müssen aber beantragt werden. Für importierte Tiere muß der Händler bestimmte Aus- und Einfuhrbescheinigungen vorlegen. Auch für Tiere aus Nachzuchten müssen entsprechende Bescheinigungen vorgelegt werden.

Fotos:
Frank Glaw, Köln: Abb. S. 88
Sebastian Heinecke, Wuppertal: Abb. S. 5, 15 u., 107, 111, 115, 119
Friedrich Wilhelm Henkel, Bergkamen: Abb. S. 14, 15 o., 23, 35 o., 63, 65, 85, 89 o., 92, 93, 96, 123, 127, 129, 144
Christian Hoffmann, Wuppertal: Abb. S. 11
Wolfgang Schmidt, Soest: Abb. S. 19 o., 22, 26, 31, 35 u., 38, 46, 47, 50, 51, 69, 77, 80, 81, 84, 89 u., 99, 102, 103, 106, 114, 118, 122, 132, 133, 137, 141, 143, 148

Zeichnungen: Marianne Hoffmann

Lektorat: Dr. Helge Mücke, Hannover
Lithos: ReproDukt GmbH, Langenhagen
Satz, Druck und buchbinderische Verarbeitung:
Landbuch-Verlag GmbH, Hannover

ISBN 3 7842 0493 7

Inhalt

Zum Geleit

Die Chamäleons sind – nach den Geckos – die zweite Echsenfamilie, die Friedrich Wilhelm Henkel federführend für die deutschsprachigen Terrarianer bearbeitet hat; diesmal wurde er von Sebastian Heinecke unterstützt, einem vorzüglichen Kenner vor allem der afrikanischen Chamäleons und ihrer Lebensräume. Die mit heute ca. 130 bekannten Arten recht überschaubare Familie ist durch ihren hochspezialisierten Bauplan allen anderen Echsen so unähnlich, daß sie früher als eigene Reptilienordnung Rhiptoglossa (Wurmzüngler oder Vermilinguer) aufgefaßt wurde. Doch sind alle ihre Sondermerkmale – neben der mehr als körperlangen Zunge die unabhängig voneinander beweglichen Augen, Greifschwanz und Greiffüße, lange Lungendivertikel etc. – Anpassungen an die Lebensraumnische dieser perfekt getarnten Lauerjäger, und daher geeignet, die verwandtschaftliche Nähe zu Agamen und Leguanen zu verschleiern.

Die vorwiegend afrikanisch-madagassischen Chamäleons (nur vier Arten kommen auch im Nahen und Mittleren Osten vor) galten über Jahrzehnte als besonders heikle Terrarientiere. Demzufolge enthielt die entsprechende Fachliteratur kaum Erfolgsmeldungen über gelungene Haltung oder gar Zucht. Erst in den letzten eineinhalb Jahrzehnten gelang es, auch durch die verbesserten Möglichkeiten, die Lebensräume und -bedingungen der Tiere selbst vor Ort in Augenschein zu nehmen und die Probleme der Chamäleonhaltung und -zucht in weiteren Bereichen zu lösen. Hieran haben auch die beiden Verfasser gebührenden Anteil. Es ist ihnen daher zu danken, daß sie ihren reichen Erfahrungsschatz mit diesem Buch nun allgemein zugänglich machen, Kenntnisse, die sie im Laufe der Jahre auch durch die enge Zusammenarbeit in einer eigenen Arbeitsgemeinschaft Chamäleons innerhalb der Deutschen Gesellschaft für Herpetologie und Terrarienkunde (DGHT) e.V. zusammengetragen haben.

Natürlich sind und bleiben Chamäleons territoriale, individualistische Echsen, die sich für Massenimporte heute so wenig wie anno dazumal eignen. Von daher stehen sie zu Recht in den Anhängen des den kommerziellen Tierhandel regelnden Washingtoner Artenschutzübereinkommens. Verantwortungsvolle Entnahme einzelner Tiere aus ansonsten ungestörten Populationen sollte jedoch künftig wieder ohne allzu große Bürokratie möglich und erlaubt sein, um 1. das Gesetz dem tatsächlichen aktuellen Standard der Chamäleonhaltungsmöglichkeiten anzupassen und 2. befähigten Terrarianern das Weiterarbeiten auf dem Gebiet der Chamäleonkunde zu erleichtern. Denn die erzielten Ergebnisse sind erfahrungsgemäß nicht nur auch wissenschaftlich relevant, oft stimulant, sondern sie haben auch die Wirkung, den von Chamäleons faszinierten Personenkreis als die Lobby dieser Tiere zu vergrößern. Ich bin daher überzeugt, daß dieses Buch letztlich auch den Chamäleons selbst zugute kommen wird. Abseits allen Textes jedoch bewirkt bereits die Fotografie in diesem Buch, daß man der Faszination der Chamäleons schnell erliegt.

Priv.-Doz. Dr. Wolfgang Böhme

Bonn im Oktober 1992

Dank der Autoren

Bei Herrn Wolfgang Schmidt, Soest, bedanken wir uns besonders, da durch seine Betreuung dieses Buch überhaupt erst entstanden ist. Herzlich bedanken möchten wir uns bei Herrn Priv.-Doz. Dr. Wolfgang Böhme, Bonn, für die kritische Durchsicht des Manuskriptes und das Geleitwort zu diesem Buch.

Ein ganz besonderer Dank gebührt Frau Brigitte Birk für die vielen Übersetzungen aus der englischen, Frau Christina Hebel für die aus der französischen Literatur.

Ferner möchten wir uns bei allen Chamäleonpflegern bedanken, die uns durch intensive Gespräche ihr Wissen vermittelt haben. Hier seien besonders erwähnt Christian Hoffmann, Dr. Mathias Schuster und Erich Wallikewitz.

Für das Eingeben in den Computer bedanken wir uns bei Brunhilde Henkel und Gabriele Schmidt; für die Anfertigung aller Zeichnungen in diesem Buch bei Frau Marianne Hoffmann.

Bei seiner Frau Brunhilde Henkel möchte sich an dieser Stelle der Erstautor für ihre unermüdliche Hilfe und ihre große Anteilnahme an seinem Hobby bedanken.

Friedrich Wilhelm Henkel
Sebastian Heinecke

Bergkamen und Wuppertal,
im Oktober 1992

Lebensweise, Aussehen und Vorkommen der Chamäleons

Einleitung

Schon immer übten die Chamäleons eine besondere Faszination auf die Menschen aus. Das läßt sich deutlich an der mythologischen Rolle der Tiere in ihren Heimatländern und an ihrer Begehrtheit als Terrarienpfleglinge ablesen. Bereits seit den Anfängen moderner tiergärtnerischer Arbeit existieren Berichte über die Haltung verschiedenster Chamäleon-Arten. Doch bereitete die Haltung der Tiere so zahlreiche Probleme, daß sie immer nur von kurzer Dauer war.

Erst in jüngster Zeit mehren sich die Berichte über artgerechte und langjährige Haltungserfolge sowie über geglückte Nachzuchten. Die Gründe dafür liegen in der zunehmenden Reisetätigkeit der Terrarianer und den damit gewonnenen Erkenntnissen über die natürlichen Lebensräume sowie in der verbesserten Terrarientechnik, die es erlaubt, auch schwierigste klimatische Bedingungen problemlos nachzugestalten.

Zur Entwicklungsgeschichte und Systematik

Leider ist die Frage der Abstammung und der daraus sich ergebenden Systematik bis heute nicht abschließend beantwortet. Während die Squamata-Gruppe (Sauria), zu denen auch die Familie der Chamaeleonidae gehört, sich etwa vor 195 Millionen Jahren im oberen Trias entwickelte, existieren die ältesten fossilen Funde, die als Chamäleons bezeichnet werden können (wenn auch nicht ohne Zweifel), erst aus der oberen Kreidezeit, also erst aus einer Zeit vor etwa 50 Millionen Jahren. Daraus folgt, daß es sich bei den Chamäleons um eine relativ moderne Familie innerhalb der Reptilien handelt.

Wie die Abstammung, so sind auch die verwandtschaftlichen Beziehungen zu den Echsenfamilien Agamidae und Iguanidae bis heute umstritten. Beispielsweise werden von einigen Herpetologen die Chamäleons mit den Agamen zu einer Familie zusammengefaßt, von anderen hingegen strikt getrennt.

Sicher jedoch ist, daß die Chamaeleonidae innerhalb der Squamata zur Zwischenordnung der Iguania, der Leguanartigen gehören.

Wir verwenden in diesem Buch die Systematik nach KLAVER und BÖHME, 1986, weil sie uns zukunftsweisend erscheint und inzwischen allgemein gebräuchlich ist. Sie unterteilt die echten Chamäleons in die vier Gattungen: *Bradypodion, Calumma, Chamaeleo* und *Furcifer*, wobei *Chamaeleo* noch in zwei Untergattungen unterteilt ist, die aber für uns hier ohne Bedeutung sind. In der Gruppe der Erdchamäleons bleibt es bei der alten Unterteilung in die Gattungen: *Brookesia* und *Rhampholeon*.

Obwohl es sich bei den Chamäleons um eine erdgeschichtlich relativ junge Echsenfamilie handelt, liefert sie derzeit ein interessantes Beispiel für die Evolution. So werden auf Madagaskar seit der Besiedlung durch den Menschen die Wälder gerodet oder niedergebrannt. Diese Wälder stellten jedoch die letzten Rückzugsgebiete für die Chamäleons der ›ursprünglichen‹ Gattung *Calumma* dar. Diese Arten hatten sich im Laufe der

Zeit hervorragend an den Lebensraum Regenwald angepaßt. Überall wo nun dieser Lebensraum vernichtet wurde, wird die neu entstandene Kultursteppe sofort von den sehr anpassungsfähigen und wesentlich agileren Arten der ›modernen‹ Gattung *Furcifer* besetzt. Es dürfte also nur noch eine Frage der Zeit sein, wann die meisten Arten der Gattung *Calumma* ausgestorben sein werden.

Lebensraum und Verbreitung

Lange Zeit glaubte man, daß die Chamäleons ihren Ursprung in Madagaskar genommen hätten, da sie dort den größten Artenreichtum aufweisen. Erst HILLENSIS konnte diese Auffassung eindeutig widerlegen: In zahlreichen Studien untersuchte er nicht die Verbreitung der einzelnen Chamäleon-Arten, sondern verglich die Verbreitung einzelner Eigenschaften miteinander. Damit wies er nach, daß die Chamäleons in Ostafrika ihren Ursprung genommen haben. Heute gelten Westafrika und Madagaskar für die Entstehung der Artenvielfalt als sekundäre Zentren.

▷ Einer der Chamäleon-Lebensräume: Regenwald in Ostafrika.

Das Verbreitungsgebiet der Echten Chamäleons umfaßt heute Afrika, Madagaskar, Indien, Sri Lanka, das Mittelmeergebiet, Klein-Asien und Arabien. Dabei müssen als Verbreitungsschwerpunkte Madagaskar, Süd-, West- (Kamerun) und Ostafrika gelten.

Früher einmal, während wärmerer erdgeschichtlicher Abschnitte, muß das Verbreitungsgebiet erheblich größer gewesen sein, da selbst in Deutschland fossile Reste gefunden wurden. Gerade bei den europäischen Populationen ist immer noch nicht abschließend untersucht, ob es sich um die Reste einer europäischen Art oder um Wiedereinwanderer (z. B. verschleppt durch den Menschen) aus Nordafrika handelt. Die teilweise recht unterschiedliche Ökologie innerhalb der ›Art‹ *Chamaeleo chamaeleon* spricht sehr für eine eigene europäische Art. Leider sind gerade Populationen, da sie alle an der Mittelmeerküste liegen, durch den sich immer noch verstärkenden Tourismus stark bedroht.

Überblick über die Systematik von Klaver und Böhme, 1986

Klasse: **Kriechtiere** (Reptilia)

Ordnung: Eigentliche **Schuppenkriechtiere** (Squamata)

Unterordnung: **Echsen** (Sauria)

Zwischenordnung: **Leguanartige** (Iguania)

Familie: **Chamäleons** (Chamaeleonidae)

Unterfamilien

Brookesiinae	Chamaeleoninae
(Erd- o. Stummelschwanzchamäleons)	**(Echte Chamäleons)**
2 Gattungen	4 Gattungen
etwa 30 Arten	etwa 120 Arten

zahlreiche Unterarten

Verbreitung der Echten Chamäleons

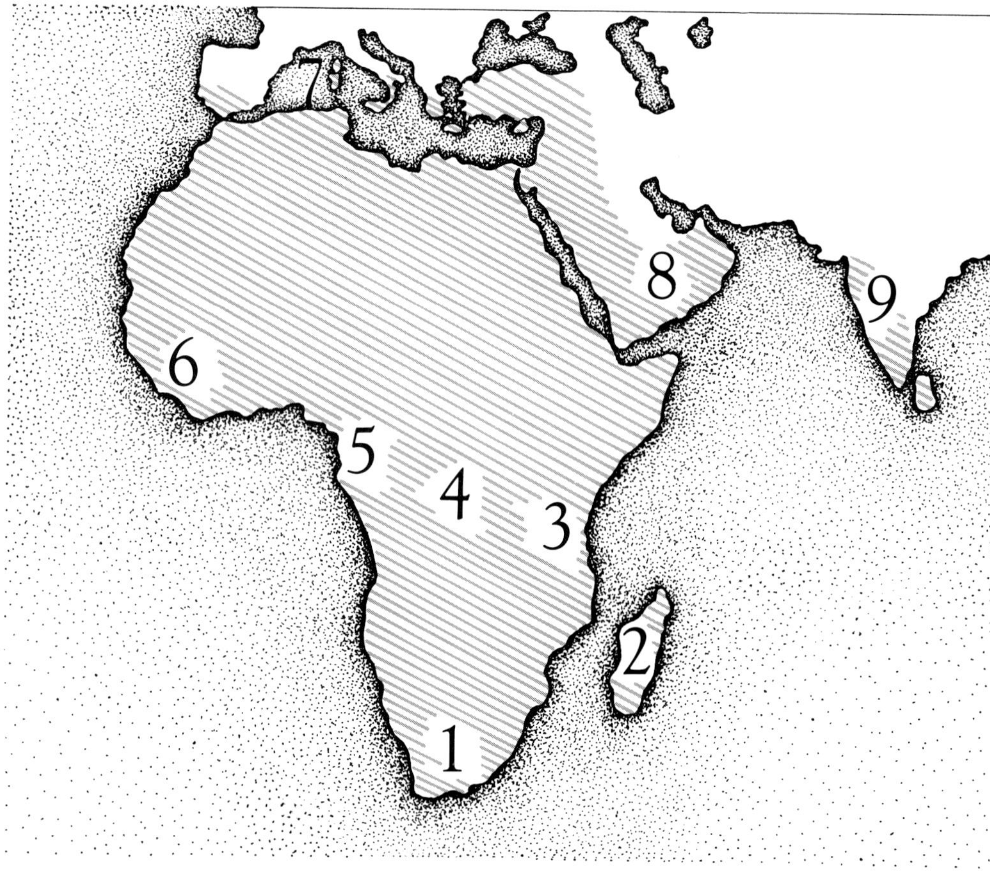

1 Südliches Afrika
2 Madagaskar, Maskarenen, Seychellen, Komoren
3 Ostafrika
4 Zentrales Afrika
5 Kamerun
6 Westafrika
7 Mittelmeergebiete
8 Arabische Halbinsel
9 Westliches Indien und Sri Lanka

Zum Verbreitungsgebiet der Erdchamäleons gehören Madagaskar (Gattung *Brookesia*) und Ost- und Zentralafrika bis nach Kamerun (Gattung *Rhampholeon*).
Innerhalb dieses riesigen Verbreitungsgebietes hat sich die Familie der Chamaeleonidae auf den Lebensraum Baum und Busch spezialisiert und sich ihm durch zahlreiche Besonderheiten in ihrer Anatomie stark angepaßt. Einige Arten, sowie auch nur einzelne Populationen einer Art, entwickeln sich allerdings bereits wieder zu Bodenbewohnern: Zu nennen sind besonders *Chamaeleo namaquensis* aus den Wüsten- und Trokkengebieten des südwestlichen Afrikas und die *Chamaeleo-chamaeleon*-Populationen die in den Randgebieten einiger algerischer Oasen leben. Beide Arten haben dabei unterschiedliche Strategien zum Überleben in dieser an sich lebensfeindlichen Umgebung entwickelt. So scheidet z. B. *Ch. namaquensis* überschüssiges Salz durch eine nasale Salzdrüse aus, um unnötigen Wasserverlust

zu vermeiden. Die europäischen Chamäleons graben sich Höhlen in den Sand, in die sie sich bei zu großer Hitze zurückziehen können. Aber nicht nur in der Wüste haben sich die Chamäleons wieder dem Leben auf dem Boden angepaßt, sondern auch der größte Teil der Erdchamäleons lebt ausschließlich auf dem Boden bzw. in der Laubschicht der Regenwälder.

Wenn man einmal von dieser Spezialisierung absieht, findet man die Tiere in den unterschiedlichsten Vegetations- und Klimazonen. Selbst die höchsten Gebirgszüge haben sich einzelne Arten als Lebensraum erschlossen. So lebt *Chamaeleo schubotzi* am Mount Kenia noch in einer Höhe von 4500 m direkt an der Schneegrenze. Ähnlich verhält es sich bei *Ch. rudis* in den Ruwenzoris.

Aber auch andere Extreme werden bewohnt. Z. B. lebt *Bradypodion occidentale* sogar auf den schneeweißen Muschelkiesdünen an der Küste Südwestafrikas, die nur spärlich mit Kraut bewachsen sind. Die Lichtverhältnisse dort sind so extrem, daß man die Augen mit einer Sonnenbrille vor dem grellen Licht schützen muß, um überhaupt etwas zu sehen. *B. occidentale* ist die zweite bekannte Chamäleon-Art, die Salz durch eine Drüse an der Nase ausscheidet.

Verbreitung der Erdchamäleons

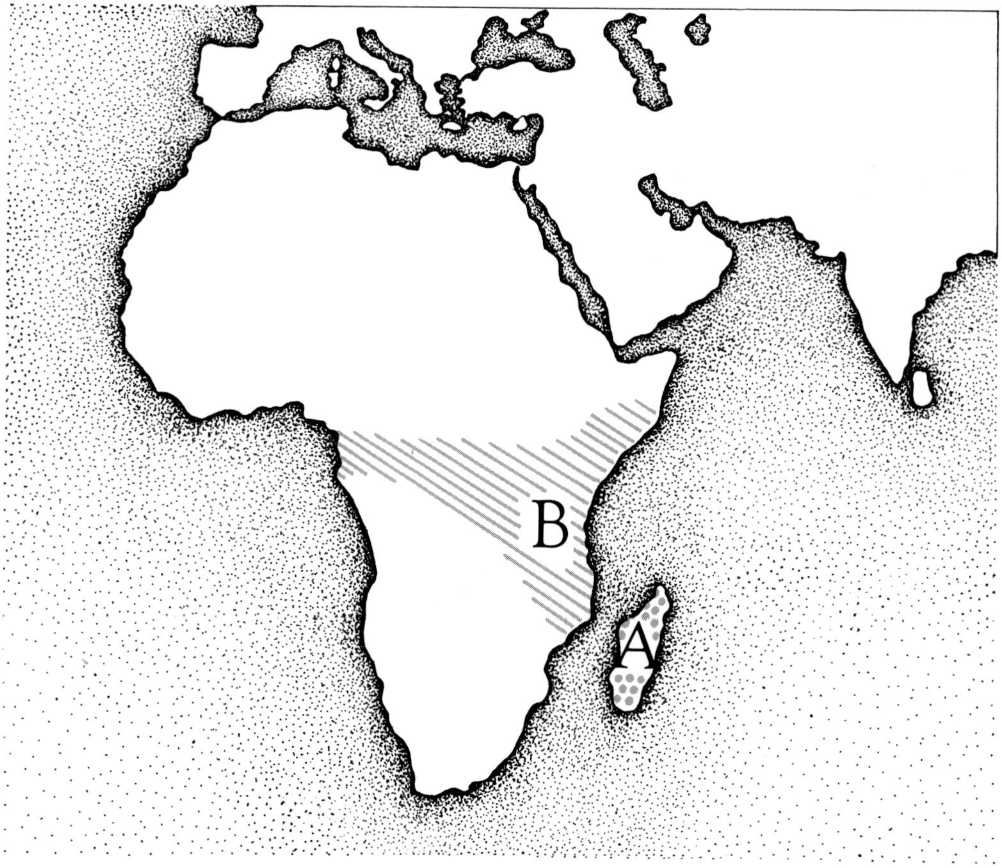

A Brookesia

B Rhampholeum

Wenn man sein Chamäleon artgerecht pflegen und erfolgreich zur Nachzucht bringen will, muß man den genau umrissenen Lebensraum kennen, aus dem die Tiere stammen. Dies kann bei den einzelnen Arten recht schwierig sein, da sie häufig riesige Verbreitungsgebiete besitzen und dort unterschiedlichste Biotope besiedeln, wie z. B. *Ch. chamaeleon*, das zahlreiche „mediterrane Variationen" hervorgebracht hat, oder aber *Ch. dilepis*, eine Art, die fast ganz Afrika südlich der Sahara bewohnt. Zur artgerechten Pflege ist es unumgänglich, daß man den genauen Fundort und das Biotop kennt, in dem die Chamäleons dort leben.

Da man nur in den seltensten Fällen sich seine Tiere selbst aus der Natur entnehmen kann, ist man gezwungen, sich auf die Angaben des Händlers oder auf die Daten eines Klimakataloges zu verlassen. Hierbei ist aber Vorsicht geboten, denn die Daten der Klimakataloge sind in der Regel Durchschnittswerte und stimmen nur selten mit den Werten im Habitat überein. So sind die Temperaturen im Regenwald häufig erheblich kühler und ausgeglichener als außerhalb.

Um hier nicht eine endlose Aufzählung der Habitate vorzunehmen, haben wir in der Tabelle (Seiten 149 bis 152, die den Artenbeschreibungen folgt, versucht, jeder Art das typische Biotop sowie die bewohnte Vegetationszone grob zuzuordnen.

Die Bedeutung der Abkürzungen sind der folgenden Übersicht zu entnehmen:

Weiteres Beispiel eines Chamäleon-Lebensraumes: Savannenlandschaft in Südafrika.

△ Biotop von *Furcifer pardalis* auf der Insel Nosy Bé. ▽ *Chamaeleo gracilis* im natürlichen Lebensraum: Savannenlandschaft im Meru-Nationalpark in Kenia.

L e b e n s r a u m:

A = Baumbewohner
B = Buschbewohner
C = Bodenbewohner
D = Laub- und Krautschichtbewohner
E = Bewohner der offenen Grassavanne

V e g e t a t i o n s z o n e:

I = Regenwald
II = Trockenwald
III = Feuchtsavanne
IV = Trockensavanne
V = Wüste

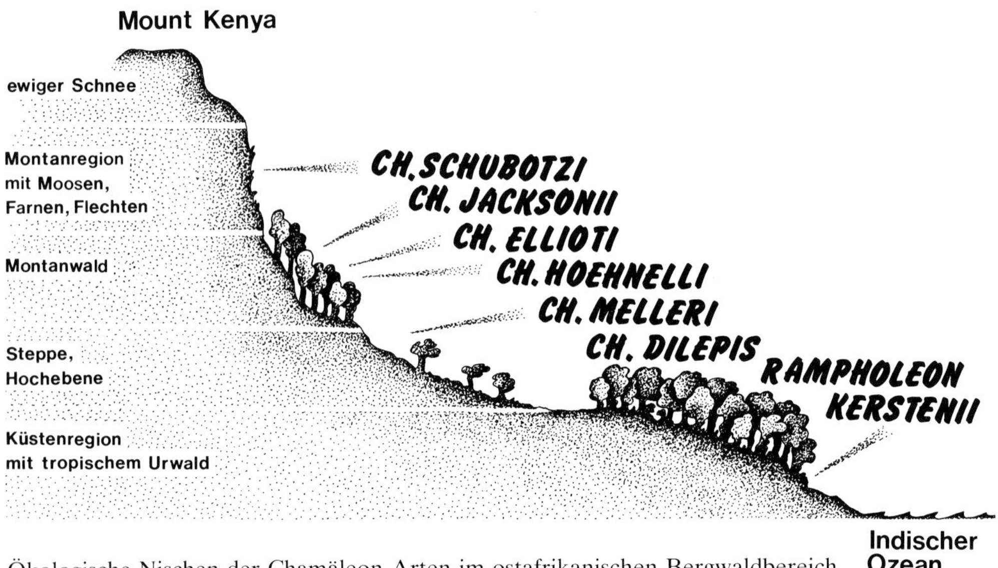

Ökologische Nischen der Chamäleon-Arten im ostafrikanischen Bergwaldbereich.

Geographische Einnischung der Chamäleon-Arten in Ostafrika.

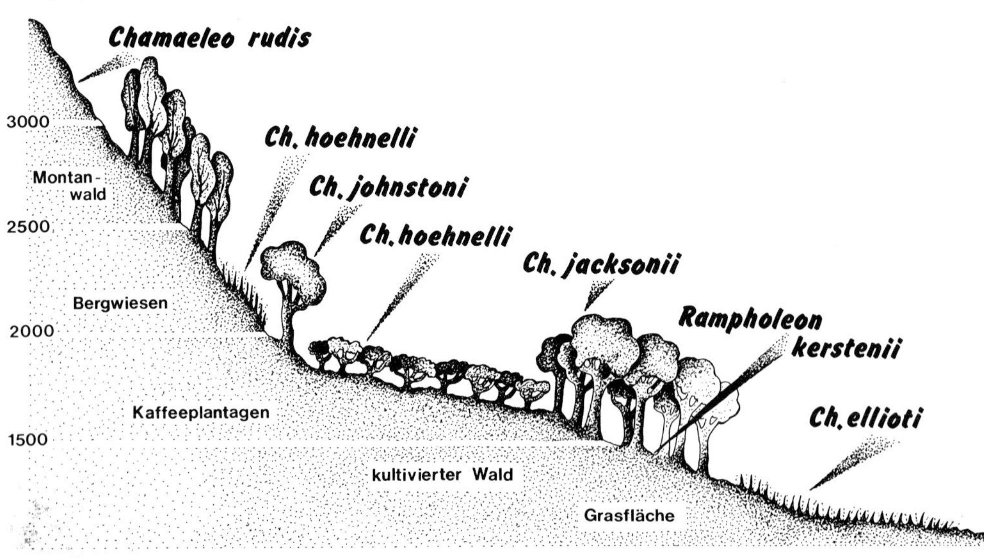

Mythologie

Das Chamäleon hat in der afrikanischen Mythologie eine sehr große Bedeutung. Im übertragenen Sinne spielt es etwa die gleiche Rolle wie die Schlange im Sündenfall. Auch hier wird einem Reptil eine Aufgabe zugedacht, die sowohl als Schuldzuweisung, wie auch als Entschuldigung für die Vergänglichkeit des irdischen Lebens dient.

Noch viele weitere mystische Eigenschaften werden den Chamäleons zugesprochen. Wir wollen hier nur einige Beispiele aufgreifen. Darüber hinaus verweisen wir auf den Artikel von W. BÖHME, 1988, und die Schriften von M. SCHUSTER, die dieser uns dankenswerterweise zur Verfügung gestellt hat.

Bei einigen afrikanischen Stämmen entstand ein Mythos vom Ursprung des Todes der Menschen. Hiernach wurde die Gottesbotschaft, von der Unsterblichkeit des Menschen vom Chamäleon den Menschen überbracht. Nachdem Gott beschlossen hatte, daß die Menschen unsterblich seien, beauftragte er das Chamäleon, diese Botschaft den Menschen zu überbringen. Da das Chamäleon aber sehr bedächtig lief und auch immer wieder sitzen blieb, um zu fressen oder um sich zu putzen, kam es nur sehr langsam vorwärts.

An dieser Stelle sind bei einigen Stämmen unterschiedliche Interpretationen entstanden. Eine Auffassung lautet: Die Schlange, die den Auftrag Gottes an das Chamäleon gehört hatte, eilte auf schnellstem Wege zu den Menschen und sagte, sie sei von Gott geschickt, ihnen die Sterblichkeit der Menschen zu überbringen. Als das Chamäleon ankam und die falsche Botschaft der Schlange hörte, schleppte es diese zurück zu Gott. Dieser war über beide zornig und verfügte, daß das Chamäleon und die Schlange von nun an bei jeder Gelegenheit zu töten seien.

Eine andere Auffassung lautet: In der Zwischenzeit wurde ein schnelleres Tier von Gott gesandt (an dieser Stelle werden unterschiedliche Tiere genannt, z. B. Eidechse, Hase, Insekt, Vogel usw.), um den Menschen die Botschaft der Sterblichkeit zu überbringen. Da die Menschen diese Botschaften akzeptierten, schenkten sie dem viel später eintreffenden Chamäleon keinen Glauben mehr. Weil aber auf diese Weise der Tod auf die Welt kam, wird das Chamäleon von vielen Stämmen gehaßt.

Andere Stämme leiten dasselbe Ergebnis etwas anders ab und geben dem Chamäleon keine Schuld, da es ja von Natur aus sehr langsam ist. Schon an diesen wenigen Beispielen kann man erkennen, wie tief das Chamäleon mit dem Glauben der Afrikaner verwurzelt ist.

Bei den Madagassen spielt das Chamäleon in der Mythologie keine bedeutende Rolle. Man kann überhaupt heute den Eindruck gewinnen, daß sie der gesamten Natur gegenüber sehr gleichgültig oder feindlich eingestellt sind. Allerdings leben einige isoliert wohnende Stämme noch im Einklang mit der Natur. Bei verschiedenen Gruppen haben sich unterschiedliche Einstellungen gegenüber Chamäleons entwickelt. Während einige Stämme an der Ostküste die Tiere meiden, weil sie Unglück bringen, werden sie im Süden von Medizinmännern zur Heilung von Krankheiten benutzt. Dabei werden die lebenden Tiere dem Kranken vor das Gesicht gehalten und die jeweilige Reaktion des Kranken vom Medizinmann gedeutet. Aber auch verhexende Eigenschaften werden dem Chamäleon zugesprochen. Wenn eine Frau einem Chamäleon in die Augen sieht, wird es von diesem so entstellt, daß kein Mann sie mehr heiratet. Natürlich verlieren sich solche Prophezeiungen mit dem Fortschreiten der Zivilisation. Ähnliche Eigenschaften wurden

früher unserem einheimischen Feuersalamander *Salamandra salamandra* zugeschrieben.
Bei vielen Völkern spielt das Chamäleon in der Medizin eine bedeutende Rolle. So kann man getrocknete Chamäleons auf den Märkten Nord- und Westafrikas zu medizinischen Zwecken erwerben. An dieser kurzen Übersicht kann man schon erkennen, wie sehr das Chamäleon den Geist der Menschen beflügelt hat.

Körperbau

Die heutigen Arten haben mit ihrer Körperform und ihren spezifischen Merkmalen eine nahezu perfekte Anpassung an ihren arborealen (baumgeprägten) Lebensraum vollzogen. Im Laufe ihrer Entwicklungsgeschichte haben die Chamäleons ihren ursprünglich echsenähnlichen Körperbau in der Weise umgeformt, daß sie heute als die am besten an das Leben auf Bäumen und Büschen angepaßten

Schematische Darstellung der zur Bestimmung heranzuziehenden Körpermerkmale.

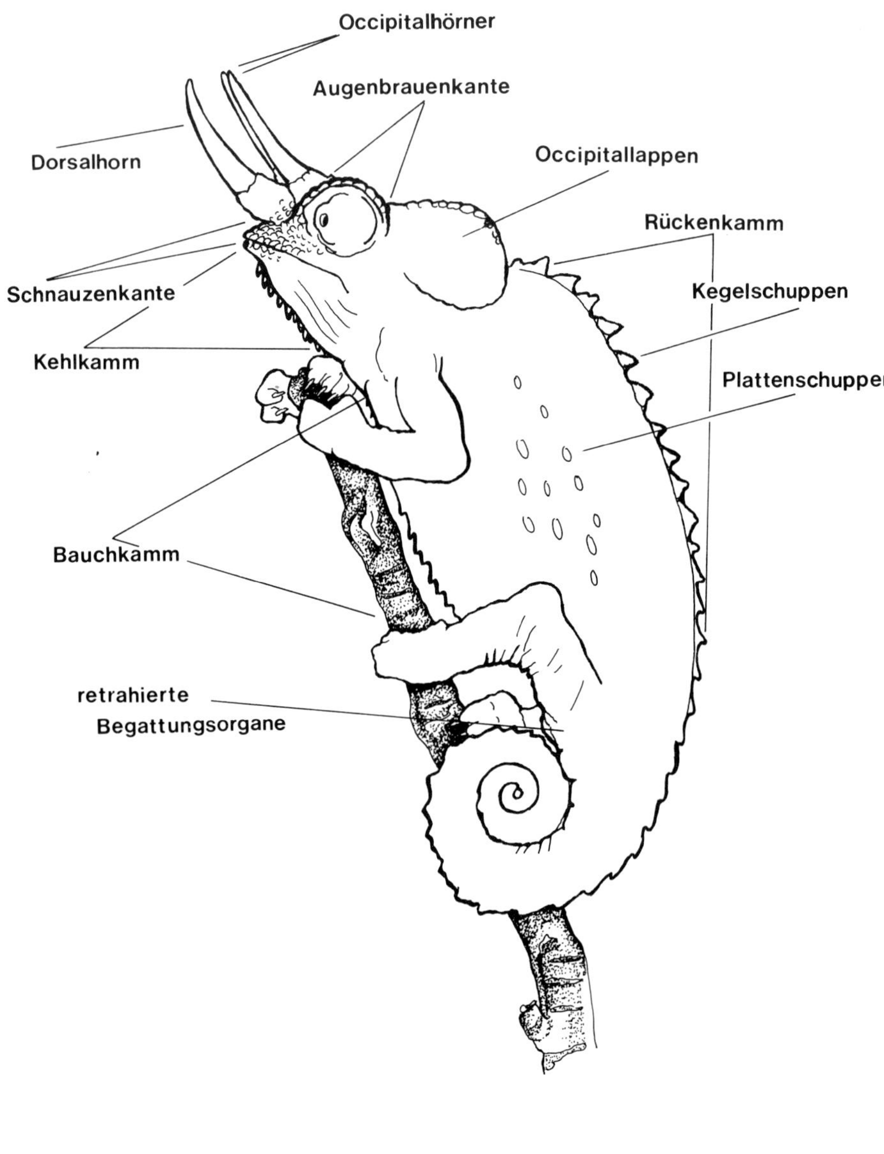

△ Die Körpermerkmale der Chamäleons sind hier besonders gut zu erkennen: *Chamaeleo quadricornis*.

Stellung der Füße beim Greifen. ▽

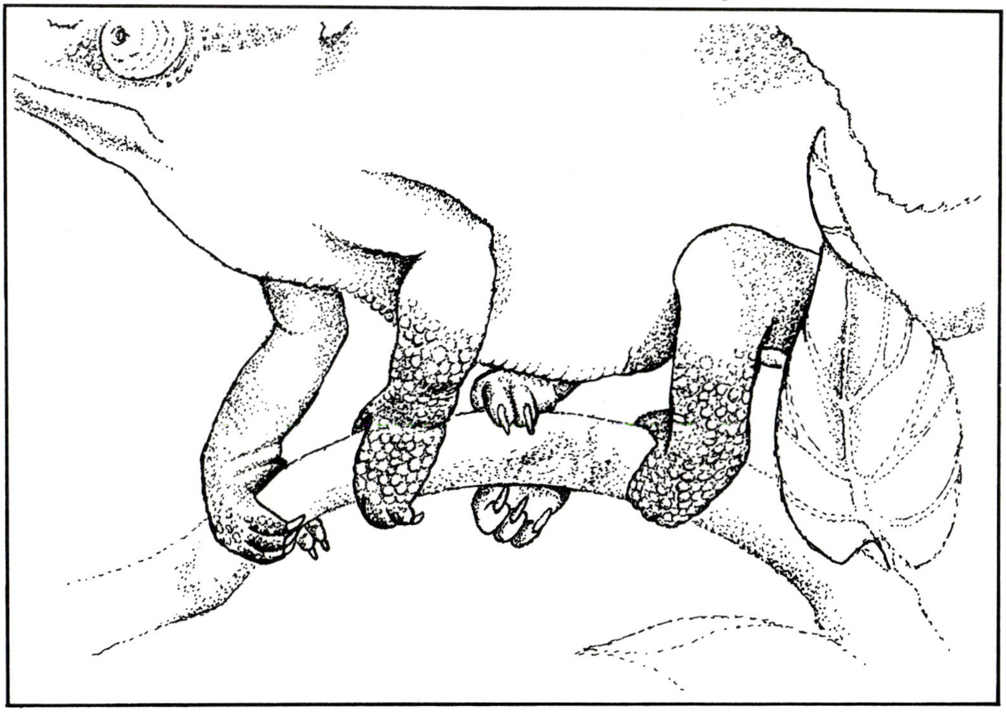

Reptilien gelten. Der Rumpf ist schmal und hoch und erinnert in seinem Aussehen sehr stark an ein Blatt. Lediglich einige Erdchamäleon-Arten weisen einen mehr rundlichen Körperquerschnitt auf, der dafür aber sehr stark an einen Ast erinnern kann.

Ebenfalls charakteristisch sind die zu Greifzangen umgeformten Füße. Dabei sind jeweils die 5 Finger zu zweit bzw zu dritt miteinander verwachsen, vorn und hinten jeweils umgekehrt. Mit ihnen können die Chamäleons nun im Geäst greifen und finden so selbst auf im Wind schaukelnden Ästen sicheren Halt. Dabei werden die echten Chamäleons von dem langen und sehr beweglichen Schwanz unterstützt, den sie als ›5. Hand‹ zum sicheren Verankern im Geäst benutzen. Dieser Schwanz ist so wichtig für die Chamäleons, daß er nicht abwerfbar (Autotomie) und regenerierbar ist, wie bei den Eidechsen. Einige wenige Arten besitzen auf der Schwanzunterseite im hinteren Drittel eine gewisse Anzahl von Haftschuppen, die aber bisher auf ihre Struktur noch nicht untersucht wurden.

Ganz anders verhält es sich mit den Schwänzen der madagassischen Erdchamäleon-Arten. Bei ihnen ist der Schwanz recht unbeweglich und dient nur zum Abstützen im Biotop.

Eine weitere Besonderheit stellen auch die weit ausgebuchteten Lungen der Chamäleons dar. Sie ermöglichen, daß sie sich aufpumpen, z. B. um einen Fall abzufedern. Die weiteren Besonderheiten, wie Auge und Schleuderzunge, sind gesondert dargestellt.

Aussehen, Mimese und Akinese

Die Familie der Chamäleons enthält neben einer Reihe wenig variabler Arten aber auch besonders solche, die zu einer hochgradigen Vielgestaltigkeit neigen. Sie wird deshalb als eine der variationsreichsten in der Echsengruppe angesehen.

Diese Vielgestaltigkeit zeigt sich nicht nur an den Unterschieden der einzelnen Arten, sondern kann auch geschlechts- oder altersspezifisch ausgeprägt sein. Deshalb kann es unter Umständen große Schwierigkeiten bereiten, die Art eines Chamäleons zu bestimmen. Dies ist aber unabdingbare Voraussetzung für die Zucht. Die wichtigsten Merkmale haben wir in einer Zeichnung einmal schematisch stark vereinfacht dargestellt (siehe Abschnitt „Geschlechtsunterschiede“).

Das auffälligste Merkmal überhaupt stellen wohl die Schnauzenfortsätze und die Hörner dar. Die Variationsbreite zwischen den Arten reicht von einem kleinem nasenähnlichen beschuppten Fortsatz, wie ihn z. B. *Calumma nasuta* besitzt, bis hin zu den baggerschaufelähnlichen, sehr imposanten Fortsätzen, wie sie die *Calumma parsonii*-Männchen aufweisen. Aber auch die Anzahl der Hörner variiert sehr. So können die Chamäleons bis zu 6 Hörner besitzen (*Chamaeleo quadricornis gracilior*).

Lange Zeit blieb die Bedeutung dieser Schnauzenanhänge der Wissenschaft verborgen. Erst 1981 wiesen BÖHME und KLAVER anhand der Kameruner Montanarten nach, daß die Anhänge zur Arterkennung zwischen den Geschlechtern dienen. In der Regel sollen so die Weibchen ihre passenden Männchen erkennen. Dies ist sehr wichtig in Gebieten, wo mehrere ähnliche Arten vorkommen.

Ebenfalls besonders eindrucksvoll sind die Hinterkopf- oder Occipitallappen, die bei einigen Arten stark an Elefantenohren erinnern. Bei vielen Arten sind sie beweglich und können abgespreizt werden, ähnlich wie es die Elefanten auch machen. Die Chamäleons verleihen sich so eine optische Vergrößerung, um mögliche Feinde (Prädatoren, Beutegreifer) abzuschrecken. Arten wie *Calumma brevicornis* zeigen in bestimmten Bedrohungssituationen keine Angst vor dem Menschen und greifen diesen mit abgespreizten Occipitallappen an.

Ebenfalls zur Artunterscheidung dienlich sind die variablen Körperkämme. Der Rückenkamm kann aus einfachen Kegelschuppen gebildet sein, teilweise aber auch aus riesigen Stacheln oder aus einem an Drachen erinnernden Körpersegel wie bei einigen westafrikanischen Chamäleon-Arten. Bei den letzteren besteht der Rückenkamm aus einer Haut, die mit Hilfe einzelner Dornfortsätze zu einer Art Segel gespannt wird. Die Höhe eines solchen Rückenkammes kann bis zu 5 cm betragen.

Auch der Kehlkamm kann die Artbestimmung erleichtern. So weisen nur einige südafrikanische Zwergchamäleons, sowie *Calumma tigris* und *Chamaeleo eisentrauti* beschuppte Hautläppchen als Kehlkamm auf.

Als letztes Merkmal sei kurz der Helm erwähnt, der bei einigen Arten bis zu 8 cm hoch sein kann (*Chamaeleo calyptratus*). Die wichtigste Funktion dieser scheinbar aufwendigen Formenvielfalt der Chamäleons ist es, die Tiere in ihrer natürlichen Umgebung durch Auflösung der Konturen optisch unsichtbar für mögliche Beutegreifer zu machen.

Ebenso wie bei den Merkmalen variieren die einzelnen Arten auch in der Größe erheblich. *Furcifer oustaleti* ist mit einer Gesamtlänge von fast einem Meter die größte bekannte Art, und *Brookesia minima* mit einer maximalen Gesamtlänge von 34 mm die kleinste. Bei einigen Arten wie z. B. *Furcifer antimena* kann auch die Größe zwischen den Geschlechtern stark unterschiedlich sein.

Bei den Chamäleons handelt es sich um recht langsame und teilweise sehr auffällig gefärbte Tiere, so daß es auf Anhieb verwunderlich erscheint, daß sie bis in unsere Zeit überlebt haben. Aber jeder, der schon einmal Chamäleons gesucht hat, wird wissen, wie schwer es ist, die Tiere überhaupt zu entdecken.

Dafür haben die Chamäleons eine ganze Reihe von Schutzanpassungen vorgenommen. Neben einer echten Tarnfärbung kann auch eine grelle Zeichnung für eine möglichst gute Auflösung der Umrisse in der freien Natur sorgen. Die Tarnung durch die Zeichnung und die blattähnliche Körperform (Blattmimese) („Mimese“ = Schutz durch ›Nachahmung‹ eines Objektes der Umgebung) verstärken die Chamäleons noch durch ein besonderes Schutzverhalten, das sogenannte Windschaukeln. Dabei bewegen sich die Chamäleons, immer wenn sie sich beobachtet fühlen, nur noch ruckartig vorwärts, erst ein Stück vor und dann wieder ein kleineres Stück zurück. Auf diese Weise täuschen sie im Wind sich bewegende Blätter vor.

Bei den Erdchamäleons weisen die *Rhampholeon* und *Brookesia nasus* ebenfalls eine blattförmige Gestalt auf. Im Gegensatz zu den meisten Brookesia-Arten besitzen sie auch nicht die typische Rückensäge. Sie erinnern vielmehr einfach an verwelktes Laub auf dem Waldboden.

Die meisten Chamäleon-Arten aber zeigen eine Stöckchen- und teilweise auch eine Trockenes-Laub-Mimese. Neben der meist braunen Tarnfärbung ist das auffallendste Kennzeichen der madagassischen Erdchamäleons die entlang des Rückenfirstes verlaufende Rückensäge. Sie besteht aus nach den Seiten gerichteten Stachelschuppen und erinnert stark an das Gerippe eines vertrockneten Blattes.

Als weitere Schutzanpassung für die *Rhampholeon* wird in der Literatur für *R. kerstenii* noch die Grasmimese beschrieben.

Ebenso wie die echten Chamäleons verstärken auch die Erdchamäleons ihre Strukturmimese durch ein besonderes Verhalten: die Akinese (das Sich-Tot-Stellen).

Wird ein Erdchamäleon von einem Beutegreifer belästigt, so erstarrt es erst einmal in seinen Bewegungen, teilweise verschließt das Tier sogar die Augen, um sich nicht zu verraten. Wird es noch weiter belästigt oder sogar berührt, so läßt es sich einfach wie erstarrt auf den Waldboden fallen. In diesem Zustand sind die Erdchamäleons kaum von einem Ästchen zu unterscheiden. Läßt der Prädator nun von dem *Brookesia* ab, so wartet es noch eine ganze Weile, bevor es schleunigst das Weite sucht. Da aber häufig die Freßfeinde sich nicht so leicht täuschen lassen, schützen sich einige Erdchamäleons zusätzlich durch ein äußerst kompliziert aufgebautes Skelett.

▷ Der Greifschwanz der Echten Chamäleons ist so wichtig für die Tiere, daß er nicht abgeworfen und regeneriert werden kann: *Furcifer oustaleti* als Beispiel.

Bei Ihnen befindet sich über der Wirbelsäule ein Sparrenwerk aus akzessorischen Bögen, die dem Rückenmark einen außerordentlich mechanischen Schutz verleihen. Dies kann z. B. bei Vögeln, die durch Picken herauszufinden versuchen, ob da nicht doch etwas Freßbares zu Boden gefallen ist, sehr von Vorteil sein. So brauchen die Erdchamäleons nicht so schnell ihre Akinese aufzugeben.

Eine wichtige Voraussetzung, daß dieses Schutzverhalten auch funktioniert, ist, daß die Erdchamäleons beim Fallen immer auf dem Bauch landen, bzw. sich sofort in die richtige Position drehen. In zahlreichen Experimenten konnten wir

Brookesia legendrei (Weibchen) im Zustand der Akinese.

dieses Verhalten gut beobachten. Die Steuerung für diesen Vorgang sollen die verkalkten endolymphatischen Säcke durchführen, die ein besonderes statisches Organ darstellen. Bis heute ist die Funktion dieses Organs nicht ausreichend geklärt.

Wenn man nun diese fast perfekte Anpassung an den Lebensraum betrachtet, läßt sich auch leicht erklären, weshalb die an sich langsame Echsenfamilie bis in unsere heutige Zeit überleben konnte.

Haut und Häutung

Betrachtet man die Chamäleonhaut, erkennt man ein reptilien-typisches Schuppenkleid. Im Gegensatz zu vielen anderen Echsen besteht die Beschuppung hier aus nebeneinander liegenden Körnerschuppen, den sog. Granula, teilweise mit regel- oder unregelmäßig eingestreuten anderen Schuppen, den sog. Tuberkeln. Diese Granulabeschuppung ist sehr variabel und weist, sowohl art- als auch gruppencharakteristisch, eine gewisse Variationsbreite selbst innerhalb einer Art auf. Das Muster kann z. B. auch rein altersbedingt sein. Trotzdem dient die Beschuppung als wichtiges Merkmal zur Bestimmung und zur Systematik.

Die Schuppen können in ihrem Aussehen und ihrer Größe recht unterschiedlich beschaffen sein. So unterscheidet man bei den Chamäleons gekielte und ungekielte Schuppen ebenso wie Körnerschuppen, Tuberkelschuppen, Tafelschuppen, Kegelschuppen, und bei einigen Arten werden sie sogar als Stacheln oder Dornen bezeichnet. Auffallend ist, daß häufig am Kopf große Plattenschuppen eingelagert sind. Wie bei allen Reptilien ist auch die Chamäleonhaut sehr drüsenarm.

Die wichtigste Aufgabe dieser äußerlich recht harten, teilweise rauhen Haut ist es, die Chamäleons vor allen äußeren Einflüssen zu schützen. Das bedeutet insbesondere, Schutz vor mechanischen Verletzungen, aber auch Schutz vor Wärme und Wasserverlust zu bieten. All dies wird von ihr hervorragend gewährleistet. Im Aufbau unterscheidet sich die Haut nicht von der anderer Reptilien. Sie besteht aus drei verschiedenen Schichten mit unterschiedlichen Funktionen. Die erste Schicht ist die äußerlich sichtbare Oberhaut Epidermis, die den eigentlichen Schutzwall gegen die äußeren Einflüsse bildet. Deshalb ist ihre oberste Schicht verhornt und kann nicht mehr mitwachsen. Da aber die Chamäleons laufend wachsen (ihr Wachstum endet erst mit dem Tod) und die Oberhaut durch die ständige Berührung mit der Umwelt sich abnutzt, muß sie in regelmäßigen Abständen erneuert werden. Dieser Vorgang geschieht durch ständige Zellteilungen in der untersten Schicht, die laufend neue Zellen nach oben schiebt. In diese werden dann Keratine eingelagert, so daß eine Art Hornhaut entsteht. Ist die neue Haut unter der alten fertiggestellt, beginnt das Chamäleon mit der Häutung. Man erkennt dies leicht an einer leichten Eintrübung der Haut. Diese beginnt sich dann an verschiedenen Körperstellen zu lösen. Den Vorgang versuchen die Chamäleons aktiv zu unterstützen, indem sie ihren Körper an Ästen und Steinen scheuern, oder aber sie versuchen mit Hilfe des Mauls und der Füße, die Haut abzuziehen.

Die Häutung erfolgt hormongesteuert und wird von den Umwelteinflüssen wie Temperatur, relative Luftfeuchtigkeit und Ernährungszustand beeinflußt. An einer schlechten Häutung lassen sich Haltungsfehler häufig zuerst erkennen.

Die Häutung kann unterschiedlich lange dauern: bei einigen Arten nur wenige Stunden, bei anderen mehrere Tage. Bereits kurz nach dem Schlupf findet die erste Häutung statt.

Unter der Epidermis liegt die Lederhaut oder Corion; sie besteht aus Bindegewebe und elastischen Fasern. Neben Gefäßen, verschiedenen Nerven und Sinneskörpern beinhaltet sie die Hautmuskulatur und die sehr wichtigen Farbzellen. Unter dem Corion liegt die dritte Schicht, die sog. Unterhaut oder Subcutis, deren Aufgabe einzig darin besteht, die Haut mit der darunter liegenden Muskulatur zu verbinden.

Färbung und Farbe als Sprachersatz

Mit zu den bekanntesten Besonderheiten der Chamäleons gehört das Farbwechselvermögen. Dabei wird diese Fähigkeit häufig überschätzt oder als einzigartig dargestellt, obwohl andere Reptilienfamilien ebenfalls zum Farbwechsel befähigt sind. Auch die Geschwindigkeit, mit der die Chamäleons ihre Farbe wechseln, ist nicht so erstaunlich schnell, sondern eher ein langsamer Prozeß, bei dem sich die Tiere häufig erst blaß färben, bevor sie ihre leuchtenden Farben zeigen. Bei genauerem Verständnis des Mechanismus ist dieses auch erklärlich.

Jede Chamäleon-Art hat eine ganz bestimmte Farbpalette zur Verfügung. Innerhalb dieses Farbspektrums sind die Tiere in der Lage, alle möglichen Farbabstufungen und Zeichenmuster anzunehmen. Dabei ist es allerdings nicht üblich, daß sich die Chamäleons, wie früher einmal vermutet, ihrer Umgebung anpassen. Bei genauer Beobachtung stellt man fest, daß die Färbung die Stimmung der Tiere ausdrückt. Auch bestimmte Zustände lösen bestimmte Farbbilder aus, wie z. B. die häufige Trächtigkeitsfärbung, die Männchen von weiteren Paarungsversuchen abhalten soll. Dabei wird deutlich, daß die Färbung zu einem Instrument der Kommunikation zwischen den einzelnen Tieren einer Art geworden ist. So drücken die Chamäleons Demutshaltung, Angst, Paarungsbereitschaft und vieles mehr mit Hilfe ihrer Färbung aus. Zusätzlich unterstützen sie die Färbung durch bestimmte Verhaltensweisen wie Kopfnicken, Querwakkeln usw.

Viele Arten sind aber auch nur sehr begrenzt oder gar nicht zum Farbwechsel befähigt. Sie sind lediglich in der Lage, ihre Färbung aufzuhellen oder zu verdunkeln. Zu ihnen gehören die Erdchamäleons, die größtenteils nur eine braune Tarnfärbung aufweisen. Bei ihnen läßt sich ihre Stimmung oder ihr Zustand nur am Verhalten ablesen.

Neben der Stimmung hängt die Färbung bzw. die Farbintensität noch von den

Schematische Darstellung des Farbwechsels.

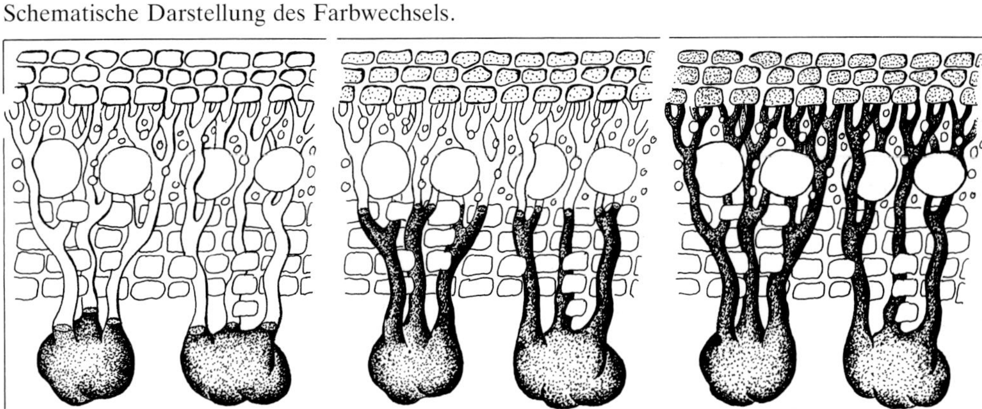

Brookesia stumpfii bei der Häutung.

verschiedensten Umweltfaktoren ab, wie z. B. Lichtintensität, Temperatur und Tageszeit. Aber auch mit zunehmendem Alter verblassen bei einigen Arten die Farben. Die meisten Arten zeigen nur in der Sonne ihr schönstes Farbkleid.

Ein Problem bei den Nachzuchten einiger Zwergchamäleon-Arten besteht darin, daß sie bei lebenslanger Terrarienhaltung nie die gleiche Farbintensität wie die Wildfänge zeigen. Auch UV-Bestrahlung brachte keine Abhilfe. Erst während längerer Freilandaufenthalte, z. B. während des Sommers im Garten, entwickelten die Jungtiere die gleiche intensive Färbung wie ihre Eltern. Die einmal so erreichte Färbung verlor sich später auch bei dauerhafter Terrarienhaltung nicht mehr.

Häufig ist eine matte Färbung auch Anzeichen für eine Erkrankung des Tieres, da die Steuerung des Farbwechselvermögens über das Nervensystem erfolgt und Energie verbraucht. Verletzungen am Rückenmark können dazu führen, daß ab der verletzten Stelle die Tiere sich nicht mehr umfärben können und einfach eine dunkle Farbe zeigen.

Als letztes erwähnen wollen wir die Besonderheiten der Streßfärbung. Im Gegensatz zu der Angst- oder Demutsfärbung zeigen die Chamäleons dabei keine dunklen Farbtöne, sie ärgern sich also nicht sprichwörtlich schwarz – sondern zeigen sich vielmehr in den leuchtendsten und schönsten Farben. Diese sollen einfach nur ausdrücken: „Bleib mir vom Leibe“. Weist ein Tier permanent diese Färbung auf, so kann dies auf einen Haltungsfehler hindeuten. Wenn man diesen nicht versucht zu beseitigen, stirbt das Tier kurze Zeit später an Streß.

Im folgenden wollen wir die Funktionsweise des Farbwechsels kurz erklären.

Ausgelöst wird die eigentliche Färbung und auch das Umfärben durch die Wanderung des sog. Melanins (schwarzer Farbstoff) in der Melaninzelle. Das Melanin bewirkt an sich nur eine Hell-Dunkel-Färbung, ruft aber auch durch Überlagerung bestimmter Pigmentzellen den eigentlichen Farbwechsel hervor. Für die bunte Färbung sorgen die verschiedenen Pigmentzellen in der oberen Hautschicht. Unter ihnen gibt es die Chromatophoren: Sie bilden die oberste Farbzellenschicht und sind im wesentlichen für gelbe und rote Farbtöne verantwortlich. Die darunter befindlichen Guanophoren (es handelt sich lediglich um farblose Kristalle, das sog. Guanin) sorgen durch Reflektion des Lichtes für die blauen Farbtöne. Den gleichen Effekt kann man täglich am Himmel beobachten. Grüne Farbtöne und viele andere auch werden durch das Mischen der reflektierten Lichtstrahlen gebildet. Die Färbung entsteht also durch ein sehr kompliziertes Zusammenspiel der einzelnen Farbzellen mit den Melaninzellen, wobei das Melanin durch Überlagerung der Pigmentzellen die wechselnden Farbtöne hervorruft.

Das Auge

Eines der typischsten und auffälligsten Merkmale eines Chamäleons sind seine Augen. Sie stellen das wichtigste Sinnesorgan und gleichzeitig mit der Schleuderzunge die perfekteste Anpassung an den arborealen (baumgeprägten) Lebensraum dar. So gelten die Chamäleonaugen als eines der am höchsten entwickelten optischen Sinnesorgane bei den Wirbeltieren überhaupt.

Der grundsätzliche Aufbau entspricht dem Linsenauge der Wirbeltiere, welches ein bildhaftes Sehen ermöglicht. Das eigentliche Auge wird von den zu einer Halbkugel zusammengewachsenen

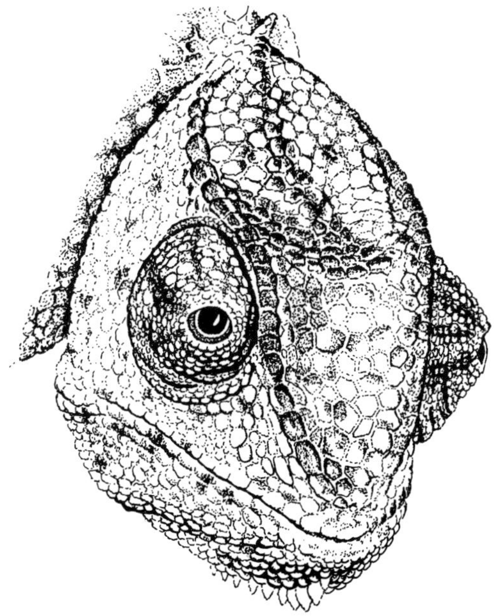

Mögliche Stellung der Augen beim Chamäleon.

Lidern umschlossen, welche nur in der Mitte eine runde Öffnung für den Lichteinfall durch die Pupille lassen. Das Lid und der Augapfel sind teilweise miteinander verwachsen, so daß das Lid vom Auge bewegt werden kann. Die eigentliche Schärfeneinstellung des einfallenden Bildes erfolgt auf der Hornhaut. Zusätzlich können die Chamäleons aber noch das Lidloch und die Pupille als doppelte Blendeinrichtung nutzen, die somit eine zweite Schärfeneinstellung bewirkt. Die Chamäleons benötigen diese zweite Blende beim biokularen (zweiäugigen) Fixieren der Beute, um ihre Treffsicherheit zu steigern. Ein weiterer Vorteil dieser doppelten Blende ist das enorme Sehvermögen. So können einige Chamäleon-Arten wahrscheinlich noch auf 1000 m Entfernung scharf sehen. Dies ist auch sehr wichtig für ihr Überleben, da sie mögliche Feinde rechtzeitig erkennen müssen, um noch genügend Zeit zu haben, sich zu verbergen.

Die Chamäleons haben nur eine Netzhaut, die fast ausschließlich aus Zapfen besteht. Dies ist ein deutlicher Hinweis, daß es sich bei den Chamäleons um tagaktive Tiere handelt, denn die Zapfen ermöglichen ein Sehen bei hellem Tageslicht sowie das Farbsehen. Jeder Zapfen hat einen vorgelagerten Öltropfen, der die sehr empfindlichen Sehnerven wie ein Filter gegen zuviel einfallendes Licht (ähnlich wie ein Graufilter) schützen soll.

Die Sehgrube, aus der der Sehnerv entspringt, ist stark vergrößert, was schon auf eine hervorragende Sehfähigkeit hinweist.

Die Chamäleons besitzen zwei voneinander unabhängig bewegliche Augen, die jeweils an einer Seite des Kopfes sitzen. Sie treten halbkugelförmig nach außen und sind geschützt durch eine mit starken Hornplatten und Schuppen besetzte Haut. Gehalten werden sie durch einen komplexen Muskelapparat, welcher ihnen im Vergleich zu anderen Reptilien eine enorme Beweglichkeit verleiht und gleichzeitig auch die Fixierung im Schädel steuert.

Normalerweise schweifen die Chamäleons immer auf der Suche nach Futter mit ihrem Auge umher, bis sie ein Ziel anvisiert haben. Dann erst richten sie beide Augen auf das Objekt. Dabei wird kein Auge bevorzugt zum Sehen verwendet.

Es ist heute noch ungeklärt, wie die Chamäleons ihre beiden unterschiedlichen Sehfelder im Gehirn verarbeiten. Man könnte sich einerseits zwei parallele Bilder im Gehirn vorstellen, welches aber eine erhebliche Verarbeitungsleistung des Gehirns voraussetzen würde, oder andererseits zwei sich in Sekundenschnelle abwechselnde Bilder, die jeweils im Gehirn verarbeitet werden.

Die Sehempfindlichkeit der Chamäleons untersuchte SCHUSTER, 1979, an *Chamaeleo jacksonii*. Er stellte fest, daß die Tiere erst ab einem Lichtwert von 200 Lux versuchten, Beuteschüsse auszuführen. Dies zeigt deutlich, daß die Chamäleons eine gewisse Lichtstärke benötigen, um sehen und existieren zu können.

Das starke Austreten des speziell konstruierten Kuppelauges bewirkt, daß sich der optische Wahrnehmungsbereich stark vergrößert. So besitzen die Tiere fast einen 360° Rundumblick.

Das exakte Sehfeld eines Auges beträgt 180° horizontal und 90° vertikal. Dabei ergibt sich ein toter Punkt über dem Rücken.

Dieser enorme Wahrnehmungsbereich ist sehr wichtig: Nur so können die Chamäleons die gesamte Umgebung im Auge behalten, ohne ihre eigene Position durch eine Bewegung des Körpers zu verraten.

Außer dem eigentlichen Sehen haben die Augen bei einigen Arten noch die Funktion der innerartlichen Erkennung und Kommunikation: So sollen die orangenen Augen von *Calumma parsonii* oder die gelben von *Chamaeleo jacksonii* dafür sorgen, daß die Tiere frühzeitig von ihren Artgenossen erkannt werden.

Ferner signalisieren die Männchen von *Ch. jacksonii* durch Rotationsbewegungen ihrer Augen den Weibchen ihre Anwesenheit und Paarungsbereitschaft, ohne jedoch dabei möglichen Feinden noch auffälliger den eigenen Standort zu verraten.

Zum Schlafen schließen die Chamäleons ihre Augen und drehen die Pupillen nach unten, wo sie hinter einem Knochenplättchen geschützt liegen. Einige Arten ziehen sogar das ganze Auge zum Schutz in den Kopf zurück.

Wer zum ersten Mal beobachtet, wie Chamäleons ihre Augen häuten, wird sich sehr erschrecken. Denn dafür drükken sie den gesamten Augapfel aus dem Kopf und reiben die Lidhaut an Ästen und Steinen.

Die Zunge

Ein sehr markantes und unverwechselbares Merkmal der Chamäleons ist ihre Zunge. Sie stellt die erstaunlichste Anpassung an die typische Lebensweise („sit and wait") der Chamäleons dar. So ergreifen die Chamäleons ihre Beute mit einer Art Zungenschuß, welcher einmalig im Tierreich ist. Die Funktionsweise der Zunge war lange Zeit nicht genau erklärbar. Und so entwickelte die Wissenschaft im Laufe der Zeit die wildesten Theorien. Sie reichten von der ursprünglichen Beobachtung, daß die Chamäleons ihre Zunge aufrollen, ähnlich wie das Aufrollen des Schwanzes, bis hin zu den Erklärungsversuchen, daß der Zungenschuß durch eine plötzliche Blutdrucksteigerung zu erklären sei, ähnlich wie die Erektion des Penis bei den Säugetieren. Erst 1954 wurde durch die Studie von ALTEVOGT und ALTEVOGT „Zur Kinematik der Chamäleonzunge", Klarheit in die Funktionsweise gebracht.

Die Zunge ist ein Organ, welches aus längsliegenden Muskelringen gebildet wird. Sie ist auf dem Zungenbein aufgestülpt, welches durch zwei hintereinanderliegende Gelenke aus dem Rachen nach vorne geschoben werden kann. Bei diesem Vorgang wird gleichzeitig die angespannte Zungenmuskulatur aus dem Maul geschleudert. Dieses geschieht so schnell, daß man es mit dem unvorbereiteten Auge kaum wahrnimmt. In nur einem Bruchteil von 1 Sek. ist das Beutetier im Maul des Chamäleons verschwunden. Das Ergreifen geschieht durch eine keulenförmige Verdickung am vorderen Ende der Zunge, die ähnlich einem Elefantenrüssel zwei blattförmige Lappen zum Umfassen des Beutetieres hat. Unterstützt wird dieser Vorgang noch durch eine an der Innenseite liegende Sekretdrüse. Diese Drüse sondert allerdings keine klebrige Flüssigkeit aus (wie man früher häufig angenommen hat), sondern hilft durch den Adhäsionsmechanismus die Beute zu halten.

Der gesamte Ablauf des Zungenschusses unterteilt sich in fünf Phasen:

1. Phase:

Die Zunge des Chamäleons befindet sich in der Ruhestellung im Maul, genauer im Kehlsack.

Das Chamäleon sitzt im Normalfall auf einem Ast und wartet so auf ein Futtertier. Beim Erblicken einer Beute wendet es sich dieser zu und fixiert sie mit beiden Augen. So taxiert es das Objekt, indem es prüft, ob es sich um ein Futtertier handelt, wie groß und wie weit entfernt dieses ist. Dies ist unabdingbare Voraussetzung für einen erfolgreichen Beuteschuß.

2. Phase:

Das Chamäleon öffnet nun sein Maul, schiebt seine Zunge ein kleines Stück heraus. Dabei wird das Zungenbein ebenfalls nach vorne geschoben (Protrusion der Zunge).

3. Phase:

Die Zunge wird durch ihre längsliegenden Muskelringe herausgeschleudert, so daß sie von dem Zungenbein heruntergleitet und ihren gezielten Weg zum Beutetier sucht.

4. Phase:

Das Beutetier wird mit der Zungenspitze ergriffen.

5. Phase:

Die Zunge wird durch die Spannkraft der Muskelringe mit dem erbeuteten Tier zurück ins Maul geholt. Dort wird die Beute sofort mit dem Kiefer ergriffen und festgehalten. Gleichzeitig wird die Zunge ganz in den Rachenraum zurückgezogen, damit sie nicht von dem Beutetier verletzt werden kann. Dann wird das Insekt langsam zerkaut und als ganzes Objekt hinuntergeschluckt.

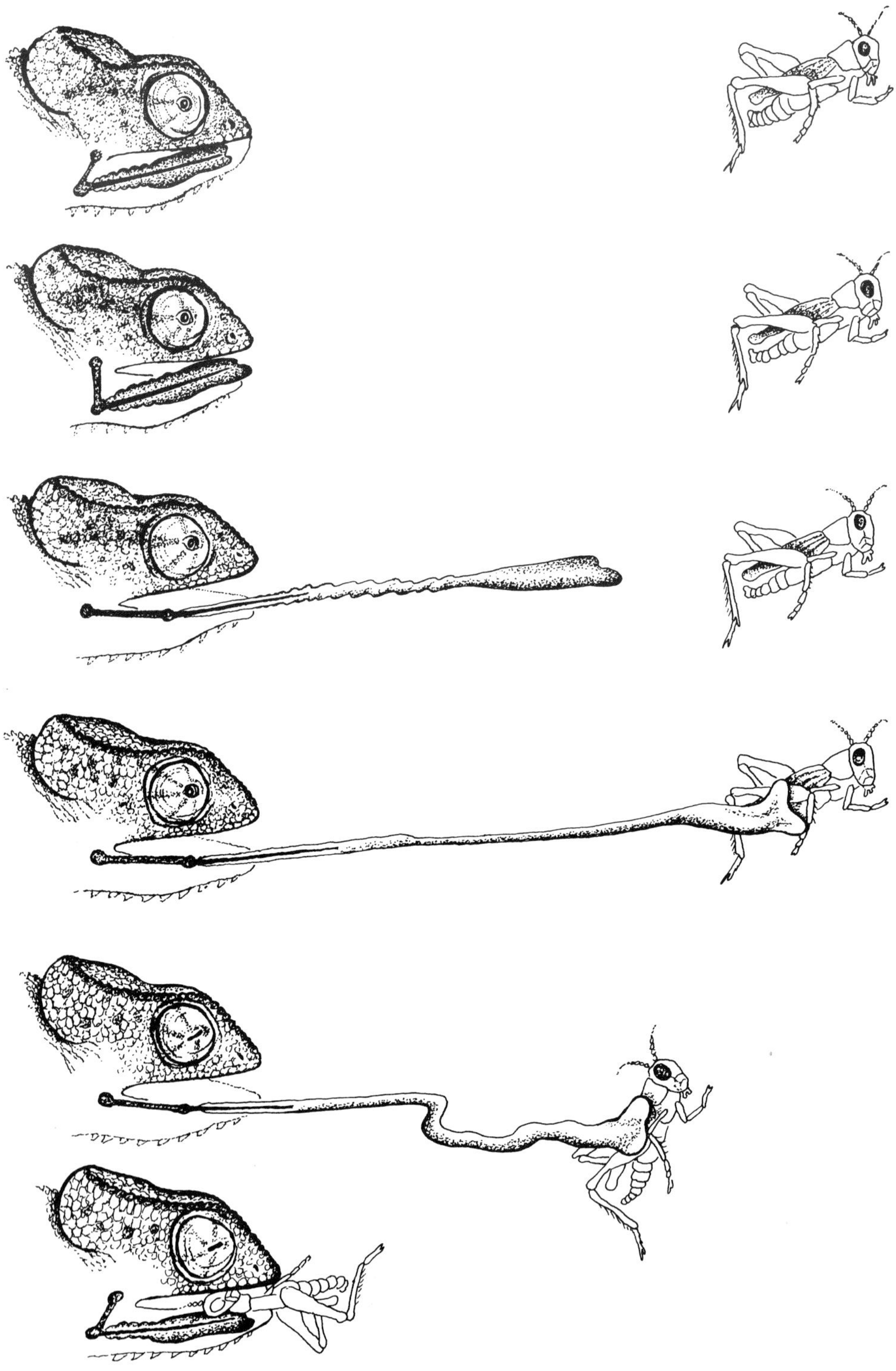

Die verschiedenen Phasen des Zungenschusses beim Beutefang.

Calumma gastrotaenia beim Zungenschuß.

Neben dem Zungenschuß sind die Chamäleons auch in der Lage, ihre Nahrung direkt mit dem Kiefer zu ergreifen; z. B. erbeutet *Chamaeleo jacksonii* Nackt- und Gehäuseschnecken immer mit dem Maul, ohne die Zunge zu benutzen.

Auch bei der Wasseraufnahme spielt die Zunge eine wichtige Rolle. Sie dient dann als Auffanggerät, um Wassertropfen, die von Blättern und Ästen herunterrinnen oder an diesen hängen, ins Maul fließen zu lassen. Dabei wird die Zunge wie in Phase 2 hinausgeschoben und das Wasser an ihr entlang ins Maul geleitet. Teilweise schießen auch einige Tiere auf hängende Wassertropfen.

Die Zugkraft des Zungenschusses ist enorm. So maß DISCHNER, 1958, bei Versuchen mit *Chamaeleo montium* an einer Federwaage eine Zugkraft von 43 g, was fast dem Körpergewicht des Chamäleons entsprach.

Weitere Merkmale

Fast alle heutigen Chamäleon-Arten können schlecht hören. So haben die Chamäleons als Folge des überragenden optischen Sinnes im Laufe der Evolution das Gehör zurückgebildet. Dies liegt wohl vor allem an ihrer Überlebensstrategie, die darauf abzielt, alle möglichen Feinde rechtzeitig (also bereits auf größere Distanz) zu erkennen. Dieses erfordert, wie bei den Augen bereits erläutert, eine enorme Verarbeitungsleistung im Gehirn. Die dafür benötigten Kapazitäten wurden wohl auch auf Kosten des akustischen Sinnes gebildet. Einzige Ausnahme scheint *Chamaeleo namaquensis* zu sein, eine Art, die bereits wieder zum Bodenbewohner geworden ist und wieder erheblich besser hören als sehen kann.

Die Lautäußerungen einiger Arten, vom

Brummen bis zum Fauchen, dienen lediglich der Feindabwehr.

Eine weitere Besonderheit stellen die Maultaschendrüsen der Chamäleons dar. Sie sitzen in den Maulwinkeln zwischen Ober- und Unterlippe und weisen eine ovale Form mit einer Öffnung an der Oberseite auf. Über ihre Funktion ist bisher wenig bekannt. Vermutlich können einige Arten durch sie ein Sekret abgeben, was zum Anlocken von Fliegen dient.

Eine weitere erstaunliche Anpassung weisen *Chamaeleo namaquensis* und *Bradypodion occidentale* auf. Beide Arten stammen aus den Trockengebieten bzw. Wüsten des südwestlichen Südafrikas. Sie haben im oberen Bereich des Mauls sogenannte nasale Salzdrüsen. Diese dienen zur Ausscheidung von Salzen, um einen höheren Wasserverbrauch des Tieres zu verhindern. Können z. B. die Chamäleons eine Zeitlang kein Wasser aufnehmen, jedoch Futtertiere erbeuten, so müssen sie Salze über diese Nasendrüsen ausscheiden. Bei fehlender Entsalzung würde das Wasser an die Salze chemisch gebunden und stände dem Organismus der Tiere nicht mehr zur Verfügung. Indem die Salze aber ausgeschieden werden, wird das klare Wasser im Körper behalten und kann so wichtige Funktionen erfüllen.

Können Chamäleons Duftstoffe mit der Nase wahrnehmen? Diese Frage kann nicht abschließend beantwortet werden. Sehr wahrscheinlich ist es, daß die Chamäleons nicht in der Lage sind, Gerüche über die Nase wahrzunehmen. Die Nase dient wahrscheinlich nur noch zum Atmen.

Anders hingegen scheint es mit dem Jacobsonschen Organ zu sein. Das Jacobsonsche Organ dient vielen Echsen und Schlangen dazu, eine erheblich höhere Riechleistung als mit der Nase zu erzielen. Es ist ein mit Riechepithelien ausgekleidetes paariges Organ, welches am Ende der Nasengänge liegt. Selbst feinst verteilte Duftstoffe in der Luft werden an die Flüssigkeit (z. B. Speichel) gebunden und durch Verdunstung analysiert. Die Aufnahme der Gerüche erfolgt bei den meisten Reptilien durch Züngeln wie bei Schlangen und Waranen gut zu beobachten, die dann die aufgenommenen Stoffe durch das Jacobsonsche Organ auswerten.

Chamäleons züngeln nicht, vielmehr kann man selten, aber doch mit einer gewissen Regelmäßigkeit beobachten, daß sie mit der Zunge den Ast, auf dem sie gerade laufen, belecken. Ebenfalls kann man dieses Verhalten bei der Balz und bei der Nahrungsaufnahme beobachten. Es ist dabei ungeklärt, ob sie so Gerüche aufnehmen wollen, um z. B. das Objekt zu identifizieren, oder ob die Chamäleons so ihre Schlafplätze und möglicherweise sogar ihre Reviere kennzeichnen. Beide Erklärungen schließen jedoch nicht aus, daß der Geruchssinn nur über das Jacobsonsche Organ gewährleistet wird.

Aktivität und Temperaturregelung

Die Chamäleons gehören wie alle Reptilien zu den wechselwarmen Tieren. Dies bedeutet, daß sie nicht in der Lage sind, wie Vögel oder Säugetiere ihre benötigte Körpertemperatur von selbst zu erreichen und konstant zu halten. Sie sind also abhängig von den sie umgebenden Klimabedingungen.

Für die Chamäleons dürfte es dabei in erster Linie um die Temperatur gehen, und zwar einmal als Umgebungstemperatur und zum anderen als Strahlungswärme. Nur dank letzterer können die Tiere noch in Höhenlagen von 4500 m existieren.

Das Klima kann man als den maßgebenden Faktor für ihre Verbreitung bezeichnen. So bewohnen die Chamäleons nur noch tropische Zonen. Ehemalige Verbreitungsgebiete wie die jetzt kühleren Regionen in Europa werden nicht mehr besiedelt.

In einem Chamäleonleben ähnelt jeder Tag dem vorangegangenen. Die eigentliche Aktivität beginnt schon lange vor dem morgendlichen Sonnenbad. So dekken die meisten Tiere noch vor dem Sonnenaufgang ihren gesamten Wasserbedarf für den Tag, indem sie eine ausreichende Anzahl der zahlreichen Tautropfen auflecken. Wer weiß, wie naß es selbst in der Wüste am frühen Morgen sein kann, wird verstehen, warum auch Arten aus Trockengebieten im Terrarium einen hohen Wasserbedarf haben.

Bei Sonnenaufgang haben die Chamäleons ihre Aufwärmplätze bereits erreicht und versuchen möglichst schnell, ihre Vorzugstemperatur zu erreichen. Dafür platten sie ihren Körper ab, um eine möglichst große Fläche der Sonne entgegenzustrecken, gleichzeitig färben sie sich mit Hilfe des Melanins dunkel, um möglichst viele Sonnenstrahlen optimal aufzunehmen. Aus diesem Grund sind die Tiere an kühlen Tagen häufig dunkler gefärbt. Aber auch zuviel Hitze stellt ein Problem für sie dar, die kleinen Körper können sich in der heißen Sonne der Savannen und Wüsten Afrikas sehr schnell überhitzen. Haben die Chamäleons ihre Vorzugstemperatur erreicht, nehmen sie ihre Normalfärbung an und beginnen mit der Futtersuche.

Steigen während des Tages die Temperaturen immer höher, so versuchen die Tiere erst einmal, in den Schatten auszuweichen. Gleichzeitig hellen Sie ihre Färbung immer mehr auf, einige Arten sogar bis fast weiß. Reicht dies immer noch nicht, so versuchen sie sich durch Hecheln bei geöffnetem Maul und dabei bewirkter Verdunstung Kühlung zu verschaffen.

Besondere Vorsicht ist bei den Jungtieren angebracht, da sie die Mechanismen zur Temperaturregelung noch nicht beherrschen. Ihr kleiner Organismus erhitzt leichter, ebenso wie sich die kleinen Aufzuchtbehälter viel schneller erwärmen.

Einige Arten legen zur Überbrückung der kalten Jahreszeit eine regelrechte Winterruhe ein. Bekannt ist dies von dem europäischen Chamäleon, einer Art, die die kühle Jahreszeit verborgen in Steinspalten verbringt.

Aber auch einige Arten aus dem tropischen Madagaskar legen Ruheperioden oder genauer inaktive Phasen ein. In der Regel geschieht dies einfach durch Einschränkung der Aktivität. Einige Arten jedoch wie z. B. *Brookesia decaryi* vergraben sich während der trockenen und kühlen Jahreszeit im Boden. Für viele Arten ist das Nicht-Einhalten der Ruheperiode ohne Bedeutung für die Fortpflanzung. Bei anderen Arten jedoch hängt eine erfolgreiche Zucht unabdingbar von der Nachahmung einer solchen Ruhezeit ab.

Verhalten

Sicherlich auch zur großen Beliebtheit der Chamäleons beigetragen hat ihr überaus interessantes und abwechslungsreiches Verhalten, das bis heute noch nicht in all seinen Einzelheiten erklärt ist. Gerade von den so versteckt lebenden oder besser für das menschliche Auge eine scheinbar unsichtbare Lebensweise führenden *Brookesia*-Arten sind bis heute nur einzelne bruchstückhafte Beobachtungen bekannt. Besondere Verdienste um die Erforschung dieser kaum bekannten Tiere hat sich WOLFGANG SCHMIDT, Soest, erworben, dem auch in den letzten Jahren die Nachzucht einiger dieser Arten erstmals gelungen ist.

Alle Chamäleons sind von Natur aus Einzelgänger. Lediglich für die kurzen Paarungszeiten suchen sie die Nähe der Geschlechtspartner. Dabei wird der Abstand zwischen den einzelnen Individuen von den verschiedensten Faktoren bestimmt. Maßgeblich ist die innerartliche Aggressivität sowie das vorhandene Nahrungsangebot. So kann man in an Insekten sehr reichhaltigen Gärten sogar sehr aggressive Arten wie *Furcifer pardalis* in erstaunlich hohen Konzentrationen antreffen. Trotzdem halten die Tiere immer eine gewisse Individualdistanz zum nächsten Chamäleon ein. Bei nicht so aggressiven Arten spielt anscheinend hauptsächlich das Nahrungsangebot eine Rolle für den Bestand innerhalb einer Population. So kann man *Chamaeleo ellioti* in den Gärten und angrenzenden Wiesen in großer Stückzahl dicht zusammen entdecken. Der wesentliche Unterschied zur Terrarienhaltung liegt in der Unbegrenztheit des Fluchtweges. Während in der Natur sich die Chamäleons immer aus dem Weg gehen können, sind sie dazu im Terrarium durch die Begrenztheit des Raumes nicht in der Lage. Und so kann es passieren, daß sich normalerweise recht verträgliche Tiere eines Tages gegenseitig durch Imponierverhalten unterdrücken oder sogar Beißereien anfangen. Am häufigsten geschieht dies während einer sich entwickelnden Trächtigkeit, die bei allen Weibchen zu einer wesentlich größeren innerartlichen, aber auch zu einer gesteigerten Aggressivität gegenüber anderen Tieren führt.

Ebenfalls nicht unterschätzen darf man bei der Beurteilung von bestimmten Verhaltensmustern, daß alle Chamäleons Individualisten sind. So kann es passieren, daß ein Männchen einer sehr aggressiven Art jeden Beutegreifer laut fauchend attackiert und ein anderes Männchen der gleichen Art keinerlei Angriffsverhalten zeigt, sondern sich immer nur hinter den Ast dreht bzw. sein Heil in der Flucht sucht.

Ähnlich verhält es sich bei dem Paarungsverhalten: Während einige Männchen den Weibchen immer erst eine ganze Zeit lang in den schönsten Farben imponieren, verpaaren sich andere Männchen der selben Art, nachdem sie dreimal genickt und das Weibchen erreicht haben. Dies macht ein Vergleichen und Auswerten der Beobachtungen besonders schwierig.

Die Chamäleons sind nur am Tage aktiv, was das Beobachten enorm erleichtert. In der Natur beginnt der Tag für die meisten Chamäleons damit, daß sie morgens ihre Vorzugstemperatur zu erreichen suchen. Danach streifen sie durch ihren Lebensraum und suchen nach Futter. Ob die Chamäleons dabei regelrechte Reviere ausbilden, wurde noch nicht untersucht, sicher hingegen ist, daß sie über einen guten Orientierungssinn verfügen. So finden sie jeden Abend ihren Schlafplatz wieder.

Lediglich die *Brookesia*-Arten entfalten noch zur späten Abendstunde eine gewisse Aktivität, denn sie paaren sich nur im Schutz der Dunkelheit.

Im Terrarium zeigen die Tiere ein ähnliches Verhalten. So wärmen sie sich morgens kurz unter einem Strahler auf, ehe sie das Terrarium auf der Suche nach Futter durchstreifen. Während der Mittagszeit sitzen sie meist auf einem Ast und warten auf vorbeikommende Futtertiere („sit and wait"). Erst gegen Abend werden sie wieder aktiver, bevor sie ihre Schlafplätze aufsuchen. In ihren Bewegungen sind viele Arten der echten Chamäleons lange nicht so langsam, wie ihnen nachgesagt wird. *Furcifer lateralis* z. B., eine kleine Chamäleon-Art, die auf den Wiesen des madagassischen Zentralmassivs lebt, bewegt sich im Gras genau so geschickt und schnell wie unsere einheimische Zauneidechse *Lacerta*

Calumma-brevicornis-Weibchen in Drohhaltung.

Zwei Männchen von *Chamaeleo jacksonii* beim Kommentkampf.

agilis. Bei jener Art sorgt ihr grelles Zeichenmuster für eine hervorragende optische Auflösung in ihrem Lebensraum.

Aber andere Arten, wie z. B. alle *Brookesia*-Arten, bewegen sich wirklich fast nur chamäleonhaft langsam, auf ihre Tarnung vertrauend.

Gegenüber möglichen Feinden, anderen Chamäleons, aber auch anderen Tieren, die die Individualdistanz unterschreiten, zeigen sie immer ein ganz bestimmtes Droh- und Aggressionsverhalten. Dies erfolgt in verschiedenen Heftigkeiten: anfangs nur durch optisches Vergrößern, wie Aufrichten und seitliches Abplatten des Körpers, sowie durch Abspreizen der Occipitallappen in Richtung auf den Gegner. Zeigt dieses Verhalten keine Wirkung, so drohen die Chamäleons durch Mauldrohen (mit geöffnetem Maul in Richtung des Gegners Pendelbewegungen ausführend), Querwackeln, Fauchen, oder aber sie halten sich mit den Hinterbeinen auf dem Ast fest und führen mit dem ganzen Körper vorschnellende Bewegungen in Richtung auf den Eindringling aus. Zeigt dies immer noch keine Wirkung, gehen die Chamäleons zum Angriff über, dabei versuchen sie, kleinere Gegner mit dem Maul zu packen und durch eine ruckartige Bewegung wegzuschleudern. Größere Gegner werden gebissen; bei den Arten mit ausgeprägten Schnauzenfortsätzen versucht der Verteidiger, den Gegner wegzudrücken.

Wer einmal beobachtet hat, wie energisch und mit was für einem ›Spektakel‹ die Chamäleons so gegen einen Gegner vorgehen, der kann sich leicht vorstellen, daß auch schon größere Tiere in die Flucht geschlagen wurden.

Sehr schwierig ist das Verhalten der Chamäleons untereinander zu beurteilen. Erblickt ein Männchen ein anderes Chamäleon, so begrüßt es dieses durch leichte Nickbewegungen. Ein ähnliches Verhalten können auch paarungsbereite Weibchen beim Anblick eines Männchens zeigen. Entdeckt der Eindringling nun das andere Chamäleon und ist auch er ein Männchen, so imponiert er dem ersteren. Dieser erwidert das Imponieren sofort, indem er wie der Eindringling auch ein leuchtendes Farbkleid annimmt, seinen Körper optisch vergrößert und heftige Nickbewegungen ausführt. In 99 % der Fälle sucht das kleinere Männchen schnell das Weite, und das größere zieht seines Weges. Nur wenn zwei fast gleichgroße Tiere aufeinandertreffen, kommt es in der Natur zum Kommentkampf. Dieser läuft nach festen Regeln ab und führt meist nicht zu Verletzungen eines Tieres. Vielmehr gibt das schwächere Tier nach einiger Zeit auf, indem es eine dunkle Demutsfärbung annimmt und schnell davonläuft.

Hält man mehrere Männchen in einem Terrarium zusammen, so wird das stärkere das schwächere immer wieder angreifen und solange verängstigen, bis dieses in eine permanente Demutshaltung fällt, kaum noch frißt und kurze Zeit später am Streß stirbt. Anders verhält es sich bei den Weibchen. Sie führen keine Kommentkämpfe aus, sondern verteidigen sich, bzw. greifen andere Chamäleons, sowohl Männchen als auch Weibchen, in der Weise an, daß sie diese zu beißen versuchen. Solche Beschädigungskämpfe können im Terrarium, wo der schwächere nicht fliehen kann, tödlich enden. Ebenfalls gefährdet sind die Männchen, da sie bei vielen Chamäleon-Arten gegenüber den Weibchen eine Art Beißhemmung besitzen und diese nur durch leichtes Stupsen mit dem Kopf abwehren, ansonsten aber immer eine Auseinandersetzung mit ihnen zu vermeiden versuchen. Deshalb sollte man, wenn man seine Tiere zu Paarungsversuchen zusammensetzt, immer dabei bleiben, um ggf. die Chamäleons sofort wieder trennen zu können.

Auch das Fluchtverhalten der echten Chamäleons weist eine ganz Reihe erstaunlicher Besonderheiten auf. Im Normalfall versuchen sich die Chamäleons einfach einem möglichen Entdecktwerden dadurch zu entziehen, daß sie sich hinter den Ast drehen. Wie wirksam diese Methode ist, wird jedem klar, der selbst einmal Chamäleons gesucht hat. Über 99 % sind für das menschliche Auge unsichtbar. Hat man doch mal eins gefunden und will es ergreifen, so entziehen sich die Tiere einiger Arten dem Zugriff, indem sie sich zu einer Kugel zusammenrollen und auf den Boden fallen lassen, z. B. *Chamaeleo johnstoni*. Das geschieht auch aus hohen Bäumen. Unten angekommen laufen die Chamäleons sofort im Dickicht davon. Andere Arten springen bei bloßer Annäherung ins Gestrüpp und versuchen auf diese Weise zu entkommen.

Gesondert abgehandelt werden muß das Verhalten der madagassischen *Brookesia*-Arten, die ein eigenständiges Verhalten entwickelt haben. In vielen Punkten stimmen sie mit den *Rhampholeon*-Arten aus Afrika überein, doch überwiegen bei letzteren eher die Übereinstimmungen mit den echten Chamäleons.

Lange Zeit glaubte man, die innerartliche Aggressivität sei bei den Erdchamäleons nicht so stark ausgeprägt wie bei den echten Chamäleons. Deshalb wurde auch häufig zu einer paarweisen Haltung geraten. Aber gerade in der letzten Zeit häufen sich die Beobachtungen, daß die Erdchamäleons genauso aggressiv sind wie die echten Chamäleons. Zwar ist ihr Repertoire an Drohverhalten auf das Mauldrohen beschränkt, und Kämpfe oder Beißereien wurden noch nie beobachtet, trotzdem unterdrückt das überlegene Tier alle anderen durch seine bloße Anwesenheit, die durch diesen permanenten Streß verkümmern. Leider sind weitere Beobachtungen wegen der zurückgezogenen Lebensweise sehr spärlich.

Erblickt ein Männchen ein Weibchen, so bedroht es auch dieses erst einmal wie jedes andere Erdchamäleon. Erst nach einer gewissen Zeit scheint es zu erkennen, daß es sich um ein Weibchen handelt. Von diesem Moment an schlägt das Verhalten von Drohen in Balzen um. Das Männchen erhellt dabei häufig seine Färbung und nimmt eine flechtenartige Zeichnung an. Dann nähert es sich unter ruckenden und kopfnickenden Bewegungen dem Weibchen. Ist dieses nicht paarungsbereit, so wehrt es das Männchen durch Kopfwackeln oder besser Kopfschütteln ab, welches daraufhin die Balz sofort abbricht und keine weiteren Annäherungsversuche unternimmt.

Paarungsbereite Weibchen hingegen reagieren auf die Männchen gar nicht. Das Männchen nähert sich nun in der für Chamäleons üblichen Weise und begleitet den ganzen Tag das Weibchen, nur unterbrochen von einzelnen Balzeinlagen. Spät abends besteigt das Männchen dann das Weibchen, und es kommt zur Paarung. Diese findet nur im Schutze der Dunkelheit statt und wird auch bei völliger Dunkelheit fortgesetzt. Anschließend schlafen die Tiere häufig noch in ihrer Paarungsposition, ehe sie am Morgen auseinanderlaufen. Das Ganze kann man etwa bis zu 5 Tage hintereinander beobachten.

Ein weiteres ganz besonderes Verhalten weist *Brookesia minima* auf. Der Beginn der Balz läuft genau wie bei den anderen Arten ab. Trifft das Männchen auf ein paarungsbereites Weibchen, so läuft es allerdings nicht mit ihm den ganzen Tag durch das Terrarium, sondern läßt sich vom Weibchen durch das Terrarium tragen (etwa vergleichbar mit unserer heimischen Erdkröte). Dabei kommt es

Brookesia minima paaren sich nur im Schutze der Dunkelheit.

vor, daß die Tiere einige Tage so zusammen durch das Terrarium laufen, ehe sie sich verpaaren. Der Vorteil dieses Verhaltens liegt auf der Hand: Nur so ist sichergestellt, daß paarungsbereite Weibchen auch im richtigen Zeitpunkt ein Männchen bei sich haben. Ähnliches wurde auch bei *Rhampholeon kerstenii* beobachtet.

Erwähnt werden muß in diesem Zusammenhang ein leuchtend beigefarbener Fleck an der Helmoberseite, dessen Bedeutung noch nicht geklärt werden konnte. Es liegt die Vermutung nahe, daß er entweder zum Anlocken von Futtertieren oder aber zur innerartlichen Erkennung dient.

Eine ganz ungewöhnliche Verhaltensweise, die früher nur den *Brookesia-* und *Rhampholeon*-Arten zugeschrieben wurde, ist das hochfrequente vibrationsartige Körperzittern, das etliche Chamäleon-Arten zeigen, wenn sie mit der Hand ergriffen werden. Die Aufgabe dieses Verhaltens konnte bis heute noch nicht geklärt werden. Es spricht aber sehr viel dafür, daß es sich um ein Verteidigungsverhalten gegen kleinste Freßfeinde, wie z. B. Ameisen, handelt. So führen die *Brookesia*-Arten dieses Verhalten sogar im Zustand der Akinese aus und können also noch kleine Prädatoren abwehren, ohne gegenüber größeren Feinden ihr Schutzverhalten aufgeben zu müssen. Das Körperzittern führen die Tiere auch aus, wenn man sie beim Schlafen ergreift.

Unter den echten Chamäleons konnte dieses Verhalten bisher nur bei *Chamaeleo calyptratus, Ch. cristatus* und *Ch. oweni* beobachtet werden. Diese Arten weisen auch sonst erstaunliche Gemeinsamkeiten mit den Erdchamäleons auf. So halten auch sie sich, zumindest zeitweise, auf dem Boden auf. *Ch. calyptratus* schläft nachts auf dem aufgewärmten Boden, um der Kälte der Winternächte zu entgehen. *Ch. cristatus* und *Ch. oweni* führen eine noch stärker an den Boden angepaßte Lebensweise. Sie graben sich regelrechte Gruben, in denen sie sich am Tage verbergen und auf vorbeilaufende Futtertiere warten.

Eine andere Deutung des Körperzitterns geht davon aus, daß es sich um ein Kommunikationssystem der Chamäleons untereinander handelt: damit sich z. B. die Geschlechter der kleinen Erdchamäleon-Arten im Wirrwarr der Laubschicht der Regenwälder auch finden.

Zum Schluß sollen noch einige weitere Besonderheiten beim Verhalten der Chamäleons erwähnt werden. Daß die Chamäleons von Natur aus Einzelgänger sind, läßt sich schon kurz nach dem Schlupf bzw. der Geburt beobachten. So beginnen die Jungtiere der lebendgebärenden Arten bereits einige Zeit nach der Geburt, im Terrarium stundenlang umher zu marschieren. Dieses Verhalten soll im Freiland sicherstellen, daß sich die Chamäleons in möglichst kurzer Zeit auf eine möglichst große Fläche verteilen. KÄSTLE, der das 1967 als erster beschrieb, nannte es „Dauermärsche".

Bei zahlreichen eierlegenden Arten sorgt das bereits bei den Jungtieren voll ausgeprägte Aggressionsverhalten für eine möglichst weite Verteilung in der Natur. Sie führen zwar keine Dauermärsche aus, laufen aber immer so weit, daß sie keinerlei Sichtkontakt zu einem anderen Chamäleon haben. Dies kann so weit ausgeprägt sein, wie SCHMIDT (1986) es für die Nachzuchten von *F. lateralis* beschrieb, die zwar ihre Eier öffneten und rausschauten, aber erst schlüpften, als das bereits geschlüpfte Jungtier aus dem Zeitigungsbehälter entnommen wurde.

Aus diesem Verhalten läßt sich eine Maßregel für die Aufzucht von Jungtieren ableiten. So kann man nur die Nachzuchten von lebendgebärenden Arten eine gewisse Zeit gemeinsam großziehen. Bei den Jungtieren der eierlegenden Arten führt dies unweigerlich zum Tode, da die kleinen Chamäleons immer danach bestrebt sind, sich aus dem Wege zu gehen. Weil dies bei einer gemeinsamen Aufzucht nicht möglich ist, führt der für sie unerträgliche Streß zum Tode.

Nicht vergessen zu erwähnen wollen wir, daß O. v. FRISCH 1962 erstmals und bis heute einmalig für Reptilien „Einsichtiges Verhalten" in Form von Lösung verschiedener Umwegaufgaben für *Bradypodion pumilum* beschrieb. Diese Behauptung, die leider Eingang in zahlreiche Lehrbücher gefunden hat, wurde erst 1993 von SCHMIDT durch umfangreiche Versuchsreihen widerlegt.

Abschließend empfehlen wir allen, die etwas Genaueres über das Verhalten der Chamäleons lesen wollen, die Arbeiten von Kästle, 1967; Schmidt, Tamm & Wallikewitz, 1989 und Schuster, 1979.

Das Alter der Chamäleons

Wer Chamäleons pflegen will, sollte sich darüber im klaren sein, daß er für einen längeren Zeitraum die Verantwortung für ein oder mehrere Tiere übernimmt. Die Chamäleons sind grundsätzlich keine langlebigen Lebewesen, verglichen mit anderen Reptilienarten. Ein Durchschnittsalter für einzelne Arten anzugeben ist schwierig, da die äußeren Bedingungen wie Klima, Ernährung, in der Natur auch Feinddruck das Lebensalter bedingen. Ein Grund für die „Kurzlebigkeit" ist die hohe Stoffwechseltätigkeit vieler Chamäleon-Arten, die noch weitgehend unerforscht ist. Sie trägt dazu bei, daß die Tiere sich schneller verbrauchen als andere Reptilien. Dazu kommt noch, daß viele lebendgebärende Arten in der Natur eine relative hohe Sterberate aufweisen.

Nach unseren Erfahrungen und Beobachtungen kann man etwa von der folgenden Bandbreite ausgehen: Kleine Chamäleon-Arten: Lebensdauer bis zu 2½ Jahre im Terrarium; mittelgroße Chamäleon-Arten: Lebensdauer bis zu 4 Jahre im Terrarium; große Chamäleon-Arten: Lebensdauer bis zu 10 Jahre im Terrarium.

Fortpflanzung und Nachzucht:

Einleitung

Schon immer war es das Bestreben der Terrarienhaltung, die Tiere nicht nur artgerecht und möglichst lange in menschlicher Obhut zu pflegen, sondern sie außerdem regelmäßig zur Nachzucht zu bringen. Daran hat sich bis heute nichts geändert. Im Gegenteil, angesichts der weltweiten Umweltverschmutzung und der Biotopzerstörung kommt diesem Thema eine ganz besondere Bedeutung und vielleicht zwangsläufig in der Zukunft auch eine andere Zielsetzung im Sinne der Arterhaltungszucht zu. Schon heute ist erkennbar, daß besonders für die regenwaldbewohnenden Chamäleon-Arten in naher Zukunft kein Lebensraum in freier Natur mehr zur Verfügung stehen wird. Die teilweise hochspezialisierten Arten werden durch Verdrängung oder, weil sie sich nicht schnell genug an den neuen Lebensraum anpassen können, aussterben, wenn sie es jetzt nicht schon sind.

Glaubt man den Wissenschaftlern, so ist gerade der afrikanische Regenwald der am stärksten bedrohte und der am schlechtesten geschützte auf der Welt. Nach ihren Prognosen wird im Jahre 2010 bis 2020 kein ursprünglicher Urwald mehr vorhanden sein. Das bedeutet für viele Chamäleon-Arten das Aus, aber nicht nur für einzelne Arten, sondern auch für die ganze Unterfamilie der Brookesiinae. Da die ständig anwachsende Bevölkerung in diesen Ländern so arm ist, daß sie gar nicht anders kann, als die letzten Regenwälder zu verkaufen bzw. für ihre Landwirtschaft zu nutzen, bleibt wirklich kaum Hoffnung. Das bloße Einrichten von Nationalparks, ohne der Bevölkerung eine Perspektive zu bieten, schützt den Wald nicht. Es bleibt deshalb unsere große Hoffnung, daß die vielen offenen Fragen bei der Zucht von Chamäleons in nächster Zeit geklärt werden und die Arten wenigstens teilweise in privaten Terrarien und Zoos das nächste Jahrtausend erleben werden.

Auf diesem Wege sind wir in den letzten Jahren ein ganzes Stück weitergekommen. Bereits heute werden einige Chamäleon-Arten so erfolgreich im Terrarium nachgezogen, daß eine Entnahme aus der Natur unterbleiben kann. Dazu gehören *Brookesia stumpffi, Brookesia minima, Bradypodion pumilum, Chamaeleo chamaeleon, Ch. calyptratus, Ch. hoehnelii, Ch. jacksonii, Ch. montium, Furcifer pardalis* und *F. lateralis*. Daneben gibt es noch weit mehr Arten, bei denen gerade erst in letzter Zeit die Nachzucht erstmals gelungen ist.

Da schon jetzt absehbar ist, daß es in naher Zukunft keine Rückgriffsmöglichkeit mehr auf Tiere in der Natur geben wird, muß auf eine sorgfältige Auswahl der Zuchttiere geachtet werden, damit man nicht in der 7. Generation feststellt, daß die Nachzuchten alle nicht mehr Futter mit der Zunge schießen können und auch sonst eines natürlichen Lebens nicht fähig sind. Eine erfolgreiche Weiterzucht von Chamäleons ist nun einmal von einem gesunden Erbmaterial abhängig.

Für die Terraristik bedeutet dies, daß man eine Auslese bei seinen Nachzuchten betreiben muß. Sind die Jungtiere geschlüpft oder geboren, so sollten alle Tiere mit Mißbildungen oder Behinderungen sowie die Kümmerlinge sofort aussortiert und nicht mehr zur Zucht verwendet werden. Auf diese Weise ist es vielen Terrarianern schon gelungen, ihre Tiere bis in die 5. Generation und mehr ohne irgendwelche Anzeichen von Degenerationserscheinungen nachzuziehen.

Ebenfalls erwähnt werden muß in diesem Zusammenhang eine mögliche auftretende Genarmut der Nachzuchten, da sie ja alle mehr oder weniger von wenigen Elterntieren abstammen. Gerade die Genarmut stellt einen berechtigten Ansatz für eine Kritik an möglichen Erhaltungszuchtprojekten dar. Deshalb wird es immer wichtiger, durch Zusammenführen von geeigneten Tieren sich größere Zuchtgruppen anzulegen. Und gleichzeitig müssen Arbeitsgemeinschaften zur Zucht gebildet werden, wie dies zur Zeit mehr und mehr geschieht. Eine dieser Initiativen ist die Arbeitsgemeinschaft Chamäleons in der DGHT, Kontaktadresse: Erich Wallikewitz, Pehler Hülle 32, 5040 Brühl. Ferner wünschenswert wäre eine Spezialisierung auf wenige oder besser eine Art, denn nur sie führt zu der dringend notwendigen Aufklärung über die Ansprüche und Lebensweise der Chamäleons.

Kurz erwähnen wollen wir, daß es bei Terrarianern auch schon zu Kreuzungsversuchen mit recht unterschiedlichen Ergebnissen gekommen ist. Interessanterweise erwiesen sich die Artbastarde von *Chamaeleo calyptratus* und *Ch. arabicus* als fruchtbar. Hingegen ließen sich die Hybriden von verschiedenen Farbvarianten des Pantherchamäleons (Kreuzung von Tieren aus Nosy Be und Diego Suarez) nicht weiter nachzüchten. Sie erwiesen sich als unfruchtbar.

Geschlechtsunterschiede

Zu den unabdingbaren Voraussetzungen für eine Zucht gehört es, daß man die Geschlechter unterscheiden kann. Dabei gibt es primäre und sekundäre Geschlechtsmerkmale. Als primäre Unterschiede bezeichnet man die eigentlichen Geschlechtsteile. Das ist bei den Männchen der Hemipenis, der am Ende der Schwanzwurzel sitzt und zur Paarung durch die Kloakenöffnung herausgeschoben wird. Durch ihn ist die Schwanzwurzel leicht verdickt, was man beim Betrachten von der Seite und von oben gut erkennen kann. Die Weibchen hingegen weisen einen bis zum Ende hin sich gleichmäßig verjüngenden Schwanz auf. Besonders gut erkennt man den Unterschied beim direkten Vergleich mehrerer Tiere.

Leider ist der Hemipenis nicht bei allen Arten gleichmäßig stark ausgeprägt oder saisonal abgeschwollen, so daß das Geschlecht rein äußerlich nicht einwandfrei bestimmt werden kann. Durch vorsichtiges Massieren – leichte und langsame Druckbewegungen vom Ende des Schwanzes in Richtung der Kloakenöffnung ausführen – läßt er sich nach außen drücken. Dies ist aber nicht ganz einfach und darf nur von erfahrenen Haltern durchgeführt werden.

Die Struktur und Gestalt der Hemipenisoberfläche ist artabhängig so unterschiedlich, daß KLAVER und BÖHME 1986 ihre Systematik daran abgeleitet haben.

Die sekundären Geschlechtsmerkmale sind artabhängig und deshalb in den Artenbeschreibungen aufgeführt. Dies können sein: Hörner, Rückenkamm oder Säge, Färbung, Größe, Helm und Verhaltensmuster, um nur einige zu nennen.

Diese sekundären Kennzeichen spielen für die innerartliche Erkennung die entscheidende Rolle.

Bei manchen Chamäleon-Arten, wie *Chamaeleo calyptratus*, kann man die Männchen leicht an einem Fersensporn

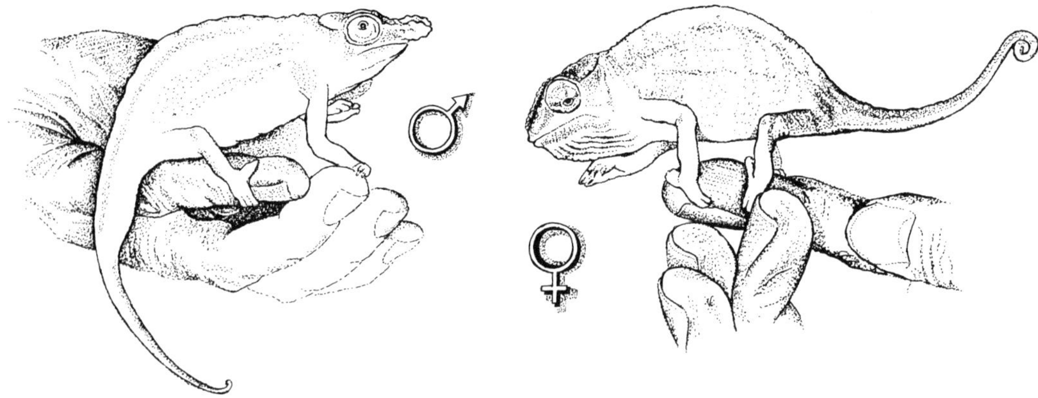

Geschlechtsunterschiede bei Chamäleons (schematisierte Darstellung) – links Männchen, rechts Weibchen.

am Hinterfuß erkennen. Diese verdickte Schuppe ist schon kurz nach dem Schlupf erkennbar.

Als weitere Möglichkeiten, das Geschlecht zu bestimmen, wären das Sondieren und die Hormonbestimmung zu nennen. Beide Methoden sind nicht einfach und bei kleinen Tieren auch nicht praktikabel; auch ist die letztere zu kostspielig.

Sexuelle Synchronisation

Bei vielen Chamäleon-Arten ist die ökologische und geographische Einnischung soweit fortgeschritten, daß das Fortpflanzungsverhalten unmittelbar an die Jahreszeit gekoppelt ist. Die Männchen sind teilweise zwar das ganze Jahr hindurch paarungsbereit, aber die Weibchen sind nur durch hormonelle Veränderungen aufgrund von Klimaveränderungen in einer bestimmten Jahreszeit sexuell aktiv, das heißt, daß erst eine Wärme-, Kälte- oder Regenzeit überwunden werden muß, um geschlechtliche Aktivitäten zu entfalten. Dabei scheinen Temperatur, relative Luftfeuchtigkeit und besonders die Sonnenscheindauer bzw. Tageslichtlänge eine Rolle zu spielen. Das zeitliche Übereinstimmen der sexuellen Aktivität der Geschlechter bzw. Verhaltensweisen, die dazu führen, nennt man sexuelle Synchronisation.

Bei fast allen Arten ist dieser Bereich noch sehr ungeklärt. Bei zwei Arten, einzelnen Populationen von *Ch. chamaeleo* und *Ch. jacksonii*, können stichhaltige Beweise geliefert werden. *Ch. chamaeleo* besitzt einen an die gemäßigten Breiten angepaßten Fortpflanzungszyklus. Im Winter und im Frühjahr sind beide Geschlechter sexuell inaktiv. Erst etwa ab dem 21. Juni, dem längsten Tag im Jahr, werden die Weibchen aktiv und verpaaren sich etwa 20 Tage später.

Dies bedeutet für den Halter, daß er die Tiere nur in dieser Zeit zur Paarung zusammensetzen kann. Für die erfolgreiche Paarung ist es daher wichtig, die Geschlechtspartner vorher unter gleichen Bedingungen, insbesondere der natürlichen Tageslänge zu halten. Die erfolgreiche Nachzucht kann nur mit den oben genannten Mitteln erreicht werden.

Ch. jacksonii ist inzwischen sehr gut aus feldherpetologischer Sicht erforscht. Daher können auch hier exakte Angaben gemacht werden. So sind die Männchen zwar das ganz Jahr hindurch paarungsbereit, jedoch mit einer deutlichen Steigerung von Januar bis März, die Weibchen hingegen sind in der Natur nur von Januar bis März sexuell aktiv. Dabei wird die Paarungsbereitschaft durch den Beginn der großen Regenzeit ausgelöst – also in einer Zeit, in der die Weibchen in der Lage sind, genügend Futter zur Entwicklung der Jungtiere aufzunehmen. Die Geburt der Jungen fällt dann (Juni bis August) in die kleine Regenzeit, wenn also wieder reichlich Futter vorhanden ist. Außerhalb der großen Regenzeit sind die Weibchen sexuell inaktiv.

Abweichende Verhaltensweisen in Gefangenschaft können nur durch die Anpassung an die Bedingungen im Terrarium erklärt werden. Auch hier wird aber deutlich, daß die Fortpflanzung von den klimatischen Faktoren abhängig ist. Für eine artgerechte Haltung sollten diese unbedingt berücksichtigt werden. Neben den beiden Beispielen weisen noch andere Arten entsprechende Anpassungen an das Klima auf. Es liegt die Vermutung nahe, daß zahlreiche *Calumma*-Arten aus Madagaskar einen ähnlichen Rhythmus haben, der aber noch nicht genau bekannt ist. Als Folge davon muß man sehen, daß diese Arten bis heute noch nicht nachgezogen werden (vgl. Schmidt, 1993).

Weitere Voraussetzungen für die Nachzucht

Besitzt man ein zweifelsfreies Pärchen einer Chamäleon-Art, so ist es bis zur erfolgreichen Nachzucht noch ein langer Weg. Stammen die Tiere aus dem Handel, ist es fraglich, ob sie den nächsten Tag erleben werden. Denn jeder, der die spezifischen Lebensansprüche seiner Pfleglinge kennt, weiß, daß ein Händler meist gar nicht in der Lage dazu ist, die Tiere auch nur annähernd artgerecht zu halten. So erwirbt der unerfahrene Terrarianer oft nur todgeweihte Tiere.

Wir können von einem Kauf von Wildtieren, die über den Handel gekommen sind, nur abraten, da die Chamäleons sich dort immer lebensgefährliche Parasiten oder Infektionskrankheiten geholt haben. Wer sich ein gesundes Pärchen zulegen will, sollte auf Nachzuchten zurückgreifen.

Am einfachsten erhält man Tiere über den Rundbrief der DGHT oder die regelmäßigen Informationsschreiben von deren Chamäleon-AG.

Ein weiterer wichtiger Vorteil der Nachzuchten ist es, daß man auch die Gewißheit hat, daß die Tiere nicht zu alt sind.

Hat man sich nun ein junges Nachzuchtpärchen angeschafft, so setzt man die Tiere regelmäßig zusammen, um festzustellen, ob die Chamäleons paarungsbereit sind. Bei einigen Arten kann man das Erreichen der Geschlechtsreife durch die Umfärbung von der Jugend- zur Erwachsenenfärbung erkennen.

Zur Paarung setzt man immer das Weibchen in das Terrarium zum Männchen: damit dieses durch Begrüßen (Nickbewegungen) feststellen kann, daß es sich um ein Weibchen handelt und in welchem Zustand sich dieses befindet. Setzt man hingegen das Männchen in das Terrarium zum Weibchen, so muß sich das Männchen erst einmal orientieren, was unter Umständen sehr lange dauern kann, bevor es zur Balz und zur Paarung schreitet.

Paarungsbereite Weibchen verhalten sich immer neutral gegenüber den Männchen. Reagiert das Weibchen aber abwehrend oder aggressiv, so ist es sofort wieder aus dem Terrarium zu entnehmen und der Paarungsversuch eine Woche später zu wiederholen. Aber auch wenn das Weibchen paarungsbereit ist, sollte man es die ganze Zeit über beobachten, um womöglich doch auftretenden Beißereien vorzubeugen. Diese Beschreibung stellt nur den Grundtyp von Paarungsversuchen dar. Artspezifische Besonderheiten werden bei den Artenbeschreibungen genannt. Sollten über einen längeren Zeitraum keine Paarungen zu beobachten sein, so müssen die Haltungsbedingungen überdacht und variiert werden (s. Abschnitt über sexuelle Synchronisation). Ebenfalls als günstig erwiesen hat es sich, wenn die Männchen bereits etwas älter sind, weil bei ihnen die Geschlechtsreife teilweise erst etwas später erreicht wird.

Balz- und Paarungsverhalten

Sehr schwierig vom Droh- und Aggressionsverhalten abzugrenzen ist das Balzverhalten, da es größtenteils die gleichen Verhaltensmuster aufweist. Erblickt ein Chamäleonmännchen ein anderes Chamäleon, so beginnt es sofort, als Begrüßung zu nicken. Damit versucht es, aus der Reaktion des anderen Chamäleons dessen Geschlecht und Stimmungslage herauszufinden. Hat es erkannt, daß es sich um ein Weibchen der gleichen Art handelt, da dieses z. B. nicht auf die Nickbewegungen des Männchens reagiert und auch nicht schleunigst flieht, legt das Männchen sein schönstes Farbkleid an und nähert sich dem Weibchen unter ruckenden Bewegungen. Teilweise unterbricht es die Annäherung, um dem Weibchen die in schönsten Farben leuchtende und möglichst weit abgeflachte Seite zu präsentieren. Zahlreiche Chamäleon-Arten weisen jetzt noch spezielle Verhaltensweisen auf, wie z. B. das Augendrehen von *Chamaeleo jacksonii*.

Die Weibchen reagieren darauf jetzt sehr unterschiedlich. Nicht paarungsbereite Tiere färben sich dunkel und laufen schnell davon. Verfolgt sie das Männchen trotzdem, so wird es angedroht und abgewehrt in der für Chamäleons typischen Weise. Ist es jedoch paarungsbereit, so reagiert es scheinbar gar nicht auf das balzende Männchen. Lediglich bei einigen wenigen Arten antworten die Weibchen durch leichte Nickbewegungen.

Die Männchen nähern sich nun zügig. Handelt es sich um Arten mit einer sehr ausgeprägten innerartlichen Aggressivität, wie z. B. *Furcifer petteri, Calumma hilleniusi* oder *Chamaeleo dilepis*, so nähert sich das Männchen nicht so zügig, vielmehr verharrt es häufig einige Minuten in sicherer Entfernung, um zu prüfen, ob die Signale, die es vom Weibchen empfängt auch die richtigen sind. Ist es sich sicher, daß das Weibchen auch wirklich paarungsbereit ist, so stürmt es auf dieses los, verpaart sich und sucht kurze Zeit später wieder das Weite.

Die Paarung selbst geht in der Regel immer wie folgt vonstatten: Wenn das Männchen das Weibchen eingeholt hat, bleibt dieses meist stehen und klammert sich am Untergrund fest. Die Männchen steigen dann seitlich oder von hinten auf, wobei die Männchen der sehr großen Arten teilweise versuchen, ihr Körpergewicht auf umliegende Äste oder ähnliches abzustützen, indem sie sich mit zwei Füßen am Weibchen und mit den anderen am Untergrund festklammern. Bei einigen Arten stupsen die Männchen die Weibchen zur Begrüßung mit dem Kopf leicht in die Seite. Haben die Weibchen ihren Schwanz noch nicht entrollt, so machen sie es spätestens bei Berührung durch das Männchen. Dieses kann nun seine Kloakenöffnung unter die des Weibchens bringen. Bei einigen Arten müssen die Männchen auch noch knetende Bewegungen mit ihren Hinterfüßen in der Kloakenregion des Weibchens ausführen, ehe dieses die Kloake öffnet und die Paarung folgen kann.

Eine erfolgreiche Kopulation dauert in der Regel zwischen 10 und 30 Minuten.

Trächtigkeit, Eiablage, Geburt und Schlupf

Bereits kurze Zeit nach einer erfolgreichen Paarung werden die Chamäleonweibchen zunehmend aggressiver und unverträglicher. Selbst bei Arten, die vorher problemlos paarweise gepflegt werden konnten, bedroht nun das Weibchen das Männchen. Ebenso kann es auch anderen Terrarienmitbewohnern ergehen, die vorher gar nicht beachtet wurden.

Viele Arten zeigen auch während der Trächtigkeit ein leuchtend buntes Farbkleid oder wenigstens ein bestimmtes Zeichnungsmuster, welches die Männchen schon von weitem vor weiteren Paarungsversuchen abhalten soll. Gleichzeitig zeigen die Weibchen auch einen gesteigerten Appetit und nehmen schnell an Körperumfang zu. Deshalb ist es in dieser Phase überaus wichtig, die Chamäleons ausreichend und möglichst abwechslungsreich zu ernähren. Auch auf eine erhöhte Vitamin-, Mineralstoff- und Aminosäurenversorgung ist unbedingt zu achten. Alles Futter wird mit Korvimin ZVT aus der Apotheke gut eingestäubt. Zusätzlich erhalten die Weibchen noch je nach Größe 0,5 bis 3 Tropfen Multimulsin pro Woche direkt ins Maul getropft. (Bei den genannten Mitteln müssen die Herstellerhinweise beachtet werden; sie sind vor Unbefugten sicher aufzubewahren.) Die Dauer der Trächtigkeit kann stark variieren. Sie beträgt etwa zwischen 25 Tagen und 5 Monaten bei den eierlegenden Chamäleon-Arten und etwa zwischen 100 Tagen und 9 Monaten bei den lebendgebärenden.

Das Ende der Trächtigkeit kündigt sich häufig als erstes durch die Reduzierung der Nahrungsaufnahme an. Einige Arten fressen die letzten Tage vor der Eiablage oder Geburt nichts mehr. Außerdem fällt häufig die gesteigerte Nervosität auf, mit der die Tiere ruhelos das Terrarium durchstreifen. Die Weibchen der eierlegenden Arten beginnen teilweise bereits eine Woche vor der Eiablage mit der aktiven Suche nach einem geeigneten Eiablageplatz. Dafür führen sie an verschiedenen Stellen im Terrarium Grabungen durch.

Erst kurz vor der tatsächlichen Eiablage graben sie den eigentlichen Gang. Die Länge kann stark variieren und ist abhängig vom Substrat. In der Regel entspricht die Länge des Ganges etwa der Körperlänge des Weibchens. Nachdem sie den Gang ausgehoben haben, drehen sie sich um und legen nach einer kurzen Verschnaufpause ihre Eier. Dieser gesamte Vorgang kann bis zu zwei Tage in Anspruch nehmen.

Anschließend schütten die Tiere das Loch wieder zu und tarnen es so sorgfältig, daß man die Stelle nicht ohne weiteres wiederfindet.

Hier erkennt man auch die Bedeutung einer ausreichend hohen und geeigneten Bodenschicht im Terrarium, da ohne sie die Weibchen die Eier nicht legen würden und an Legenot sterben müßten. Ebenso gefährlich ist ein Umsetzen in ein neues Becken während der letzten Tage der Trächtigkeit, da dieses für die Chamäleons einen enormen Streß bedeutet und auch zur Legenot führen kann.

Zu dem Eiablageverhalten gibt es zahlreiche Einzelbeobachtungen. So drükken bei einigen Arten die Weibchen die Erde stundenlang mit dem Bauch wieder fest. Dies ist in der Natur sicherlich sehr wichtig, denn die schutzlosen Eier stellen einen willkommenen Leckerbissen für zahlreiche andere Tiere dar.

Einige *Brookesia*-Arten graben keine regelrechten Gänge, vielmehr legen sie ihre Eier unter Moos, Rindenstücken oder Steinen ab. Ebenfalls wurde beob-

△ *Furcifer lateralis* bei der Paarung.
◁ Paarungsverhalten: *Bradypodion pumilum.*

achtet, daß einzelne Weibchen während der ersten Tage nach der Eiablage den Eiablageplatz verteidigt haben, selbst der Pfleger wurde von ihnen attackiert.

Wesentlich unkomplizierter sind die lebendgebärenden Arten. Auch bei ihnen kündigt sich die Geburt durch eine gesteigerte Nervosität an. Während des Geburtsvorganges laufen die Weibchen durch das Terrarium und lassen in regelmäßigen Intervallen die von einer durchsichtigen Eihaut umschlossenen Jungtiere einfach fallen. Kurz nach dem Aufschlagen auf dem Boden oder dem Hängenbleiben im Geäst befreien sich die Nachzuchten durch einige ruckartige Streckbewegungen aus ihrer Eihaut und beginnen sofort, durch das Terrarium zu laufen. Der gesamte Geburtsvorgang kann bis zu zwei Stunden dauern.

Der Aufbau der Chamäleoneier entspricht dem anderer Reptilieneier. Das Ei besteht aus dem Embryo, der von

Furcifer lateralis bei der Eiablage.

einer Amnionhülle umgeben ist. Ferner befindet sich in dem Ei noch ein größerer Dottersack, umgeben von der Dotterhülle oder Allantois, in der die Nahrungsvorräte für die Entwicklung des Eies gespeichert sind und die Stoffwechselprodukte gelagert werden. Ferner liegt noch direkt unter der Schale das Chorion.

Während der Entwicklung (Embryonalentwicklung) verbindet sich das Chorion mit der Allantois zur Chorion-Allantois. Dieses Gewebe erfüllt die wichtige Aufgabe, den Sauerstoff durch die Oberfläche aufzunehmen und das Kohlendioxid wieder abzugeben. Dieses erfolgt an der Seite, die nach oben zeigt. Über die untere Seite nimmt das Chamäleonei das für die Entwicklung benötigte Wasser auf. Die Eier weisen meist eine länglich ovale Form auf und wachsen während ihrer Entwicklung beträchtlich. Die Größe reicht je nach Art von 2 × 1 mm bis 28 × 20 zur Zeit der Ablage.

Brookesia stumpffi beim Schlupf.
Brookesia stumpffi nach dem Schlupf.

Alle Chamäleoneier haben eine weiche, poröse und pergamentartige Schale. In der Regel sind gesunde und befruchtete Eier bei der Eiablage schneeweiß gefärbt und stramm gefüllt. ›Wabbelige‹ oder durchsichtige Eischalen deuten meist auf unbefruchtete Gelege hin. Bei einigen Arten ist die Schale nicht sehr dick, so daß das Innenleben gelblich oder orangenfarbig durchschimmert. Bei zahlreichen Arten weisen die Schalen direkt nach der Ablage ein besonders gutes Haftvermögen auf, so daß sie die Färbung des sie umgebenden Erdreiches annehmen und nur schwer zu entdecken sind. Häufig ist dies der Fall bei Arten, die ihre Eier nur unter Moos oder Wurzeln verstecken.

Aufgrund der weichen Schale sind die Eier nur für feuchtes Erdreich konstruiert, weshalb die Chamäleons sie auch immer vergraben müssen, da sie sonst vertrocknen würden. Werden die Weibchen bei der Eiablage gestört oder lassen sie die Eier ohne erkennbaren Grund einfach im Terrarium fallen, so müssen diese sofort in einen Zeitigungsbehälter überführt werden, da sie sonst zuviel Feuchtigkeit verlieren – was man leicht an dem Nachlassen des Innendruckes feststellen kann – und eindellen. Ist es so weit gekommen, sterben die Eier meist kurze Zeit später ab.

Die Embryonalentwicklung hat zeitlich eine erhebliche Bandbreite: So benötigen *Brookesia*-Eier nur eine Zeitigungsdauer von etwa 45 bis 80 Tagen und die Eier der echten Chamäleons eine solche von etwa 90 bis 380 Tagen. Während dieser Zeit verbrauchen die Chamäleons fast den gesamten Dottervorrat. Der Schlupf kündigt sich durch langsames Schrumpfen der Eier an. Dann tritt an der Oberfläche tröpfchenweise Wasser aus. Diesen Vorgang bezeichnet man als ›Schwitzen‹, er kann von wenigen Stunden bis zu zwei Tagen dauern.

Ist die überschüssige Feuchtigkeit ausgetreten, schneidet das fertige Jungtier die Eischale mit Hilfe des Eizahns auf. Der Eizahn befindet sich auf der Schnauzenoberseite und wird sofort nach dem Schlupf abgeworfen. Die Eier werden meist an der Seite, wo der Kopf liegt, sternförmig aufgeschnitten. Normalerweise steckt das junge Chamäleon umgehend seine Schnauzenspitze zum ersten Luftholen hinaus. Es kann dann aber noch bis zu drei Tagen im Ei verharren, ehe es dies endgültig verläßt. Der meist beim Schlupf noch vorhandene kleine Dottersack verliert sich während der ersten Stunden, und die Öffnung am Bauch verheilt ohne Probleme.

Viele Chamäleon-Arten weisen einen regelrechten Fortpflanzungszyklus auf. Nur wenige Arten legen das ganze Jahr hindurch. So reicht die Anzahl der Gelege bei den einzelnen Arten von einem bis zu fünf pro Jahr.

Fortpflanzungsarten

Wie schon beschrieben, unterscheidet man bei den Chamäleons zwei grundsätzliche Fortpflanzungsarten. Die ursprüngliche Form ist die Oviparie, das Legen von nicht entwickelten Eiern. Dies bedeutet, die Weibchen legen, wie bei Reptilien allgemein üblich, große dotterreiche Eier im Boden ab, wo diese sich selbst entwickeln.

Da nicht alle Gegenden gleich gut für eine Eizeitigung im Boden geeignet sind, haben eine ganze Reihe von Arten die Ovoviparie, das Gebären von fertig entwickelten Jungtieren in einer Eihülle ausgebildet. Diese Möglichkeit der Fortpflanzung stellt sicherlich eine Anpassung an kühlere und trockenere Klimate dar. Denn die Weibchen sind so in der Lage, die individuell günstige Temperatur für die Entwicklung ihrer Eier durch Sonnenbäder zu erreichen. Die ›lebendgebärenden‹ Chamäleon-Arten sind aber nicht typisch lebendgebärende Tiere im engeren Sinne, da die Eihaut erst nach Austritt aus dem Körper der Mutter zerrissen wird, nicht schon im Uterus.

Weitere Besonderheiten bei der Fortpflanzung

Als eine Besonderheit bei der Fortpflanzung gilt die Spermaspeicherung (auch Vorratsbefruchtung oder Amphigonia retardata genannt), wie sie ATSATT (1953) erstmals für *B. pumilum* beschrieb. Spermaspeicherung bedeutet, daß die Weibchen in der Lage sind, nach einer Befruchtung die Spermien im Ovidukt über einen längeren Zeitraum zu speichern und damit mehrere spätere Gelege ohne erneute Paarung zu befruchten. Dieser Umstand erleichtert das Besiedeln von Extremgebieten, in denen die einzelnen Arten keine hohen Populationsdichten erreichen. Die Spermien werden im Receptaculum seminis gespeichert, dies ist eine lange tubuläre, verzweigte Drüse, die bei der Beschalungsdrüse am Eileiter liegt. Der genaue Ablauf des Phänomens ist noch nicht geklärt, insbesondere die wichtige Frage, welche Mechanismen die Spermien im weiblichen Genitalsystem immobilisieren und bei Bedarf wieder aktivieren.

Als letztes erwähnt werden muß die Vermehrung aus unbefruchteten Eiern, die sogenannte Parthenogenese oder Jungfernzeugung. Wir wollen nicht genauer darauf eingehen, da es bis heute keine schlüssigen Nachweise über diese Art der Vermehrung bei Chamäleons gibt. Die in der Literatur häufig zitierte Art *Rhampholeon* (sehr häufig auch als *Brookesia* bezeichnet) *spectrum affinis* ist es sicherlich nicht. Wen es interessiert, wie die Männchen aussehen, schlage dies bei WITTE (1965) nach. Auch solche Hinweise, wie bei *Rhampholeon spectrum boulengerie*, daß bis heute nur „einige wenige“ Weibchen gefunden wurden, reichen nicht als Beleg für Parthenogenese. Wer weiß, wie schwer es ist, ein *Rhampholeon* in der Natur zu finden, wird wohl eher an die Existenz von Männchen als an Parthenogenese glauben.

Nicht vergessen zu erwähnen wollen wir die temperaturabhängige Geschlechterausprägung, kurz TAGA genannt. Es handelt sich dabei um das Phänomen des Einflusses der Inkubationstemperatur auf die Ausprägung des Geschlechtes bei den Nachzuchten. Gemeint ist, daß man mit einer bestimmten Bruttemperatur immer ein bestimmtes Geschlecht erzeugen kann. Hierzu wurden bei den Chamäleons bisher noch keine Untersuchungen oder Beobachtungen gemacht. Doch ist es für diese Familie nicht auszuschließen, da noch niemand versucht hat, das Geschlechterverhältnis seiner Nachzuchten mit der Bruttemperatur in Zusammenhang zu bringen.

Die Zeitigung der Chamäleoneier

Während die lebendgebärenden Chamäleon-Arten bei der Zucht kaum Schwierigkeiten bereiten (die frisch geborenen Jungtiere müssen lediglich sofort aus dem Terrarium der Elterntiere entnommen und in separaten Aufzuchtterrarien groß gezogen werden), weist die Zeitigung von Chamäleoneiern immer noch zahlreiche unbeantwortete Fragen auf.

Ein altes Problem, die Wahl des am besten geeigneten Zeitigungssubstrates, hat sich in der letzten Zeit gelöst. Inkubiert werden die Eier in leicht feuchtem Vermiculite, welches regelmäßig nachgefeuchtet werden muß. Die optimale Substratfeuchte hat man, wenn sich kein freies Wasser im Zeitigungsbehälter mehr befindet und wenn die Vermiculi-

Schwitzende Chamäleon-Eier kurz vor dem Schlupf.

Furcifer campani beim Schlupf.

teflocken Wasser freigeben, sobald man sie mit den Fingern zerdrückt. Vermiculite ist aufgeblähtes Tuffgestein, welches in der Pflanzenkultur und beim Bauen als Isoliermaterial Verwendung findet. Geeignet für das Bebrüten von Chamäleoneiern ist aber nur das Vermiculite zur Pflanzenkultur, da dem Baumaterial zur Imprägnierung chemische Substanzen beigemischt wurden, die die Eischale lösen.

Zur Zeitigung füllt man das Vermiculite etwa 2 bis 4 cm hoch, je nach Behältergröße, in eine kleine Plastikdose. Geeignet sind alle Behälter wie z.B. Quarkschachteln, Margarinedosen oder Haushaltsdosen, die dicht zu verschließen sind und einen klarsichtigen Deckel aufweisen, damit die Eier regelmäßig kontrolliert werden können, ohne daß die Dose jedes Mal geöffnet werden muß.

Unmittelbar nach der Eiablage wird das Gelege freigelegt, und die Eier werden, ohne daß sie in ihrer Lage verändert werden, in die mit Vermiculite gefüllte Dose überführt. Dabei werden die Eier nach Möglichkeit auf die Seite gelegt und etwa halb in dem Vermiculite eingegraben, so daß sie durch die untere Seite Feuchtigkeit aufnehmen und mit der Oberseite atmen können. Dann stellt man die dicht verschlossene Dose in den Inkubator. Geeignet sind dafür die unterschiedlichsten Brutapparate, von der Jäger-Brutglucke für Reptilieneier bis zum selbst gebauten Brutschrank (Anleitung s. BROER, 1978).

Nun steht man vor dem nächsten Problem: die Wahl der richtigen Zeitigungstemperatur. Soweit sie bekannt ist, entnehmen sie sie bitte den Artenbeschreibungen. Für alle andere Arten bleibt einem nichts anderes übrig als, sie auszuprobieren. Dafür sollte man sich das Klima in einem Klimakatalog heraussuchen und überlegen, welche Temperaturen dort im Boden vorherrschen könnten. Dabei muß man bedenken, daß das Erdreich im Schatten von Bäumen, wie z. B. im Regenwald, erheblich niedrigere Temperaturen aufweist, als Böden in der offenen Savanne. Die Frage, ob eine Nacht-Absenkung benötigt wird, läßt sich unter Umständen an der Ablagetiefe des Geleges ablesen, da die Temperaturschwankungen im Boden in einer Tiefe von mehr als 20 cm nur noch 1 °C ausmachen.

Hat man die Temperaturwahl getroffen, so muß man sich auf eine lange Wartezeit einrichten. Bei einigen Chamäleon-Arten kann die Inkubationszeit über ein

Chamaeleo jacksonii: Tier aus einer Nachzucht.

Jungtier von *Chamaeleo calyptratus* aus eigener Nachzucht.

Jahr betragen. Während dieser Zeit wird das Substrat etwa alle 3 bis 4 Wochen auf seine Restfeuchtigkeit untersucht. Dies geschieht dadurch, daß der Zeitigungsbehälter aus dem Inkubator entnommen wird und in einem nicht zu kalten Raum geöffnet wird. Dann prüft man, ob noch genügend Feuchtigkeit im Substrat vorhanden ist. Reicht die Feuchtigkeit nicht mehr aus, so gibt man vorsichtig soviel Wasser, welches bis auf die Zeitigungstemperatur erwärmt wurde, hinzu, bis die gewünschte Substratfeuchte wieder erreicht wurde. Dabei darf das Wasser nicht mit den Eiern in Kontakt kommen. Gleichzeitig erreicht man durch das regelmäßige Kontrollieren der Behälter den notwendigen Gasaustausch. Möglichst umgehend stellt man die Dose wieder in den Inkubator.

Bei derartigen Kontrollarbeiten sollten auch eingefallene oder von Schimmelpilzen befallene Eier sofort entfernt werden, da sie meist unbefruchtet sind oder der Embryo bereits abgestorben ist.

Der Schlupf kündigt sich durch das Schwitzen der Eier und ihr gleichzeitiges Zusammenschrumpfen an. Ist innerhalb von 5 Tagen das Ei nicht an einer Seite angeritzt, kann man in der Regel davon ausgehen, daß das Jungtier abgestorben ist. Die geschlüpften Nachzuchten müssen sofort aus der Dose entnommen werden und in separaten Miniterrarien großgezogen werden.

Die Aufzucht der Jungtiere und die Probleme dabei

Die Aufzucht der Nachzuchten erfolgt in kleinsten Terrarien, die von der Einrichtung her denen der ausgewachsenen Tiere nachgebildet werden. Auch die übrigen Bedingungen sollten in etwa die gleichen sein – nur müssen die Temperaturen immer unter den Maximalwerten liegen.

Es eignen sich aber auch eine ganze Reihe anderer Behälter, wie z. B. umgebaute klarsichtige Kaffeedosen usw., zur Aufzucht. Das Terrarium sollte nie zu groß gewählt werden, da die Chamäleons immer eine ausreichende Futterkonzentration benötigen, um ihren Nahrungsbedarf zu decken. Dieses ist in großen Terrarien nur schwer zu erreichen. Auch verbleiben dort die Insekten häufig sehr lange in den Behältern und verlieren somit das gesamte Vitamin-, Mineralstoff- und Aminosäuren-Gemisch, womit sie eingestäubt waren (siehe Hinweise auf Seite 72).

Im Idealfall werden die kleinen Chamäleons jeden Morgen mit Hilfe der Pipette oder mit Sprühwasser getränkt. Gleichzeitig werden ausreichend kleine, gut mit Korvimin ZVT eingestäubte Futtertiere für einen Tag hineingegeben.

Die Terrariengröße sollte mit den Tieren mitwachsen, so daß bei einigen Arten bereits nach 6 Wochen ein größeres Terrarium benötigt wird. Etwa ab der 8. Woche wird mit regelmäßigen (alle 2 Wochen) Gaben von erst kleinsten Mengen Multimulsin begonnen (siehe Hinweise auf Seite 72). Unter diesen Bedingungen ist das Wachstum aller Arten enorm. Die Geschlechtsreife erreichen die Chamäleons je nach Art zwischen 4 Monaten und 2 Jahren nach der Geburt.

Eigentlich könnte man den Abschnitt hier beenden, wären da nicht noch eine ganze Reihe von Problemen, deren Ursachen nicht so einfach zu erklären sind. Neben sicherlich einer ganzen Reihe von Kinderkrankheiten spielen auch die Haltungsfehler eine bedeutende Rolle. Wir wollen im folgenden einige Erkrankungen und Haltungsfehler beschreiben, die speziell mit der Jungtieraufzucht zusammenhängen. Grundsätzlich gilt die Aussage, die besten Chamäleons sind die eigenen Nachzuchten. Für die eierlegenden Arten gilt dies auch uneingeschränkt. Etwas anders verhält es sich aber bei den lebendgebärenden Arten. Untersuchungen an verstorbenen Nachzuchten zeigten, daß die Jungtiere bereits bei der Geburt die gleichen Parasiten besaßen wie die Mütter, so daß sich unweigerlich die Frage nach dem Zeitpunkt der Infektion stellt. Sie muß bereits im Mutterleib erfolgen, da selbst in sterilen Terrarien geborene Jungtiere, die keinen Kontakt zu ihrer Mutter hatten, außer über die schützende Eihaut, bereits infiziert waren. Zu den Erregern gehören Salmonellen, wobei bei ihnen noch nicht einmal geklärt wurde, ob sie nicht natürlicher Bestandteil der Darmflora sind, und Pseudomonasbakterien. Beide Erreger können sich während bestimmter Wachstumsphasen ungehindert vermehren, wobei als Auslöser nach bisherigen Beobachtungen immer bestimmte Streßumstände vorliegen. Es liegt deshalb die Vermutung nahe, daß es sich hierbei um einen Selektionsmechanismus handelt, der in der Natur Überpopulationen vorbeugen soll (SCHMIDT, 1991).

Für die moderne Terraristik bedeutet dies: Man muß versuchen, Nachzuchtstämme aufzubauen, die diesen latenten Parasitenbefall nicht mehr besitzen. Mehrere Terrarianer arbeiten bereits daran. Im Normalfall bedeutet dies aber, durch Vermeidung von Streßsituationen einen Ausbruch der Krankheit zu verhindern. Als häufigster Auslöser muß nicht sachgemäßes Sprühen und Stickluft gelten. Letzteres kann man einfach durch die Aufzucht der Nachzuchttiere lebendgebärender Chamäleon-Arten im Gazebehälter vermeiden. Beim Überbrausen des Behälters ist es unbedingt zu vermeiden, daß die Chamäleons direkt angesprüht werden oder das ganze Terrarium „unter Wasser" gesetzt wird. Es müssen immer trockene Äste vorhanden sein, damit die Babys nicht permanent durch die Feuchtigkeit laufen müssen. Auch muß die gesamte Nässe sich nach etwa 2 Stunden wieder vollständig verflüchtigt haben. Wer diese Probleme bei der Aufzucht von lebendgebärenden Chamäleon-Arten umgehen will, sollte seine Nachzuchten ganz trocken halten und nur mit der Pipette tränken.

Zwei weitere Fehler müssen noch kurz erwähnt werden, die aber die Aufzucht aller Chamäleon-Arten betreffen. Wie schon gesagt, sollte ein direktes Ansprühen der Jungtiere unbedingt vermieden werden, und zwar aus einem weiteren Grund. Denn gerade bei den ganz kleinen Chamäleons kann es leicht passieren, daß sich auf den Tieren ein Wassertropfen ansammelt. Um diesen abzuschütteln, hängen sich die Tiere häufig kopfüber an den Ast und machen ruckartige Bewegungen, wegen ihrer Winzigkeit aber nur mit mäßigem Erfolg. Vielmehr fließt das Wasser nun von ihrem Körper in Richtung Schnauzenspitze und sammelt sich dort zu einem Tropfen, der aufgrund der Oberflächenspannung am Chamäleon haftet. Dabei kann es vorkommen, daß sich dort ein so großer Tropfen bildet, daß die Nase und das Maul überspannt werden und das Tier somit kurze Zeit später erstickt. Dies kann man nur durch sofortiges Entfernen des Tropfens verhindern.

Ein zweiter Fehler, den man unbedingt vermeiden sollte, ist das Füttern von zu großen Futtertieren. Den Jungtieren scheint es teilweise schwerzufallen, richtig zu beurteilen, ob sie die Beute noch verschlingen können oder nicht. Im Normalfall ist dieses nicht so schlimm, denn sie spucken das Insekt einfach wieder aus. Aber handelt es sich dabei um eine hartgepanzerte Grille, so schaffen sie dies häufig nicht und ersticken. Deshalb sollten Sie während der ersten Wochen besser nur Springschwänze, Drosophila und frisch geschlüpfte Heimchen verfüttern.

Terrarienhaltung und Terrarientechnik

Einleitung

Der Anschaffung eines Chamäleons sollte immer eine vernünftige Planung vorausgehen. Hierzu gehört insbesonders alles, was zu einer artgerechten Unterbringung der Tiere notwendig ist. Darüber hinaus ist es sehr wichtig, daß man sich rechtzeitig eine gut florierende Futterzucht zulegt (siehe Abschnitt „Futterzuchten"). Ist die nötige Literatur nicht vorhanden, sollte man sie sich jetzt besorgen. Hat man sich nun entschlossen, welches Chamäleon man sich anschaffen möchte, kann man sich mit der Fertigung und der Aufstellung des Terrariums beschäftigen. Dabei muß man natürlich auch wissen, welche Ansprüche die Tiere an ihre Umwelt stellen. Denn alle Fehler, die gemacht werden, bezahlt das Chamäleon in den meisten Fällen mit seinem Leben. Ebenfalls sollte man sich rechtzeitig Gedanken darüber machen, ob man auch in der Lage ist, die Eier zu zeitigen oder die Jungen aufzuziehen. Dazu gehören die passenden Aufzuchtterrarien sowie ausreichend Kleinstfutter. Nach der Planung wird erst einmal das Terrarium aufgestellt, dabei richtet sich die Größe und Beschaffenheit des Behälters nach der zu pflegenden Art. Tiere, die klettern, brauchen natürlich mehr Volumen als Chamäleons, die am Boden leben. Diese benötigen dafür eine größere Bodenfläche. Da die meisten Chamäleons sehr aggressiv untereinander sind, ist eine paarweise Haltung nur in sehr großen Terrarien möglich. Hier muß aber auch auf jeden Fall die Möglichkeit bestehen, daß sich die Tiere einem Blickkontakt entziehen. Stellt man zwei Terrarien nebeneinander, muß man immer die Zwischenwand undurchsichtig gestalten. Die Inneneinrichtung hängt von den natürlichen Lebensräumen der zu pflegenden Arten ab. Daß man keine Wüstenbewohner in Feuchtterrarien und keine Hochlandformen über 30 °C halten kann, müßte jedem selbstverständlich sein. Dieses setzt natürlich wieder genaue Kenntnisse der Lebensräume einzelner Arten voraus. Eine genaue Beschreibung findet man im Artenteil dieses Buches. Ein weiterer Aspekt ist die Größe des Chamäleons. Sehr häufig schafft man sich ein Jungtier an, ohne darüber nachzudenken, daß das Terrarium mit dem Tier mitwachsen muß. Damit man eine gewisse Vorstellung der Terrarien bekommt, haben wir einige Terrarientypen angegeben (siehe Abschnitt „Terrarientypen").

Aufstellplatz

Der Aufstellplatz eines Terrariums hängt von unterschiedlichen Faktoren ab, wie z. B. von der Temperatur. Die größte Gefahr für die Chamäleons geht dabei immer von einer direkten Sonneneinstrahlung aus. Nur gut belüftete Terrarien mit einem größeren Schattenbereich, oder solche, die mit einem über einen Thermostaten gesteuerten Lüfter ausgestattet sind, können einer geringen Sonneneinstrahlung ausgesetzt werden. Auch muß man die jahreszeitlichen Veränderungen der Sonne berücksichtigen. Da jedoch nicht alle Chamäleons eine direkte Sonneneinstrahlung vertragen (so z. B. die Erdchamäleons), ist der Aufstellplatz auch von den zu pflegenden Arten abhängig.

Kauf oder Eigenbau eines Terrariums?

Dieses ist wohl nur noch eine Frage des handwerklichen Geschicks. Die meisten Zoofachgeschäfte verfügen über ein reichhaltiges Angebot an Terrarien. Aber auch spezielle Terrarien werden nach eigenen Angaben gefertigt. Ein Preisvergleich ist hierbei natürlich angebracht. In zahlreichen Fachzeitschriften (z. B. DATZ; SALAMANDRA usw.) bieten sowohl private Terrarienbauer wie auch Firmen ihre Terrarien an. Natürlich liegt eine gewisse Befriedigung darin, etwas Eigenes zu schaffen. So freut man sich sicher darüber, wenn es einem gelungen ist, ein gut funktionierendes Terrarium von der Planung bis zur Fertigstellung selbst erstellt zu haben. Da das Aussehen eines Terrariums meist eine Sache des Geschmackes ist, wollen wir hier nur einige Anregungen geben. Berücksichtigt man die Ansprüche des Chamäleons, dann spielt es keine Rolle, ob das Terrarium aus einem Holzrahmen, Eisenrahmen, Alurahmen, Kunststoffrahmen oder ganz aus Glas gefertigt wurde. Natürlich muß man die einzelnen Produkte einer Behandlung unterziehen. So muß der Holzrahmen imprägniert. der Eisenrahmen verzinkt oder mit einer nicht giftigen Rostschutzfarbe gestrichen werden. Glasscheiben sollten auf jeden Fall geschliffen sein. Für die Lüftungsschlitze werden nur Kunststoffgaze, verzinkte Gaze oder Alugaze verwendet. Anregungen zum Selbstbau findet man u. a. bei NIETZKE (1978) und LILGE & VAN MEEUVEN (1987). Aber auch der Kontakt zu anderen Terrarianern kann hilfreich sein.

Terrarientypen

Im folgenden werden vier Terrarientypen vorgestellt, auf die später bei den Artenbeschreibungen Bezug genommen wird. Diese vier Typen stellen nur eine kleine Auswahl der verschiedenen Möglichkeiten dar. Für einzelne Arten kann es durchaus auch andere, besser geeignete Unterbringungsmöglichkeiten geben.

I. Das Standardterrarium

Dieser Grundtyp von Terrarium eignet sich für zahlreiche Chamäleon-Arten. In der Regel handelt es sich dabei um robuste Arten, die nicht so sehr an einen bestimmten Lebensraum angepaßt sind. Die Terrarien haben ein großes Lüftungsgitter im Deckel und ein kleineres Lüftungsgitter in der Front, so daß keine Stickluft entstehen kann und die relativ hohe Luftfeuchtigkeit sich einige Zeit nach dem Sprühen noch hält. Meist handelt es sich bei diesen Arten um Busch- und Baumbewohner, so daß die Behälter immer höher als tief sein sollten. Mit Hilfe einen kleinen Ventilators können die Terrarien zusätzlich belüftet werden, so daß sie dann für fast alle Arten geeignet sind.

Terrarientyp I: Standardterrarium.

II. Das Urwaldterrarium

Dieser Terrarientyp eignet sich für alle Chamäleon-Arten, die im unteren Be-

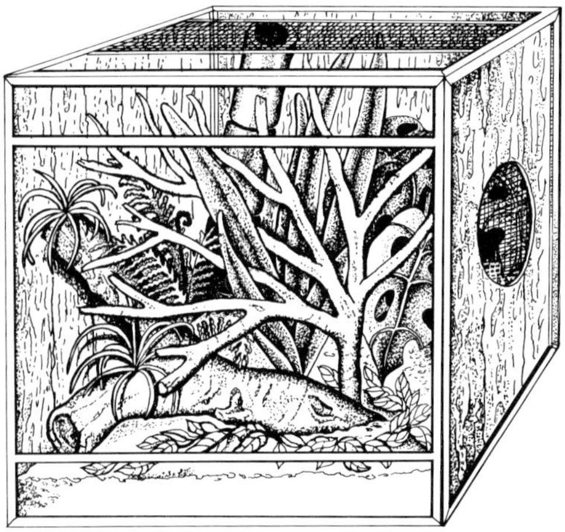

Terrarientyp II: Urwaldterrarium.

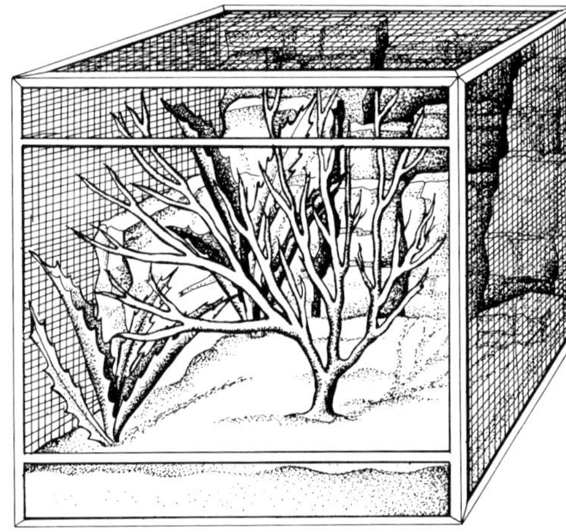

Terrarientyp III: Trockenterrarium.

reich der Regenwälder leben. Häufig sind dies Bodenbewohner, wie die Arten der Unterfamilie Brookesiinae, die die Laub- und Krautschicht bewohnen. Sie eignen sich aber auch für Arten, die in den Büschen und auf den unteren Zweigen leben, wie z. B. viele kleine *Calumma*-Arten. Das Becken wird durch ein kleines Gitter in der Seite oder in der Front, sowie durch ein weiteres im Dekkel belüftet. Dabei dürfen die Lüftungsflächen nicht zu groß sein, damit die relative Luftfeuchtigkeit nicht zu stark absinkt. Die Terrarien können ruhig länger und tiefer als hoch sein, da viele Arten selten klettern.

III. Das Trockenterrarium

Das Trockenterrarium unterscheidet sich von dem Normalterrarium durch die wesentlich größeren Lüftungsflächen. Sie müssen so groß gewählt sein, daß die Nässe innerhalb von kurzer Zeit (max. 2 Std.) nach dem Überbrausen des Terrariums wieder vollständig verdunstet ist. Geeignet ist dieser Terrarientyp für alle Wüsten- und Trockensavannen bewohnenden Chamäleon-Arten, besonders für Südafrikanische Zwergchamäleons der Gattung *Bradypodion*. Da viele dieser Arten sich auch gerne einmal auf dem Boden aufhalten, eignet sich für sie besonders die Würfelform. Für die meisten anderen Arten sollte das Terrarium höher als lang oder tief sein.

IV. Der Gazebehälter

Bei diesem Terrarientyp bestehen beide Seitenwände, die Rückwand und der

Terrarientyp IV: Gazebehälter.

Deckel ganz aus Gaze, nur die Öffnung in der Vorderseite besteht aus Glas. Am einfachsten wird das Terrarium aus einem Holz- oder Aluminiumrahmen gefertigt. Dieser Gazebehälter eignet sich für alle Chamäleon-Arten, außer den echten Urwaldbewohnern. Unerläßlich ist dieser Terrarientyp für die sehr stickluftempfindlichen Hochland-Arten aus Zentral-Afrika (*Chamaeleo jacksonii, Ch. hoehnelii*, usw.). Auch dieses Terrarium dient meist zur Pflege von Baum- und Buschbewohnern, so daß es höher als lang oder tief sein sollte.

Terrarientechnik

Die Technik nimmt in der Terraristik einen immer größeren Stellenwert ein. Es reicht schon lange nicht mehr aus, sich nur mit den Tieren zu beschäftigen. Ein Grundwissen in der Technik ist heute genauso wichtig. Natürlich muß nicht jeder gleich eine computergesteuerte Terrarienanlage besitzen. Jedoch schon die einfachsten Geräte bringen dem Pfleger eine große Entlastung. Darüber hinaus kommt eine gewisse Regelmäßigkeit zustande, die für die Tiere von Vorteil ist, und dem Pfleger wieder mehr Zeit für Beobachtungen und andere Dinge läßt. – Wie immer bei technischen Geräten, ist sachgemäße Vorsicht vonnöten (z. B. müssen stromführende Teile stets isoliert sein) und der Umgang Unbefugter damit zu verhindern.

Beleuchtung

Gerade die Beleuchtungstechnik hat in der letzten Zeit einen ungeheuren Aufschwung erlebt. Alle führenden Hersteller sind mit neuen Lampen auf den Markt getreten. Somit bedarf es in der heutigen Zeit keiner großen Anstrengungen mehr, ein Terrarium optimal auszuleuchten. Durch die Kombinationen verschiedener Lampentypen kann man den gesamten Spektralbereich, der für eine gesunde Haltung von Tieren und Pflanzen nötig ist, abdecken. Da die meisten Chamäleonarten wahre Sonnenanbeter sind, darf man mit der Beleuchtung nicht sparen. Natürlich gibt es auch Arten, die sehr intensives Licht meiden. Dazu gehören alle Regenwaldbewohner sowie die gesamte Gruppe der Stummelschwanzchamäleons. Bei einer Lichtintensität von 200 Lux im Regenwald gemessen entspricht diese etwa einer 40-Watt-Leuchtstofflampe in ca. 50 cm Entfernung.

Jetzt kann man verstehen, daß bei Chamäleons, die sich ihr Leben lang im Halbdunkel des Waldes aufhalten, eine zu starke Beleuchtung nicht zu ihrem Wohlbefinden beiträgt. Dieses gilt aber nur für die reinen Regenwaldformen. Es ist also wieder einmal sehr wichtig zu wissen, wo die einzelnen Arten leben. Da der größte Teil der Chamäleons allerdings erst bei intensiver Beleuchtung sein gesamtes Verhaltensmuster zeigt, müssen wir bei diesen Arten auf leistungsstarke Beleuchtungskörper zurückgreifen. Als Richtlinie sollte man Terrarien von über 0,7 m Höhe nur mit HQL- oder HQI-Lampen ausstatten. Hat man größere Becken, so ist es sinnvoller, die Leistung einer Lampe zu erhöhen, als mehrere Lampen mit geringer Leistung einzusetzen.

Will man zusätzlich eine punktuelle Lichtquelle an ganz bestimmten Plätzen im Terrarium errichten, dann eignen sich am besten Niedervolt-Halogenstrahler. Diese gibt es in verschiedenen Wattzahlen und Abstrahlungswinkeln, die Abfuhr der Wärme kann nach unten oder auch nach oben gerichtet sein. Für das Terrarium sind am sinnvollsten Strahler, die neben dem Licht auch eine gewisse Abstrahlwärme nach unten erzeugen, da die Tiere immer Licht mit Wärme verbinden.

Daß keine Lampe und kein Strahler ins Terrarium selbst gehören, ist eigentlich selbstverständlich. Auch müssen die Lichtquellen so weit entfernt angebracht werden, daß die Tiere die Wärme zwar ausnutzen können, aber die Lampen unerreichbar bleiben.

Die Intensität der meisten Lampen läßt nach einem Jahr stark nach. Daher müssen die Lampen von Zeit zu Zeit ausgewechselt werden. Erst nach dem Austauschen der Leuchtkörper wird man feststellen, wieviel Lichtverlust bereits erfolgt war.

Die optimale Beleuchtungsdauer liegt bei 12 bis 14 Stunden täglich, entsprechend der Sonnenscheindauer in den Tropen.

Wenn man eine größere Anlage betreibt, hat man häufig das Problem von zuviel Wärme durch die Vorschaltgeräte. Einen Teil kann man sicherlich als zusätzliche Heizquelle benutzen. In den meisten Fällen ist man jedoch bemüht, die überschüssige Wärme durch Lüfter abzuführen. Seit einiger Zeit gibt es elektronische Vorschaltgeräte im Handel. Der Anschaffungspreis liegt zwar erheblich höher als bei herkömmlichen Vorschaltgeräten, macht sich aber durch den geringeren Stromverbrauch nach einiger Zeit bezahlt. Während die herkömmlichen Vorschaltgeräte fast genauso viel Strom wie die jeweiligen Leuchtstoffröhren verbrauchen, benötigen die elektronischen Vorschaltgeräte nur eine geringe Eigenleistung und geben dadurch auch keine Wärme ab.

Die idealste Lichtquelle ist natürlich ungefiltertes Sonnenlicht, aber sie ist auch gleichzeitig am schwierigsten zu kontrollieren. Hierbei ist die Gefahr der Überhitzung am größten. Ein Freiluftaufenthalt im Sommer kommt den Tieren sehr entgegen. Auch die Frage nach dem UV-Licht wäre dadurch gelöst.

Ist UV-Licht notwendig?

Das Für und Wider wurde schon in vielen Büchern und Artikeln besprochen. Jedoch ist bis heute noch nicht bekannt, wieviel ein Chamäleon an UV-Strahlen benötigt, um die Vitamin-D_3-Synthese im Körper auszulösen. Darüber hinaus gibt es keine Daten, wieviel Prozent der UV-Strahlen durch die Haut in den Körper eindringen. Viele Terrarianer meinen, daß ihre Tiere durch das UV-Licht der Sonne viel aktiver sind. Jedoch liegt das nicht an den UV-Strahlen, sondern an der Intensität des Sonnenlichtes. Die gleichen Aktivitäten erlebt man auch, wenn die Tiere das Sonnenlicht durch Glas gefiltert bekommen.

Natürlich wollen wir hier nicht die Vitamin-D_3-Synthese durch UV-Strahlen in Frage stellen, denn diese ist unumstritten. Es soll hier nur die Frage erörtert werden, ob die Tiere UV-Strahlen benötigen. Wir sind der Meinung, daß Chamäleons durchaus in der Lage sind, den Bedarf an Vitamin D_3 durch das Futter aufzunehmen. Schon W. SCHMIDT, K. TAMM und E. WALLIKEWITZ weisen in ihrem Buch „Chamäleons, Drachen unserer Zeit" darauf hin, daß Chamäleons in mehreren Generationen ohne UV-Bestrahlung nachgezüchtet wurden. Wir haben die gleiche Erfahrung gemacht und möchten hier auf die große Gefahr der unkontrollierten UV-Bestrahlung aufmerksam machen. Bei Tieren, die durch falsche Ernährung eine Unterversorgung von Vitamin D_3 haben, kann eine zeitweise UV-Bestrahlung vorgenommen werden. Dieses darf aber nur unter ständiger Beobachtung geschehen. Die Tiere müssen einen gewissen Sicherheitsabstand zur Lampe einhalten, da sonst starke Verbrennungen der Haut entstehen können. (Hinzu kommt, daß UV-Licht auch für Menschen nicht ungefährlich ist: Es muß verhindert werden, daß jemand längere Zeit in die Lampe sieht, weil sonst die Gefahr von Netzhautschäden besteht.) Zusätzlich ist eine verstärkte Vitamin-D_3- und Calcium-D_3-Beigabe zum Futter erforderlich. Es gibt einige Leuchtstofflampen sowie Metalldampfentladungslampen, die einen geringen Anteil an UV-Strahlen abgeben. Wenn man diesen Effekt nutzen will, darf das Licht nicht durch Glas gefiltert werden. Da diese Abstrahlung sehr gering ist, wurden auch noch keine negativen Erfahrungen bekannt. Eine ausgewogene Ernährung mit ständiger Vitamin-D_3-Beigabe erübrigt nach unserer Erfahrung eine UV-Bestrahlung.

Heizung

Neben dem Licht spielt die Wärme für das Wohlbefinden unserer Chamäleons eine wichtige Rolle. Da Chamäleons wie alle Reptilien wechselwarme Tiere sind, müssen sie ihre Temperatur von der Umwelt übernehmen. Es muß also immer eine Wärmequelle zum Aufwärmen vorhanden sein. Natürlich kann die Wärme allein von der Umgebungstemperatur stammen. Jedoch bevorzugen die meisten Arten eine direkte Wärmequelle in Verbindung mit Licht. Aus diesem Grund sind Strahler mit einer milden Wärmeabgabe am geeignetsten. Aber auch Heizkabel oder Heizplatten werden von den Tieren aufgesucht, um die Körpertemperatur zu erhöhen. Eine Außentemperatur von 35 °C sollte an lokalen Heizungen nicht überschritten werden.

Natürlich wird man versuchen, derartige Heizungen in die Terrarieneinrichtung zu integrieren. Heizplatten legt man unter Steine oder unter das Terrarium. Wenn noch herkömmliche Vorschaltgeräte verwendet werden, können auch diese als zusätzliche Heizquelle benutzt werden. Natürlich geht dieses nur in Verbindung mit einer Lampe. In so einem Fall eignen sich am besten Bausätze, da die einzelnen Teile schon getrennt sind. Hierbei wird das Vorschaltgerät so angebracht (von außen), daß das Tier zwar die Wärme ausnutzen kann, aber mit dem Vorschaltgerät nicht in Berührung kommt. Heizkabel klebt man am besten mit Silikon auf den Boden oder an die Rückwand (zum Silikon unbedingt Herstellerhinweise beachten; während der Verarbeitung gut lüften – kein Haut- und Augenkontakt!). Danach deckt man es mit Sand ab, und an der Wand klebt man eine Korkplatte davor. Eine zusätzliche Heizung im Terrarium verlangt auch eine Temperaturüberwachung. Die beste Möglichkeit wäre ein zeitweiser Betrieb, den man über eine Zeitschaltuhr steuert. Braucht man höhere Temperaturen, um das Terrarium zu erwärmen, dann muß zusätzlich ein Thermostat mit in den Schaltkreislauf eingebaut werden. Will man eine gewisse Perfektion in die Anlage hineinbringen, wird man nach folgendem Schema verfahren: Über eine elektronische Schaltuhr wird das Licht gesteuert. Die Heizung wird über einen Thermostat mit automatischer Tag-Nacht-Absenkung gesteuert.

Ein Lüfter wird über einen zweiten Thermostat, welcher etwas höher eingestellt ist, bei erhöhter Temperatur zugeschaltet. Eine Sprühanlage wird in Verbindung mit einem elektronischen Hygrometer über eine Schaltuhr zeitweise betrieben. Einige Terrarianer besitzen computergesteuerte Anlagen, in denen der ganze jahreszeitliche Rhythmus simuliert werden kann.

Für viele Arten ist eine Tag- und Nachtabsenkung sowie jahreszeitliche Schwankungen sehr wichtig. Aber auch Trokken- und Regenzeiten spielen bei einigen Chamäleonarten eine wichtige Rolle. Eine längere Trockenzeit nachzuempfinden, ist kein Problem, jedoch um eine mehrere Tage dauernde Regenzeit vorzutäuschen, benötigt man eine Sprühanlage. Natürlich muß dabei nicht ständig Wasser laufen, sondern es reicht ein tägliches Besprühen, das mehrmals minutenlang erfolgen sollte.

Sprühanlage

Auch auf diesem Gebiet hat sich eine Menge getan. Es gibt von einfachen Sprühanlagen (z. B. von Gardena) bis hin zu Ultraschall-Luftbefeuchtern alles zu kaufen. Hierbei spielt der Verwendungszweck eine große Rolle. Aber noch wichtiger ist die Entsorgung des überschüssigen Wassers, sowie die Überwachung der Anlage. Nach den zur Verfügung stehenden Möglichkeiten kann man verschiedene Anlagen bauen.

1. Das offene System: Ein ca. 10-Liter-Behälter wird mit Wasser gefüllt, eine Hochdruckpumpe, die über eine Zeitschaltuhr angesteuert wird, drückt das Wasser über eine Schlauchleitung durch die Düsen ins Terrarium. Über einen Abfluß im Boden des Terrariums wird das überschüssige Wasser in einen Auffangbehälter geleitet. Dieses System hat den Vorteil, daß auch bei Versagen der Technik nicht mehr als die Menge Wasser, die sich im Behälter befindet, versprüht wird. Wenn der Auffangbehälter mindestens genauso groß ist, kann es auch nicht zu einer Überschwemmung im Zimmer kommen.

2. Das geschlossene System: Dieses System funktioniert nur, wenn man die Möglichkeit hat, einen Anschluß an die Wasserleitung, sowie einen Abfluß an die Entsorgungsleitung herzustellen. Hierbei wird mit dem normalen Wasserdruck der Leitung gearbeitet. Es wird ein Anschluß zur Wasserleitung hergestellt. Zwei Magnetventile werden hintereinander in die Leitung eingebaut. Ein Magnetventil wird über eine elektronische Zeitschaltuhr angesteuert und zeitgleich wird das zweite Magnetventil über ein Hausbeleuchtungsrelais eingeschaltet. Hierbei hat man die Sicherheit, daß, wenn ein Magnetventil klemmt oder eine der elektrischen Ansteuerungen nicht abschaltet, das zweite Gerät den Wasserzulauf sperrt. Überschüssiges Wasser wird über einen Abfluß mit der Wasserleitung des Hauses verbunden. Hierbei hat man die Möglichkeit, soviel Wasser ins Terrarium zu sprühen, wie man für bestimmte Simulationen benötigt. Dieses kann bedeuten, daß man nur so viel Wasser sprüht, wie am Tage verdunstet (z. B. Trockenterrarien) bis hin zu lang anhaltenden ›Regenzeiten‹ (Regenwaldterrarien). In die Wasserleitung, vor die Magnetventile, kommt ein Feinfilter, der jederzeit gesäubert werden kann. Dieser verhindert ein Festsetzen der Ventile sowie ein Verstopfen der Düsen. Genauso gehört vor den Abfluß eine Drainageschicht mit einem Grobstückfilter.

Eine Alternative sind Ultraschall-Luftbefeuchter, die als Nebelanlage eine feine Feuchtigkeit ins Terrarium bringen. Um eine größere Menge an Niederschlag zu bringen, muß das Gerät allerdings längere Zeit betrieben werden. Für größere Schauterrarien hat das Ganze eine sehr schöne optische Wirkung. Es sieht sehr schön aus, wenn die Terrarieneinrichtung langsam im Nebel verschwindet. Für Hochlandformen hat das sicher auch eine stimulierende Wirkung. Jedoch reicht die verdunstete Wassermenge selten für den Pflanzenwuchs aus. Auch diese Anlage wird über eine Zeitschaltuhr gesteuert. In Verbindung mit einem Hygrostaten kann man jede gewünschte relative Luftfeuchtigkeit aufrechterhalten. Mit einem leistungsstarken Gerät kann man mehrere Terrarien gleichzeitig vernebeln. Die Zuleitung muß allerdings groß genug sein. Bei einem Durchmesser von 7 bis 8 cm können die Abzweigungen zu den Terrarien ungefähr die Hälfte, also ca. 3 bis 4 cm betragen. Am Ende der Rohröffnung sollte ein Kunststoffgewebe angebracht werden, damit keine Futtertiere hineinkrabbeln können.

Terrarien, die mit einer Nebelanlage versorgt werden, dürfen nur kleine Lüftungsschlitze haben, da sonst der Nebel sofort entweichen würde. Um die nötige Durchlüftung zu gewährleisten, wird zwischen den einzelnen Nebelphasen ein Lüfter betrieben. Solche Anlagen eignen sich nur für Chamäleons, die aus extrem feuchten Gebieten kommen. Hierzu gehören auch einige Erdchamäleons aus der Gattung *Brookesia*. Trotz aller Raffinessen darf man den übergeordneten Grundsatz nicht vergessen, daß alle Chamäleons ein großes Bedürfnis nach Frischluft haben.

Terrarieneinrichtung

Seiten- und Rückwand: Wenn man nur ein einzelnes größeres Glasterrarium aufstellt, ist es nicht unbedingt nötig, die Wände herzurichten, da dieses Terrarium ja oft als Blickfang dient und von mehreren Seiten einzusehen ist. Wenn man nur die Vorderfront aus Glas gestaltet, nehmen die Wände ohnehin die Funktion des Sichtschutzes wahr. Dieses ist sehr wichtig, wenn man mehrere Terrarien nebeneinander stehen hat. Die Gestaltung der Wände kann ganz unterschiedlich beschaffen sein. Für tropisch eingerichtete Becken verwendet man Korkplatten, Rindenabschwarten oder plangepreßte Korkeichenrinde. Trokkenbecken kann man sehr schön gestalten, indem man die Wände mit Moltofill (für außen) einstreicht und dann mit Sand und kleinen Steinen bestreut. Da die Wand nur für einige Chamäleons als Lebensraum in Betracht kommt, weil die meisten Tiere sich dort nicht halten können, ist die Gestaltung ein rein ästhetischer Gesichtspunkt. Nur an sehr rauhen Wänden z. B. mit eingeklebten Wurzeln und Ästen können sich einige Arten halten.

Der Bodengrund dagegen nimmt eine sehr wichtige Funktion wahr, dient er doch sowohl zu Erhöhung der relativen Luftfeuchtigkeit als auch als Ablagesubstrat für eierlegende Arten. Für Erdchamäleons ist der Bodengrund die wichtigste Einrichtung im Terrarium. Viele Arten der Gattung *Brookesia* leben in der Laubschicht am Boden oder in den Büschen direkt darüber.

Für eierlegende Chamäleonarten hat sich eine untere Schicht aus Lekaton als Drainage, und darüber ein Sand-Torf-Gemisch bewährt. Aber auch handelsübliche ungedüngte Blumenerde erfüllt den gleichen Zweck. Es ist jedoch darauf zu achten, daß die Erde mindestens so hoch aufgefüllt wird, wie die Tiere lang sind. Die meisten Arten graben bei der Eiablage die Löcher so tief, daß die Tiere ganz darin verschwinden. Hierbei spielt das Gefühl der Sicherheit eine entscheidende Rolle. Finden die Tiere diese Bedingungen nicht vor, legen sie, wenn man Glück hat, die Eier frei ab. Jedoch in vielen Fällen tritt dadurch eine Legenot ein. Wird diese zu spät bemerkt, zersetzen sich die Eier im Mutterleib, und das Weibchen stirbt. Bei lebendgebärenden Arten kann man den Boden auch mit Korkplatten bekleben, auf die man einige eingetopfte Pflanzen stellt. Für Erdchamäleons hat sich das Ankleben von Korkstücken auf den Boden bewährt. Zuerst klebt man eine dünne Korkplatte plan auf dem Boden, und darauf werden einzelne Stücke Kork geklebt. Größere Stücke werden dann so gelegt, daß sich dazwischen Hohlräume bilden. Diese werden wieder mit einigen großen Blättern und mit Moos abgedeckt. Eingetopfte kleinblättrige Pflanzen z. B. *Ficus pumila* oder *Ficus benjamina*, werden gerne erklettert.

Pflanzen dienen den meisten Chamäleonarten in erster Linie als Versteckmöglichkeit, denn Tarnung bedeutet für sie das halbe Leben.

Aber auch als Futter kommen Pflanzen für einige Chamäleon-Arten in Betracht. Es wird wahrscheinlich mehr pflanzliche Nahrung aufgenommen, als wir es bisher wissen. Jedoch scheint diese Vorliebe nur für einige Arten zuzutreffen, z. B. *Calumma brevicornis; Furcifer lateralis; F. pardalis* und *Chamaeleon calyptratus*. Von diesen Arten ist es bisher bekannt.

Äste sind für alle Chamäleonarten sehr wichtig. Sie müssen bei Arten wie *Calumma parsonii* oder *Furcifer oustaleti* schon recht robust sein. Vom Umfang her sollten die Stämme aber nur so dick sein, daß die Tiere sie mit ihren Greiffüßen umfassen können. Das Einbringen der Äste ins Terrarium muß gut durchdacht sein. Sie müssen in sich sehr stabil sein und das Mehrfache des Chamäleongewichtes aushalten. Es kann sehr schnell zu Unfällen kommen, wenn ein Ast unter dem Gewicht des Tieres abbricht.

Bei einer sterilen Haltung kommen zwar auch Äste ins Terrarium, jedoch muß die gesamte Ausstattung sehr leicht zu säubern sein. Als Bodengrund wählt man am besten einen Kunstrasen. Auch die Bepflanzung kann aus künstlichen Pflanzen bestehen. Alles sollte leicht zu reinigen sowie leicht auszukochen sein. Dieses ist z. B. für Quarantänebecken eine ganz wichtige Voraussetzung. Natürlich müssen auch diese Terrarien auf die einzelnen Arten zugeschnitten sein, denn es ist eine wichtige Voraussetzung, daß sich auch darin die Tiere wohlfühlen. Gerade Tiere, die vom Transport oder durch Krankheit geschwächt sind, benötigen eine schützende Umgebung, in der sie sich wohlfühlen. Darum spielen auch in solchen Becken die Anpassungs- bzw. Versteckmöglichkeiten eine große Rolle. Trotzdem müssen die Tiere aber noch gut zu beobachten sein. Das wichtigste bei einer sterilen Haltung ist natürlich die Sauberkeit in solchen Terrarien. Kot muß sofort entfernt werden, wenn man ihn nicht sowieso für Untersuchungen benötigt.

Die Wüste ist ein klimatischer Bereich, der nur von einigen wenigen Arten bewohnt wird. *Chamaeleo chamaeleon, Chamaeleo calyptratus, Ch. namaquensis* und *Ch. gracilis* kommen in diesem scheinbar lebensfeindlichen Habitat vor. Dieses bedeutet jedoch auf das Terrarium bezogen nur eine andere Gestaltung. Es sollte keiner auf die Idee kommen, die extremen Lebensbedingungen in einem Terrarium nachzuvollziehen. Lediglich ein größerer Tag-Nacht-Wechsel ist zu gewährleisten. Dabei sollten die Temperaturen lokal 35 °C bzw. 10 °C nicht über- bzw. unterschreiten. In der Natur sind die Tiere immer in der Lage, sich gegen extreme Einflüsse zu schützen. Da diese Chamäleons größere Strecken am Boden zurücklegen, sollte die Grundfläche des Terrariums größer gewählt werden. Der Bodengrund besteht aus Sand, ferner bieten einige verzweigte Äste den Tieren die Möglichkeit zum Klettern. Ein Überbrausen des Terrariums in den frühen Morgenstunden kommt den Tieren sehr entgegen. Die relative Luftfeuchtigkeit sollte gegen Mittag nicht mehr über 50% betragen. Alle drei Tage bietet man den Tieren zusätzlich Wasser über eine Pipette an.

Besonderheiten: Da viele Chamäleons nur fließendes oder tropfendes Wasser erkennen, sollte man im Terrarium auf einige Hilfsmittel zurückgreifen. So lassen sich z. B. sehr dekorativ die sogenannten Zimmerspringbrunnen in ein Terrarium integrieren. Aber auch selbst modellierte Wasserfälle und Bachläufe kann man in einem großen Terrarium einbringen. Hierbei ist darauf zu achten, daß die Wasserstellen nur so tief sind, daß die Tiere darin stehen können. Eine andere Möglichkeit, die Chamäleons zu tränken, erreicht man, indem man einen Eimer mit Wasser oberhalb des Terrariums aufstellt, einen Aquarienschlauch hineinhängt und das andere Ende des Schlauches im Terrarium befestigt. Indem man jetzt den Schlauch mit einer Klemme teilweise verschließt, läßt sich das Tropfwasser regulieren. Einen größeren Effekt hat man aber mit einer vollautomatischen Sprühanlage.

Freie Haltung im Zimmer

Diese Haltungsmöglichkeit ist gerade bei den Chamäleons sehr wichtig. Sehr viele Arten sind ausgesprochen standorttreu und können problemlos frei auf der Fensterbank gehalten werden. Wenn man sich zu einer solchen Zimmerhaltung entschließt, muß man immer davon ausgehen, daß die Tiere auch einmal ihren Fensterplatz verlassen. Es ist also grundsätzlich Vorsicht geboten z. B. beim Betreten des Zimmers.

Viele Liebhaber haben ihre Terrarienzimmer für eine offene Haltung vorbereitet. Dabei bietet man den Tieren einige große Pflanzen im Zimmer verteilt an. Spotstrahler werden so angebracht, daß sie von den Tieren zwar nicht erreicht werden, diese aber die Strahlungswärme voll nutzen können. An gut einzusehenden Stellen werden Futterdosen plaziert. Diese sollten so hoch sein, daß die Futtertiere nicht von alleine herauskommen können. Da die relative Luftfeuchtigkeit in einer Wohnung sehr niedrig ist, müssen die Chamäleons häufiger als im Terrarium getränkt werden. Unterstützen kann man dieses durch tägliches Besprühen der Pflanzen. Eine Zimmerhaltung kommt für fast alle Echten Chamäleons in Frage. Sie ist aber nicht für Erdchamäleons möglich.

Calumma oshaughnessyi eignet sich sehr gut zur freien Zimmerhaltung.

Haltung im Gewächshaus oder im Wintergarten

Wer diese Möglichkeit besitzt, sollte sie auch nutzen. Im Winter, wenn die Räume gut beheizt sind, gibt es keine Probleme. Die Temperatur darf nachts ruhig auf 10 bis 15 °C absinken. Tagsüber müssen die Tiere allerdings immer wieder ihre Vorzugstemperatur erreichen können. Auch in diesem Fall kann man mit Spotstrahlern nachhelfen.

Die kritischen Zeiten sind jedoch die Übergänge und der Sommer. In einem Glashaus kann es sich sehr schnell überhitzen, deshalb muß für genügend Lüftung gesorgt sein. Hierbei ist darauf zu achten, daß die Lüftungsflächen entweder unzugänglich oder mit einer Drahtgaze gesichert sind. Am gefährlichsten ist die Übergangszeit, bei der es draußen noch friert, aber im Glashaus durch die direkte Sonneneinstrahlung sehr schnell zu Temperaturen von über 40 °C kommen kann. Dieses wäre für die Chamäleons tödlich. In solchen Fällen hilft meistens nur noch eine Abschattierung. Natürlich müssen immer feuchte und kühlere Ecken vorhanden sein. Eine großzügige Bepflanzung bringt hier schon einige Erfolge.

Abhängig von der Bepflanzung und der damit verbundenen höheren Luftfeuchtigkeit ist auch die Chamäleonart, die man pflegen kann. Hat man sehr wenig Pflanzen und eine niedrige Luftfeuchtigkeit, wird man nur Tiere aus trockenen und heißen Gegenden halten können. Aber auch für diese Arten müssen kühlere Rückzugszonen vorhanden sein.

Ein wichtiger Punkt sind die trächtigen Weibchen der eierlegenden Arten, denn sie suchen nach Ablagemöglichkeiten. Hat man nur eingetopfte Pflanzen, kommt es sehr häufig vor, daß einige bald ausgetopft sind. Die Weibchen machen einige Probelöcher, die ungefähr ihrer Körpergröße entsprechen, um den ihnen am geeignetesten erscheinenden Eiablageplatz herauszufinden. Dieses macht sowohl auf der Fensterbank wie auch im Wintergarten einige Probleme. Um hier Abhilfe zu schaffen, setzt man die Weibchen in ein dafür hergerichtetes Terrarium mit einer der Art angepaßten hohen Bodenschicht. Natürlich müssen die Terrarien der Größe der Tiere entsprechen. Zu kleine Terrarien können bei den Weibchen eine Streßsituation hervorrufen, und es tritt eine Legenot ein. Nach der Eiablage sollte man das Weibchen noch mindestens eine Woche einzeln sitzen lassen und gezielt mit vitaminisiertem Futter versorgen. Danach setzt man es wieder in den Wintergarten oder in das Gewächshaus zurück. Wenn man mehrere Tiere in einem Raum hält, werden sie sich sehr bald wieder paaren. In einem großen Raum mit reichlicher Bepflanzung bringt die Gemeinschaftshaltung große Vorteile. Voraussetzung ist immer, daß sich die Tiere nicht ständig sehen können. Während der Paarungszeit können sich die Tiere paaren, wann und so oft sie wollen.

Freilandterrarium

Je nach Möglichkeit können solche Terrarien von größeren Gazebehältern bis hin zu kleineren Volieren reichen. Wenn man einen Garten besitzt, kann man fest aufgestellte Großterrarien für die Tiere herrichten. Hat man nur einen Balkon, bieten sich Terrarien rundherum aus Fliegendraht an. Natürlich ist auch hier wieder die jahreszeitliche Sonneneinstrahlung zu berücksichtigen. Für einige Arten wirkt sich so ein Freiluftaufenthalt, der durchaus von Ende Mai bis September dauern kann, sehr positiv aus. Auch zeigen die Tiere hierbei viel intensivere Farben. Für viele Arten wirkt auch dieser Freiluftaufenthalt stimulierend auf die Fortpflanzung. In gro-

Freie Haltung im Wintergarten bei einem der Autoren.

ßen Freiluftterrarien von mehreren Quadratmetern und einer dichten Bepflanzung kann auch ein Männchen mit mehreren Weibchen vergesellschaftet werden. Dieses geht allerdings nur bei einigen bestimmten Arten (z. B. *Chamaeleo jacksonii* oder *Ch. hoehnelii*).

Einzelhaltung oder Vergesellschaftung?

Einzelne Chamäleon-Arten weisen häufig eine erstaunlich hohe Populationsstärke auf. Dieses sollte aber nicht darüber hinwegtäuschen, daß alle Chamäleons von Natur aus Einzelgänger sind. So haben sie in der Natur immer die Möglichkeit, sich aus dem Wege zu gehen oder nach Kämpfen die Flucht zu ergreifen. In einem Terrarium würden die Tiere durch ständigen Streß verkümmern. Nur zur Paarungszeit setzt man die Paare zusammen, natürlich unter ständiger Beobachtung. Sobald das Weibchen aggressive Handlungen gegen das Männchen zeigt, sind sie zu trennen.

Bei vielen Arten besteht allerdings auch die Möglichkeit, die Chamäleons mit anderen Tieren zu vergesellschaften. Hierbei ist zu bedenken, daß die eine Art nicht in das Futterschema der anderen Art paßt. Auch sollten sie möglichst verschiedene Nischen im Terrarium bevorzugen. So kann man durchaus Erdchamäleons mit kleinen Anolis- oder kleinen Dendrobaten-Arten zusammen pflegen. Aber auch Geckos lassen sich sehr gut mit einigen Chamäleonarten gemeinsam halten. Die nachtaktiven Gecko-Arten sorgen dafür, daß Futtertiere, die sich am Tage verstecken konnten, nun nachts von ihnen gefressen werden. Bei einigen Chamäleonarten ist allerdings Vorsicht geboten, denn sie vergreifen sich auch an anderen Echsen. Dieses ist bekannt unter anderem von *Furcifer pardalis; Chamaeleo calyptratus; Chamaeleo melleri, Calumma brevicornis*, um nur einige zu nennen. Bei diesen Arten sollte man eine Vergesellschaftung mit anderen Reptilien von vornherein unterlassen. Im Zweifelsfall ist es immer besser, die Chamäleons allein zu halten.

Ernährung

Gesunde Tiere benötigen eine gesunde Ernährung. Dieses beinhaltet aber auch, daß man den Ansprüchen jeder Art, ja sogar jedes einzelnen Tieres gerecht werden muß. Auch unter den Chamäleons gibt es immer wieder Individualisten, die nur bestimmte Futtertiere annehmen. Aber das kann sich zeitlich durchaus ändern. So kommt es vor, daß Futtertiere, die heute gefressen werden, schon morgen abgelehnt werden. Aus diesen Gründen ist es wichtig, daß man eine breite Palette an Futtertieren zur Verfügung hat. Nur durch abwechslungsreiches Füttern kann man gewisse Vorlieben verhindern. Da Chamäleons sehr aktiv auf Bewegungen reagieren, erweckt ein bewegtes Futtertier sofort ihre Aufmerksamkeit. Dabei scheint die Farbe der Futtertiere eine gewisse Rolle zu spielen. So werden grüne Futterinsekten (z. B. grüne Schaben oder Heupferdchen) auffällig bevorzugt. Wenn man Fliegen verfüttert (Stubenfliegen oder Pinkys) erreicht man bei den kleineren Arten eine ungeheuere Steigerung ihrer Aktivität.

Da die Zucht von Fliegen meist sehr geruchsintensiv ist, besorgt man sich diese besser in Angelgeschäften. Hier werden sie als Ködermaden (Pinkys) angeboten. Stellt man die Maden etwas wärmer, verpuppen sie sich in kürzester Zeit. Die Puppen teilt man dann in mehrere Behälter auf und stellt die noch nicht benötigten erst einmal kühl. Als Futter für die später schlüpfenden Fliegen verwendet man Milchpulver und Rübenkraut. Die Fliegen müssen auf jeden Fall einige Tage angefüttert werden, da sie sonst als Futtertier wertlos wären. Natürlich müssen auch sie noch vor dem Verfüttern mit Korvimin ZVT eingestäubt werden (siehe Hinweis auf Seite 72). Für größere Chamäleons kommen Fliegen nur als zusätzlicher Leckerbissen in Frage. Diese Tiere benötigen größere Futterbrocken, um satt zu werden. So kommen für einige Arten (z. B. *Furcifer pardalis, F. oustaleti* sowie *Chamaeleo calyptratus* u. v. m.) auch nackte Mäusebabys als Futter in Betracht. Da Mäuse ein hochwertiges Futter sind, sollte man bei großen Chamäleons nicht darauf verzichten. Auch treten bei so ernährten Tieren viel seltener Mangelerkrankungen auf. Das bedeutet aber nicht, daß man auf zusätzliche Vitamin-Gaben verzichten kann.

Natürlich werden die großen Chamäleon-Arten nicht ausschließlich mit Mäusen gefüttert. Es kommen auch Wanderheuschrecken, Schaben, Grillen sowie andere Futtertiere in Frage. Vorsicht ist geboten bei der Vergesellschaftung mit anderen Tieren, da sie in den meisten Fällen auch kleinere Echsen fressen.

Ein anderes Futter, dem man in der Vergangenheit keine große Aufmerksamkeit gewidmet hat, ist pflanzliche Nahrung. In Madagaskar konnten wir beobachten, wie *Calumma brevicornis* einige gelbe Blüten fraß. Heute weiß man, daß einige Arten auch zwischendurch pflanzliche Nahrung zu sich nehmen. Allerdings sind es in den meisten Fällen Zufallsbeobachtungen. Man muß sich also keine Sorgen machen, wenn die Tiere Pflanzen anfressen. Ganz im Gegenteil, hier ist jeder Chamäleonliebhaber aufgefordert, diese Beobachtungen anderen Liebhabern weiterzusagen.

Ein weiterer Bestandteil der Ernährung ist die Wasseraufnahme. Gerade importierte Tiere leiden in den meisten Fällen an einem erhöhten Wasserverlust. Da jedoch nicht alle Tiere in der Lage sind, aus einem Wassernapf zu trinken, ist man gezwungen, die Tiere mit Hilfe einer Pipette zu versorgen. Auch hier ist es angebracht, lieber mehrmals am Tage etwas weniger als einmal viel. Bevor man nicht gesehen hat, daß die Tiere aus einer Schale trinken, muß man sie anderweitig versorgen. Hier bietet sich an, über Tropfwasser, bewegtes Wasser und auch Sprühwasser die Tiere zu versorgen. Darüberhinaus wird man nicht umhinkommen, am Anfang immer wieder mit der Pipette nachzuhelfen. Eine Schale mit immer frischem, vitaminisiertem Wasser gehört trotzdem in jedes Terrarium. Hierbei ist zu beachten, daß die Tiere darin stehen können sollen, um nicht zu ertrinken.

Futterzuchten

Es ist heute kein Problem mehr, verschiedene Arten von Futtertieren in ausreichenden Mengen zu kaufen. Immer mehr Zoogeschäfte bieten neben Wasserflöhen und Tubifex auch Grillen, Heimchen, Schaben und Fliegen in ihrem Programm an. Darüber hinaus kann man fast alle Futtertiere im Versandabonnement bekommen. Die zweite Möglichkeit der Futterbeschaffung wäre das Selberfangen. Früher war dieses die beste Lösung und erbrachte sicher auch das abwechslungsreichste und hochwertigste Futter. Jedoch sollte man heute nur noch in Ausnahmefällen Insekten aus der Natur entnehmen, da der immer höhere Einsatz von Insektiziden und anderen Faktoren gegen eine Entnahme sprechen. Was übrig bleibt, sollte nicht auch noch verfüttert werden. Zudem muß man wissen, daß viele Tiere, die in das Futterschema von Chamäleons hineinpassen (z. B. Schmetterlinge) stark bedroht und deshalb ganzjährig geschützt sind. Die Artenschutzgesetze müssen genau beachtet werden!

Wenn man einmal von der Einseitigkeit absieht, weisen die eigenen Futterzuchten nur Vorteile auf. Als erstes zu nennen wäre da die Unabhängigkeit von Lieferengpässen. Aber auch die Qualität kann man bei gezüchteten Futtertieren selbst bestimmen. Nur wer seinen Tieren hochwertiges und abwechslungsreiches Futter anbietet, erhält auch die nötige Qualität seiner Futtertiere. Natürlich gibt es nicht nur Vorteile, sondern auch einige Einschränkungen bei eigenen Futterzuchten. Es sollte sich jeder darüber im klaren sein, daß Futterzuchten mit der gleichen Aufmerksamkeit geführt werden müssen wie die Chamäleons selbst. Man benötigt also einen gewissen regelmäßigen Zeitaufwand. Die Lärmbelästigung bei Grillen und Heimchen kann für manche Menschen sehr störend sein. Aber auch die Geruchsbelästigung bei gezüchteten Fliegen sollte man nicht verschweigen. Wer sich dennoch zur Zucht verschiedener Futtertiere entschließt, dem wollen wir hier einige Anleitungen geben:

Springschwänze *(Collembola)*

Behälter: geschlossener Kunststoffbehälter mit 15 bis 20 cm Wandhöhe.

Temperatur: 10 bis 20 °C.

Allgemeines: Zuchtansätze findet man in jedem Waldgebiet unter feuchtem Laub sowie an feuchten Stellen im Garten. Es sind kleine, 0,5 bis 4,0 mm lange weiße Gliedertierchen. Den Namen Springschwänze besitzen sie wegen ihres gabelförmigen Springorgans, welches sich am Ende des Hinterkörpers befindet. Bei Nichtgebrauch wird es unter den Bauch geklappt und in speziellen Haken eingehängt. Die Springschwänze können damit Sprünge vollführen, die das 15fache ihrer Körperlänge ausmachen. Die Tiere sind sehr lichtempfindlich und sollten in dunklen Kästen sehr feucht untergebracht sein.

Zucht:

In dem Behälter stapelt man einige Platten Steckmoos (für Blumenfeuchtgestekke), oder einige Stücke Naturtorf übereinander. Das Ganze muß ständig feucht gehalten werden. An eine Stelle legt man einen Dosendeckel, der mit Fischfutter versehen wird. Dieses dient den Springschwänzen als Futter. Gefüttert wird einmal in der Woche nur so viel, wie in diesem Zeitraum gefressen wird.

Essigfliegen *(Drosophila)*

Behälter: Gläser und andere hochwandige Behälter mit 0,5 l Volumen.

Temperatur: 25 bis 28 °C.

Allgemeines: Es gibt verschiedene Arten von Essigfliegen. Am bekanntesten sind die Kleine Essigfliege *Drosophila melanogaster* und die Große Essigfliege *Drosophila funebris*. Von beiden Arten gibt es auch stummelflüglige Zuchtformen, die nicht mehr fliegen können. Man muß bei der Zucht allerdings sehr darauf achten, daß in eine flugunfähige Zucht keine fliegenden Drosophila hineinkommen.

Zucht: Die einfachste Art, den Futterbrei herzustellen, geht wie folgt: Man nehme 500 g Vollkornhaferflocken, die in einem Topf mit Wasser dickgekocht werden. Eine Messerspitze Nipagin, ein Päckchen Trockenhefe sowie ein Eßlöffel Traubenzucker werden in den Teig mit eingerührt. (Nipagin, das in einer Apotheke besorgt, nach Vorschrift angewendet und vor Unbefugten sicher aufbewahrt werden muß, dient dazu, Verpilzung zu verhindern, und kann evtl. auch entfallen.) Nach dem Abkühlen des Breies füllt man ihn ca. 4 bis 5 cm hoch in die Gläser ein. Den Raum über dem Teig füllt man locker mit Holzwolle oder zusammengedrücktem Küchenpapier auf. Für ein Glas nimmt man als Zuchtansatz ca. 50 Fliegen. Das Glas wird mit einem Stück Stoff, Nylon oder Küchenpapier und einem Gummiring fest verschlossen. Je nach Art kann man nach einigen Wochen die ersten Fliegen entnehmen – bei der Kleinen Essigfliege nach ca. 2 Wochen und bei der Großen nach 4 bis 6 Wochen. Zum Verfüttern schüttet man die Fliegen vorher in einen Behälter und stäubt sie mit Korvimin ZVT ein (siehe Hinweis auf Seite 72). Danach gibt man die weiß gepuderten Fliegen ins Terrarium.

Grüne Schabe *(Panchlora nivea)*

Behälter: Dicht schließende Plastikbehälter mit schmalen Lüftungsschlitzen aus feiner Messinggaze an den Seiten und im Deckel.

Temperatur: 30 °C.

Allgemeines: Die Grüne Schabe wird noch recht selten als Futtertier gezüchtet. Sie wird aber gerade von Chamäleons sehr gerne genommen. Bei den ausgewachsenen Tieren sind beide Geschlechter flugfähig und machen davon auch ausgiebig Gebrauch.

Haltung und Zucht: Für einen guten Zuchtansatz benötigt man ca. 20 bis 30 Tiere. Der Zuchtbehälter wird 20 bis 30 cm hoch mit feuchter Blumenerde oder mit einem Sand-Torf-Gemisch aufgefüllt. Es funktioniert aber auch mit feuchten Sägespänen. Auf das Substrat werden einige Eierkartons oder zusammengedrehte Pappkartonröllchen gelegt. Wichtig ist, daß der Bodengrund immer feucht gehalten wird. Die Larven leben bis zur Geschlechtsreife im Boden. Gefüttert werden sie mit Obst, Gemüse und Preßlingen aller Art. Die erwachsenen flugfähigen Schaben ernähren sich von Banane und Honig.

Von der Pipette trinkendes Chamäleon.

Ein Chamäleon wird getränkt.

Argentinische Schabe *(Blaptica dubia)*

Behälter: Dicht schließende Plastikbehälter ab ca. 10 l Inhalt. Lüftungsschlitze an den Seiten und im Deckel aus feinem Fliegendraht.

Temperatur: 28 bis 32 °C.

Allgemeines: Bei der Argentinischen Schabe sind nur die Männchen beflügelt. Mit einer Größe von 4 cm Körperlänge und knapp 2 cm Breite ergeben diese Tiere einen kräftigen Futterbrocken. Die Lebensdauer liegt bei 1 bis 1½ Jahren.

Zucht: Für einen Zuchtansatz benötigt man etwa 30 Weibchen und 15 Männchen; je mehr, desto besser, da die Art eine lange Entwicklungsdauer aufweist. In Abständen von ca. 6 Wochen legen die Weibchen eine Eikapsel, aus der 15 bis 30 Jungtiere schlüpfen. Die Entwicklung bis zur Geschlechtsreife dauert etwa 4 bis 6 Monate, bei den oben genannten Temperaturen. Den Boden füllt man 2 bis 3 cm hoch mit Hundeflocken, darauf legt man als Versteckmöglichkeit einige übereinandergestapelte Eierkartons. Alle 3 bis 4 Tage gibt man etwas Feuchtfutter hinzu. Jedoch nur so viel, wie auch tatsächlich gefressen wird. Als Futter kommt alles in Frage, was für die gesamte Tierhaltung brauchbar ist. Wer gleichzeitig Mäuse züchtet, kann ihnen Mäusefutter anbieten, aber auch Preßlinge aller Art. Als Feuchtfutter gibt man Obst, Salate, Löwenzahn, Karotten usw. hinein. Bei genügend Feuchtfutter erübrigt sich eine Wassertränke. Da die Entwicklung sehr lange dauert, sollte man die ersten Tiere erst nach einer Generationsfolge entnehmen.

Großer Schwarzkäfer *(Zophobas morio)*

Behälter: Es kommen nur Behälter aus Glas, PVC oder Hartplastik in Frage, da Holzkästen oder Weichplastik von den Larven zerfressen würden. Die Kästen sollten nicht unter 10 l Gesamtvolumen besitzen. Auch hier wird an den Seiten und im Deckel eine Lüftung aus feinem Messinggewebe angebracht.

Temperatur: 28 bis 30 °C.

Allgemeines: Zur Zucht benötigt man 10 bis 20 Käfer. Wenn man die Käfer in die Hand nimmt, geben sie einen unangenehmen Geruch ab. In Mittel- und Südamerika leben die Larven in faulem Holz. Die Lebenserwartung liegt bei etwa 1 Jahr.

Zucht: Man benötigt für eine größere Zucht mehrere Behälter. Die Käfer und Larven werden voneinander getrennt gehalten. Den Käferbehälter füllt man etwa 5 cm hoch mit Kleintierstreu an. Darauf legt man einige große Stücke sehr rauhe Rinde. Die Käfer legen in den Rissen der Rinde ihre Eier ab. Nach ca. 8 bis 12 Tagen schlüpfen die ersten Larven. Da die Eier für ihre Entwicklung eine gewisse Umgebungsfeuchtigkeit benötigen, wird das Substrat einmal am Tag übersprüht. Alle 14 Tage sammelt man die Käfer ab, entnimmt die Rinde, und schüttet das Substrat mit den kleinen Larven in einen Larvenbehälter. Danach füllt man den Käferbehälter mit neuem Substrat wieder auf und legt die Rinde sowie die Käfer wieder hinein. Wenn man dieses in regelmäßigen Abständen wiederholt, hat man die Larven immer der Größe nach sortiert. Nach etwa 8 Wochen haben die Larven ihre volle Größe erreicht. Jetzt nimmt man einige Larven und setzt sie einzeln in kleine mit Streu gefüllte Plastikdosen. Hier werden sich die Larven verpuppen, und nach etwa 3 bis 4 Wochen schlüpfen die Käfer. Diese kommen wieder in einen neuen Käferbehälter, und alles beginnt von vorne. Gefüttert werden die Käfer sowie die Larven mit Hundeflokken, allen Arten von Trockenfutter, Obst, Gemüse, Kartoffeln und Löwenzahn. Eine höhere Luftfeuchtigkeit muß unbedingt eingehalten werden. Die Behälter müssen regelmäßig ganz gereinigt werden, da sich immer wieder Milben einnisten.

Große und kleine Wachsmotte *(Galleria mellonella; Achroea grisella)*

Behälter: Blecheimer oder Imkereimer sowie nur Gefäße aus Hartplastik. Als Lüftungsschlitze kommen nur feinste Messinggaze in Betracht. Weichplastik darf nicht genommen werden, da dieses von den Raupen zerfressen würde.

Temperatur: 25 bis 28 °C.

Allgemeines: In den meisten Fällen werden die Raupen, die fälschlicherweise auch als Maden bezeichnet werden, verfüttert. Wenn man beide Arten züchten will, muß man streng darauf achten, daß sie immer getrennt voneinander bleiben. Sonst würde die Kleine Wachsmotte die Große zunichte machen. Vorsicht beim Verfüttern, denn entlaufene Raupen können während des Verpuppens großen Schaden anrichten. Sie setzen sich gerne in Büchern, Gardinen, Polstermöbeln sowie auch in elektrischen Anlagen fest.

Zucht: Am besten haben sich 5- bis 10-l-Eimer als Behälter bewährt. Aber auch größere Einmachgläser, deren Deckel eine Lüftung aus Messinggaze besitzen, können verwendet werden. Man benötigt als Zuchtansatz ca. 30 bis 40 Motten. Als Futter legt man bis ca. zur Hälfte des Behälters alte Bienenwaben hinein. Es gibt aber auch ein sehr gutes Kunstfutter, welches man nach dem Rezept von FRIEDRICH/VOLLAND (1981) selbst herstellen kann. Danach stellt man den Behälter warm, und nach 6 bis 7 Wochen hat sich eine neue Generation entwikkelt. Es ist sinnvoll, immer mehrere Behälter zu besitzen, so daß man verschiedene Entwicklungsstufen vorrätig hat. Die Entwicklung kann man über die Temperatur steuern. Als Verpuppungshilfe für die Raupen legt man zusammengerollte Wellpappe, die mit einem Gummiring zusammengehalten wird, in den Behälter hinein. Beim Ausrollen derselbigen fallen einem die Raupen schon entgegen.

Grillen und Heimchen *(Gryllus bimaculatus; Acheta domesticus)*

Behälter: Hochwandige, ca. 50 bis 60 cm große Plastikterrarien oder ähnliche Behälter, die mit einem Deckel verschlossen werden. An einer Seite sowie im Deckel werden Luftschlitze aus Messinggaze angebracht. Dieses sorgt für den nötigen Luftaustausch und verhindert zu starkes Schwitzen und den damit entstehenden Milbenbefall.

Temperatur: 28 bis 30 °C.

Allgemeines: Beide Arten haben eines gemeinsam: Die Männchen machen durch Aneinanderreiben der Flügel einen fürchterlichen Lärm. Dieses kann in einem Mietshaus als sehr störend empfunden werden. Wenn man nicht sehr viele Tiere besitzt, kann man den Männchen die Flügel abschneiden. Die Geschlechtsunterschiede kann man sehr gut an der Legeröhre erkennen, die nur die Weibchen besitzen.

Zucht: Als Zuchtansatz reichen 10 bis 15 Paare aus. Als Versteckmöglichkeiten bietet man den Tieren übereinander gestapelte Eierkartons, oder man macht aus Pappe einige Rollen, die mit einem Gummiring zusammengehalten werden. Versteckmöglichkeiten benötigen die Tiere als Sicherheit bei der Häutung. Als Ablagebehälter dienen 5 bis 8 cm hohe Vorratsdosen aus Plastik. Diese werden entweder mit einem Torf-Sand-Gemisch oder mit Steckmoos (für Feuchtgestekke) gefüllt. Damit die Grillen die frischgelegten Eier nicht auffressen, deckt man die Ablagebehälter mit einem Fliegendrahtgeflecht ab. Gefüttert wird mit Hundeflocken, Preßlingen, Obst- und

Gemüseresten. Zusätzlich muß eine Tränke vorhanden sein. Am besten eignen sich Vogeltränken oder Reagenzgläser, die mit Wasser gefüllt und mit einem Wattebausch verschlossen sind. Die Entwicklungszeit bei Grillen dauert etwa 8 bis 10 Wochen, bei Heimchen ca. 7 bis 8 Wochen. Alle 2 bis 3 Tage muß man die Behälter kontrollieren und wenn nötig, das Legesubstrat neu befeuchten. Dieses darf auf keinen Fall austrocknen.

Vitamine, Mineralstoffe und Aminosäuren

Zur Gesunderhaltung unserer Chamäleons ist es unumgänglich, daß wir das Futter künstlich aufwerten. Hierzu gehört das Einpudern der Futtertiere mit einem entsprechenden Präparat sowie das Anreichern des Trinkwassers mit einem Multivitaminpräparat. Trotz abwechslungsreicher und ausgewogener Kost unserer Futtertiere ist es doch nur ein spärlicher Ersatz für das Futterangebot in der Natur. Um unseren Tieren aber die nötigen Nährstoffe zukommen zu lassen, werden alle Futtertiere mit Korvimin ZVT eingestäubt. Dieses ist ein sehr gehaltvolles Vitamin-Mineralstoff- und Aminosäuren-Gemisch, das aus einer Apotheke besorgt werden muß. Darüber hinaus geben wir unseren Tieren noch Multimulsin, welches auch einen ausgewogenen Anteil an dem Vitamin D_3 enthält.

Multimulsin wendet man bei Jungtieren ab der 8. Woche an. Da auch Unverträglichkeiten beobachtet wurden, ist bei der Verabreichung der Mittel mit einer geringeren Dosierung zu beginnen. Wenn Unverträglichkeiten beobachtet werden, auch bei geringer Dosierung, ist das Mittel sofort abzusetzen. Überhaupt müssen alle genannten Mittel nach Gebrauchsanweisung angewendet und vor Unbefugten sicher aufbewahrt werden.

Artenschutz

Wer sich mit Chamäleons beschäftigt, muß wissen, daß alle Chamäleons den verschiedenen Artenschutzgesetzen unterliegen. Hier ist es angebracht, sich schon vor der Anschaffung der Tiere mit der Gesetzgebung auseinanderzusetzen. Ein wichtiger Ratgeber dabei ist das Buch vom BNA (1987), sowie ein Artikel von R. PODLOUCKY (1987). Die notwendigen Rechtsvorschriften kann man beziehen beim Bundesanzeiger-Verlag GmbH, Postfach 13 20, 5300 Bonn 1.

Diese sind:

1. Erstes Gesetz zur Änderung des Bundesartenschutzgesetzes vom 10. 12. 1986, Bundesgesetzblatt 1986, Teil 1, Nr. 66, 2349–2360.

2. Die Verordnung zum Schutz wildlebender Tier- und Pflanzenarten vom 19. 12. 1986, Bundesgesetzblatt 1986, Teil 1, Nr. 7, 2702–2762.

3. Verordnung (EWG) Nr. 3626/82 des Rates zur Anwendung des Übereinkommens über den internationalen Handel mit gefährdeten Arten freilebender Tiere und Pflanzen in der Gemeinschaft. Amtsblatt der Europäischen Gemeinschaft Nr. L 384 mit den jeweils gültigen Anhängen.

Jeder Chamäleonpfleger muß wissen, daß er seine Tiere bei der zuständigen Behörde (der Unteren Naturschutzbehörde) anmelden muß. Dieses beinhaltet aber auch, daß er die Tiere nur mit den nötigen Papieren erwerben darf. Auch die Nachzuchten sowie der Verlust von Chamäleons müssen der Behörde innerhalb von 4 Wochen angezeigt werden.

Hier ist sicher nicht der Platz, um über die Gesetzgebung zu diskutieren, jedoch kommt man um einige Bemerkungen nicht herum. Es ist sicher positiv zu werten, daß durch die straffe Gesetzesregelung keine Massenimporte mehr in den Handel kommen. Man sollte jedoch nicht so weit gehen, daß man ernsthaften Liebhabern die Einfuhr von begrenzten Stückzahlen verbietet. Heute weiß man, daß Chamäleons unter optimalen Bedingungen im Terrarium haltbar und gut nachzüchtbar sind.

Darüber hinaus sind wir der Frage nachgegangen, inwieweit Chamäleons in der Natur bedroht sind. Auf vielen Reisen konnten wir feststellen, daß Chamäleons zwar schwer zu finden, aber keineswegs selten sind. Natürlich gibt es auch hier wieder Ausnahmen. So ist das europäische Chamäleon in einigen Mittelmeergebieten bereits verschwunden. Dieses hängt jedoch hauptsächlich mit der Zerstörung der natürlichen Lebensräume zusammen.

Auch einige Regenwaldbewohner werden in den Tropen durch die fortschreitende Zivilisation verdrängt. Das Abholzen der Regenwälder in Afrika sowie in Madagaskar nimmt diesen Arten jegliche Lebensgrundlage. Hier sterben Arten aus, die der Mensch vielleicht noch gar nicht kennt. Artenschutz ist daher nur sinnvoll in Verbindung mit Biotopschutz.

Aber auch die Verdrängung alter, an ihren Lebensraum stark angepaßter Arten, durch moderne, sehr flexible Arten, spielt eine große Rolle. So breiten sich die sogenannten Kulturfolger immer weiter aus. An dieser Stelle möchten wir auf einen Artikel von W. SCHMIDT (1993) hinweisen „Freiland- und Haltungsbeobachtungen an der Chamäleonart *Calumma parsonii*". Wir können nur hoffen, daß mit der nötigen Intensität die Erhaltung der letzten Regenwaldgebiete vorangetrieben wird. Artenschutz ohne Biotopschutz würde sich stets dem Verdacht einer Alibifunktion aussetzen.

Naturschutz

Ein einziges Projekt ist uns bekannt, in dem Chamäleons speziell geschützt werden. Durch die Initiative der Universität Lissabon, (Portugal) wurde vor einigen Jahren ein Projekt zum Schutz des europäischen Chamäleons gegründet. Es wurden ein Strand und dessen Hinterland an der Algarve unter Schutz gestellt. Hier werden Beobachtungen an einer Population europäischer Chamäleons durchgeführt. Der Erfolg solcher Maßnahmen kann nur langfristig gesehen werden, da Umwelteinflüsse eine große Rolle spielen. Es ist zu wünschen, daß solche Maßnahmen Erfolg bringen und die nötige Resonanz in der Bevölkerung finden, damit weitere Projekte entstehen können. Naturschutz kann nur Erfolg haben, wenn der Gedanke von allen Menschen getragen wird. Leider ist das europäische Chamäleon schon an vielen Stellen in Europa vom Menschen verdrängt worden. Auch hier ist nur die fortschreitende Biotopvernichtung für den Rückgang des europäischen Chamäleons verantwortlich. Inwieweit solche Schutzmaßnahmen die Tiere in Europa wirklich erhalten können, bleibt bei fortschreitender Vernichtung der Lebensräume dahingestellt.

Krankheiten und ihre Behandlungen

Dies ist mit eines der schwierigsten Themen bei der Chamäleonhaltung, da es bis heute keine für den Laien verständliche Literatur über Diagnose und Behandlung der häufigsten Erkrankungen gibt. Deshalb muß der Pfleger alles in seiner Macht stehende zur Vorbeugung und Verhinderung von Krankheiten unternehmen.

Aber auch bei optimaler und artgerechtester Haltung können die Tiere erkranken. Dies gilt besonders für Wildfänge, da die Tiere immer einen gewissen Parasitenstamm in sich tragen und häufig eine Behandlung unumgänglich ist. Wichtig ist es, sich bereits vor dem Ausbruch von Erkrankungen die einschlägige Spezialliteratur zu besorgen. Da wäre für den deutschsprachigen Raum nur das Buch von ISENBÜGEL und FRANK, 1985, zu empfehlen, weil die darin genannten Medikamente in der Bundesrepublik erhältlich sind. Ebenfalls deutschsprachig ist das Buch von IPPEN, SCHRÖDER, ELZE, 1985, welches sich aber auf Medikamente aus der ehemaligen DDR bezieht. Wer über ausreichend Englischkenntnisse verfügt, sollte sich das Standardwerk von COOPER and JACKSON, 1981, besorgen.

Wegen dieser Schwierigkeiten wollen wir im folgenden hauptsächlich Tips zur Vermeidung von Krankheiten geben. Schon bei der Anschaffung eines Chamäleons muß man unbedingt darauf achten, daß man kein krankes Tier erwirbt. Dafür gibt es zahlreiche Indizien, die aber nicht alle für jede Art gelten. Am bekanntesten und am wichtigsten sind die Augen. Sie müssen prall und ohne einen Ring aus der Augenhöhle herausstehen. Leider gibt es jedoch einige Arten, die ihre Augen zum Schutz in den Kopf zurückziehen, wenn sie sich bedroht fühlen. Sie sehen dann wie ein krankes oder fast verdurstetes Chamäleon aus.

Über den Ernährungszustand gibt die Schwanzwurzel Auskunft. Während die Chamäleons den Rumpf aufblasen können, bleibt die Schwanzwurzel, wenn das Tier ausgehungert ist, stark eingefallen, und man erkennt jeden einzelnen Wirbel.

Auch die Farbe kann Ausdruck des Zustandes sein. Matte Farben können auf eine bevorstehende Häutung oder auf eine Erkrankung hinweisen. Grelle Farben, schöne Farbkleider können aber auch Ausdruck für Streß sein, und das vermeintlich gute Tier kann zu Hause sofort abbauen.

Ein für alle Arten geltender Hinweis ist die Aktivität. Gesunde Tiere schlafen am Tag nur äußerst selten und laufen fast den ganzen Tag im Terrarium umher, oder aber sie beobachten zumindest mit ihren Augen die gesamte Umgebung. Auch stehen sie in der Regel auf dem Ast im Gegensatz zu kranken Tieren, die nur „schlaff darauf hängen". Man darf dies aber nicht verwechseln mit der Art, wie einige Chamäleons beim Schlafen auf dem Ast liegen. An dieser kurzen Ausführung kann man schon erkennen, daß es keinen Schutz vor Krankheiten bei Wildfängen gibt. Jeder Kauf gleicht deshalb einem Lotteriespiel.

Hat man seine Auswahl getroffen, so ist eine längere Quarantänezeit unumgänglich. Geeignet sind dafür Plastik-Gaze-Behälter (z. B. Campingschränke), die sich sehr leicht reinigen und desinfizieren lassen. Der Boden wird mit Zeitungen ausgelegt, die täglich gewechselt werden. Die Einrichtung besteht aus einigen Ästen und einigen Plastikpflanzen. In diesen Behälter gibt man nun den Neuzugang und läßt dem Tier viel Ruhe. Lediglich ausgiebiges Tränken und Füttern ist sehr wichtig.

Da halb verdurstete Tiere häufig auch einen nicht intakten Salzhaushalt haben und das getrunkene Wasser nicht beibehalten können, gibt man an den ersten Tagen noch eine kleine Prise Salz (nicht in größerer Menge!) dem Trinkwasser bei. Sobald die Tiere gekotet haben, schickt man eine Kotprobe an eine der drei genannten Untersuchungsstellen und bittet um kostenpflichtige Untersuchung sowie um Behandlungshinweise:

1. Veterinärmedizinische Fakultät der Universität Gießen, Frankfurter Straße 87 in 6300 Gießen;

2. Tiergesundheitsamt Hannover, Dr. Röder, Vahrenwalder Straße 133 in 3000 Hannover 1;
3. GeVo Diagnostik, Jakobstraße 65 in 7024 Filderstadt-Sielmingen, Tel. 0 71 58/6 06 60.

Bekommt man ein Ergebnis: Befund negativ, so bedeutet dies, kein Parasit wurde gefunden. Zur Sicherheit schickt man noch eine 2. Probe nach etwa 4 Wochen ein. Ist auch sie negativ, so kann man sein Tier getrost in das Terrarium setzen. Weist das Chamäleon jedoch einen Befund auf, so bittet man die Untersuchungsstelle um Behandlungshinweise und behandelt das Chamäleon entsprechend. Bei den o. g. Untersuchungsstellen kann man auch um eine kostenpflichtige Sektion von verendeten Tieren bitten, wenn man wissen will, woran ein Chamäleon gestorben ist, das man besaß.

Die Kotuntersuchungen nehmen leider einige Zeit in Anspruch, und da viele Terrarianer den Kot erst bei Ausbruch der Erkrankung bzw. bei Schwächung des Chamäleons einsenden, ist eine schnelle Behandlung unumgänglich. Der Gang zum Tierarzt ist leider oft vergeblich, da es nur wenige Tierärzte gibt, die sich mit Reptilien auskennen. Ein Gang zu einem mit Reptilien unerfahrenen Tierarzt erleichtert nur den Geldbeutel. Deshalb vorher bei befreundeten Terrarianern oder in Zoos erkundigen, wo ein mit Reptilien erfahrener Tierarzt sitzt. Auskunft erteilt auch die Arbeitsgemeinschaft Chamäleons innerhalb der DGHT.

Im folgenden wollen wir einige kleinere leichtere Erkrankungen und deren Behandlung beschreiben. Dies darf aber nicht als generelle Aufforderung zur Behandlung durch den Laien verstanden werden. Wer gar keine Erfahrung hat, muß in jedem Fall mit einem erfahrenen Tierhalter oder einem Tierarzt, der sich mit Reptilien auskennt, zusammenarbeiten. Bei der Anwendung rezeptpflichtiger Mittel ist letzteres zwingend vorgeschrieben. Für die genannten Mittel und Methoden gilt grundsätzlich: Herstellerhinweise und Gebrauchsanweisungen sind zu beachten; für Unbefugte muß der Zugang verhindert werden.

- Kleine Verletzungen (z.B. Bißverletzungen):

Hat das Chamäleon eine Wunde, die noch nicht entzündet ist, so muß die verletzte Stelle sofort desinfiziert werden. Am gebräuchlichsten ist Gentianaviolett (5%iges Gentianaviolett in 70%igen Alkohol gelöst, in der Apotheke mischen lassen), welches mit einem Wattestäbchen vorsichtig auf die Wunden getupft wird. Hat sich die Wunde bereits entzündet, so hilft nur noch eine antibiotische Salbe. Wir verwenden Nebacethin-Salbe (rezeptpflichtig) mit gutem Erfolg. (Die Behandlung darf aber nur unter Anleitung eines Tierarztes vorgenommen werden.)

- Häutungsprobleme:

Häufig kommt es vor, daß die Chamäleons Häutungsprobleme aufweisen. Aber Vorsicht, von Häutungsproblemen kann man erst sprechen, wenn die Tiere über einen längeren Zeitraum es nicht schaffen, sich aus ihrer eigenen alten Haut zu befreien. Viele Arten häuten sich zwar an einem Tag und entfernen am nächsten Tag lediglich die verbliebenen Reste, aber bei zahlreichen Arten dauert die Häutung auch mehrere Tage.

Hat man nun festgestellt, daß die Chamäleons sich nicht allein aus ihrer alten Haut befreien können, so sollte man erst einmal versuchen, die Tiere von Hand von den Resten zu befreien. Dies ist bei Jungtieren sehr schwierig. Da das für die Chamäleons einen ungeheuren Streß bedeutet, sollte man nach einiger Zeit eine längere Pause einlegen. Läßt sich die

Haut nicht einfach entfernen, so kann man das Chamäleon einige Zeit in lauwarmem Wasser mit einigen Tropfen Kamillosan baden oder die Häutungsreste mit Bepanthen-Salbe einstreichen, diese einige Zeit einwirken lassen und anschließend entfernen.

Viel gefährlicher für die Tiere ist es jedoch, wenn die Haut sich zwar löst, aber sich an den Gliedmaßen nur aufrollt und nicht abfällt. Diese Häutungsreste übersieht man leicht. Sie schnüren meist bereits nach einiger Zeit das Glied ab, welches bei nicht rechtzeitigem Entfernen anschwillt und abstirbt. Es empfiehlt sich deshalb nach jeder Häutung, sein Tier zu kontrollieren, ob sich auch alle Haut vollständig gelöst hat.

- Legenot:

Als letztes erwähnen wollen wir noch die Legenot, weil sie leicht verhindert werden kann und in der Regel einmal ausgelöst zum Verlust des Weibchens führt. Legenot bedeutet, daß die Weibchen nicht in der Lage sind, ihre Eier normal abzusetzen. Dies kann viele Ursachen haben: am häufigsten wohl Streß, bedingt durch eine nicht artgerechte Haltung, wie z. B. fehlende Eiablageplätze, dauernde Beunruhigung durch den Anblick anderer Chamäleons, unzureichende Ernährung usw. Sie tritt aber auch schon einmal bei Nicht-Befruchtung des Weibchens auf.

Ist sie trotz aller Vorsicht eingetreten, so sollte man das Weibchen in ein ruhiges Terrarium setzen und das rezeptpflichtige Oxytocin nach Maßgabe eines Tierarztes spritzen. Wir haben damit leider sehr unterschiedliche Erfahrungen gemacht, denn wer kann schon den genauen Eiablagezeitpunkt vorhersagen. (Wie bei jedem rezeptpflichtigen Mittel ist die Zusammenarbeit mit demTierarzt zwingend vorgeschrieben. Vor Unbefugten gesichert aufbewahren!)

In der letzten Zeit haben einige Tierärzte Kaiserschnitte bei Chamäleons durchgeführt, mit überraschend gutem Erfolg. So haben die Weibchen und die Eier den Eingriff unbeschadet überstanden, aus den Eiern schlüpften sogar Jungtiere, und die Weibchen setzten später weitere Gelege ohne Probleme ab.

Zu den sehr schwierigen Themen Infektionskrankheiten und Parasitenbefall kann man keine pauschalen Behandlungshinweise geben. Vielmehr muß man sich von den Untersuchungsstellen oder mit Reptilien versierten Tierärzten die nötigen Informationen beschaffen, da Kotuntersuchungen und Abstriche im Normalfall unerläßlich sind.

Bleibt zum Abschluß nur die resignierte Feststellung, daß ein krankes Chamäleon häufig schon ein totes Chamäleon ist. Deshalb wiederholen wir den alten Rat: Vorbeugen ist die beste Medizin. Nur wer seine Chamäleons artgerecht pflegt und versorgt, wird keine Probleme mit seinen Tieren haben und sich lange Zeit daran erfreuen.

Artenbeschreibungen

Einleitung

Im folgenden wollen wir einige für die Terraristik bedeutsame Chamäleon-Arten ausführlich vorstellen. Dabei sollen alle für die Haltung und Zucht notwendigen Informationen gegeben werden. Dieser Teil soll als Nachschlagewerk benutzt werden.

Den Abschluß bildet eine Tabelle mit allen bisher beschriebenen Arten, sowie Angaben über ihre Verbreitungsgebiete, das Biotop, die Vegetationszonen und ein für die artgerechte Haltung geeignetes Terrarium.

Bei den Größenangaben zu den Terrarien wurden die Abkürzungen L, T bzw. H für Länge, Tiefe bzw. Höhe verwendet.

Bradypodion damaranum
Boulenger, 1887

Verbreitung: Südafrika.
Die Art bewohnt nur ein kleines Küstengebiet am südlichen Kap von Südafrika. Das Klima dort entspricht in etwa dem Mittelmeerklima. Obwohl es sich um Südafrika handelt, weist das Verbreitungsgebiet eine Niederschlagsmenge von mehr als 500 mm im Jahr auf.

Lebensraum: Bei *B. damaranum* handelt es sich um einen Bewohner dichter Wälder, aber selbst in Gärten wird diese Art angetroffen.

Größe: Männchen: maximal 160 mm; Weibchen: maximal 180 mm.

Kennzeichen: *B. damaranum* ist eine der am schönsten gefärbten Chamä-

Bradypodion damaranum, Weibchen.

leon-Arten. Bei dieser Art ist der Helm hinten leicht erhöht. Der Rückenkamm besteht aus einzelnen Stachelschuppen, und das auffälligste Kennzeichen sind die beschuppten Hautläppchen an der Kehlkante, die vorne am größten sind. Die Körperbeschuppung ist sehr unregelmäßig.

Die Männchen weisen einen lila- bis orangefarbigen, etwa 1 cm Mittelstreifen auf, der am Helm beginnt und sich bis über ⅔ der gesamten Körperlänge erstrecken kann. Die übrige Färbung besteht aus sehr kräftigen grünen, blauen, gelben, orangen und roten Farbtönen. Die Weibchen hingegen sind meist einfarbig grün.

Terrarium: Typ III und IV.
Die Mindestgröße eines Terrariums zur Pflege eines Einzeltieres sollte etwa L 30×T 30×H 40 cm betragen. Für eine paarweise Haltung reicht bereits eine Größe von ca. L 80×T 40×H 50 cm aus. Die Seitenwände müssen mit Korkplatten oder Rindenabschwarten beklebt werden, an denen die Chamäleons gerne umherklettern. Die übrige Einrichtung sollte aus zahlreichen Kletterästen und einigen kleinen Büschen oder Bäumen, wie z. B. *Ficus benjamini*, bestehen. Vervollständigt wird sie durch einige größere Steine.

Im Sommer sollten die Temperaturen tagsüber 25 bis 28 °C betragen, dürfen aber 30 °C nicht übersteigen. Wichtig ist eine ausreichende Nachtabsenkung von mindestens 8 °C. Im Winter werden die Tiere etwas kühler gehalten.

Die Terrarien werden einmal täglich morgens überbraust, ohne daß die Chamäleons dabei angesprüht werden.

Haltung und Zucht: *B. damaranum* ist eine lebhafte Chamäleon-Art. Die Tiere sind fast den ganzen Tag aktiv und laufen auf der Suche nach Futter durch das Terrarium. Trotz der vorhandenen innerartlichen Aggressivität ist bei dieser Art eine paarweise Haltung in großen Terrarien möglich. Lediglich die Männchen sind untereinander absolut unverträglich.

Bei *B. damaranum* handelt es sich um eine lebendgebärende Chamäleon-Art, so daß die Zucht leicht möglich ist. Erblickt ein Männchen ein paarungsbereites Weibchen, legt jenes sein schönstes Farbkleid an und nähert sich diesem unter heftigen Nickbewegungen. Die Paarung dauert ca. 30 Minuten.

Nach einer Tragzeit von 120 bis 150 Tagen bringt das Weibchen seine 2 bis 21 fertigen Jungtiere, die bei der Geburt noch von einer durchsichtigen Eihaut umschlossen sind, am frühen Morgen im Terrarium zur Welt. Die Jungtiere befreien sich sofort durch einige Streckbewegungen aus der Eihülle und laufen durch das Terrarium. Bereits einige Stunden später fangen sie an, selbständig Futter zu schießen. Sie können die erste Zeit in kleinen Gruppen gemeinsam aufgezogen werden. Erst später ist die Einzelaufzucht notwendig.

Die Geschlechtsreife erreichen die Tiere im Alter von etwa 9 Monaten.

Futter: Grillen und Heimchen, Mehl- und Wachsmotten sowie deren Raupen, Stubenfliegen, Drosophila.

Ihren Wasserbedarf decken die Tiere ausschließlich durch das Auflecken von Sprühwasser. Die Jungtiere werden immer mit der Pipette getränkt.

Bradypodion fischeri Reichenow, 1887
Fischers Chamäleon

Verbreitung: Tansania.

Von *B. fischeri* existiert eine große Anzahl an unterschiedlich aussehenden Formen. Jeder der isolierten Gebirgszüge in ihrem Verbreitungsgebiet hat eine eigene Form.

So wundert es auch nicht, daß zahlreiche Unterarten beschrieben wurden, teilweise sogar eigene Arten aus ihnen gemacht wurden und diese anschließend wieder zu einer Art zusammengefaßt wurden. Bekannt und beschrieben sind heute 5 Unterarten.

Alle Formen leben in Bergwäldern ab einer Höhe von etwa 600 m.

Lebensraum: Das Chamäleon ist ein Bewohner von Büschen und Bäumen. Besonders zahlreich sind die Tiere an Waldrändern. Aus alten Berichten über Sammelreisen weiß man, daß *B. fischeri* sehr zahlreich in den Gärten der Missionsstationen vorkam, die häufig Ausgangspunkt derartiger Exkursionen waren.

Größe: Männchen: maximal 360 mm; Weibchen: maximal 330 mm.

Die maximalen Größenangaben beziehen sich auf die größte bekannte Form. Die meisten in Terrarien gepflegten Chamäleons bleiben aber deutlich kleiner.

Kennzeichen: *B. fischeri* gehört zu den mittelgroßen Chamäleon-Arten. Auffälligstes Kennzeichen sind die Verlängerungen der Schnauzenfortsätze an beiden Seiten, die weit über die Schnauzenkante reichen können. Der Rückenkamm besteht aus isolierten Kegelschuppen. Die Beschuppung ist unregelmäßig. Das Farbkleid ist sehr ansprechend und variabel. Die Grundfärbung besteht immer aus verschiedenen Grüntönen, die bis ins Gelbliche reichen können. Die Männchen weisen häufig einen großen gelben Fleck auf der Seite auf. Ansonsten zeigen die Tiere ein variables Zeichenmuster aus beigen, weißen oder hellblauen Farbtönen, das an eine Flechte erinnert.

Terrarium: Typ I. Die Größe des Terrariums muß mit der jeweils gepflegten Form abgestimmt sein. Die Seitenwände und die Rückwand werden dicht mit dünnen Korkplatten beklebt, so daß kein Sichtkontakt zum Nachbarterrarium besteht.

Der Bodengrund bei den Weibchen sollte etwa 15 cm hoch sein, damit sie problemlos ihre Eier vergraben können. Die weitere Einrichtung besteht aus zahlreichen Kletterästen sowie einigen unempfindlichen Rankenpflanzen.

Die Temperaturen sollten ganzjährig tagsüber 25 bis 28 °C betragen und nachts leicht abfallen. Die Terrarien müssen einmal täglich vollständig überbraust werden.

Haltung und Zucht: Die innerartliche Aggressivität ist sehr stark ausgeprägt, wobei es starke individuelle Schwankungen gibt, so daß nur eine Einzelhaltung empfohlen werden kann. Die sehr hübschen und lebhaften Chamäleons sind den ganzen Tag aktiv.

Da *B. fischeri* ein bekannter Echsenfresser ist, scheidet diese Art zur Vergesellschaftung mit anderen Reptilien aus.

Zur Zucht setzt man das Weibchen in das Terrarium zum Männchen. Erblickt dieses das Weibchen, so begrüßt es die mögliche Partnerin durch heftige Nickbewegungen. Ist das Weibchen nicht paarungsbereit, so wehrt es das Männchen durch Mauldrohen und Querwakkeln unter Annahme einer dunklen Färbung ab. Das Männchen bricht daraufhin seine Balz sofort ab.

Ist das Weibchen jedoch paarungsbereit, so reagiert es auf das Männchen scheinbar gar nicht. Dieses zeigt nun seine schönste Färbung, indem es dem Weibchen immer eine abgeflachte Seite präsentiert. Dabei nähert es sich ständig unter nickenden Bewegungen. Nach einer gewissen Zeit steigt es von hinten auf, und die Tiere verpaaren sich. Die Kopulation dauert etwa 20 Minuten.

Während der Trächtigkeit fressen die Weibchen sehr viel und nehmen schnell an Körperumfang zu. Einige Tage vor der eigentlichen Eiablage reduzieren sie die Nahrungsaufnahme und fangen an, nach einer geeigneten Eiablagestelle zu suchen. Dafür führen sie an verschiedenen Stellen des Terrariums Probegrabungen durch. Erst wenn sie einen geeigneten Eiablageplatz gefunden haben, graben sie einen Gang bis auf den Boden des Terrariums und setzen dort ihr Gelege ab. Die Gelegegröße schwankt zwischen 8 und 23 Eiern, die sofort aus dem Terrarium entnommen werden müssen. Die Zeitigung erfolgt in mit leicht feuchtem Vermiculit gefüllten, klarsichtigen, dicht schließenden Plastikdosen. Die Inkubation ist schon mehrfach gelungen. Selbst aus nicht gefundenen Gelegen sind im Terrarium schon Jungtiere geschlüpft.

Am besten ist es jedoch, man zeitigt seine Gelege bei 20 bis 23 °C in einem Brutkasten. Nach etwa 180 Tagen schlüpfen die Jungtiere. Die Aufzucht erfolgt einzeln in kleinen Terrarien und bereitet allgemein keine Schwierigkeiten.

Futter: Schaben, kleine bis mittlere Wanderheuschrecken, Grillen und Heimchen, Wachsmotten und deren Raupen, Stubenfliegen und für die Jungtiere *Drosophila*.

Getränkt werden die Tiere täglich durch Sprühwasser, zusätzlich werden die erwachsenen Tiere zweimal in der Woche mit der Pipette getränkt.

Bradypodion karroicum (Methuen und Hewitt, 1915)
Karroo-Zwergchamäleon

Verbreitung: Südafrika.

Bradypodion fischeri.

Bradypodion karroicum, Weibchen.

Die Art bewohnt weite Gebiete im Landesinneren des südlichen Teils Südafrikas, im sogenannten Karroo (Karru). Die Gegend zeichnet sich durch besonders geringe Niederschlagsmengen aus.

Lebensraum: Bei *B. karroicum* handelt es sich um einen Bewohner der südafrikanischen Savannenlandschaft. Fast überall im Hinterland des Kaps kann man diese unscheinbare Chamäleon-Art finden. Die Tiere leben im Gestrüpp, im Gebüsch und auf den vereinzelten Bäumen. Man kann sie aber auch auf dem Boden beobachten.

Größe: Männchen: maximal 140 mm; Weibchen: maximal 140 mm.

Kennzeichen: *B. karroicum* ist eine sehr kleine und unscheinbare Chamäleon-Art. Der Helm ist hinten nur leicht erhöht. Die Körperbeschuppung ist unregelmäßig. Der Kehlkamm besteht aus dicht hintereinander stehenden Kegelschuppen. Auch der Rückenkamm besteht aus Kegelschuppen, die aber einen weiten Abstand zueinander aufweisen. Die Tiere zeigen nur eine Tarnfärbung aus verschiedenen Grau- und Brauntönen.

Terrarium: Typ III und IV. Die Terrarien sollten eine Größe von etwa L 30×T 30×H 30 cm aufweisen. Die Wände werden mit Moltofill für außen bestrichen und mit rotem Sand bestreut, so daß die Chamäleons daran klettern können. Zahlreiche dünne Kletteräste und einige Sukkulenten vervollständigen die Einrichtung.

Die Temperaturen sollten im Sommer tagsüber 25 bis 28 °C betragen und nachts um wenigstens 6 °C sinken. Im Winter werden die Tiere kühler gehalten. Das Terrarium wird nicht überbraust, die Tiere werden ausschließlich mit Hilfe der Pipette getränkt.

Haltung und Zucht: Bei *B. karroicum* handelt es sich um eine sehr friedliche Chamäleon-Art, die in entsprechend großen Terrarien problemlos paarweise gepflegt werden kann. Auch eine Vergesellschaftung mit anderen Reptilien, z. B. kleinen Geckos oder Erdleguan-Arten, bereitet in der Regel keine Schwierigkeiten.

Erblickt ein Männchen ein Weibchen, so beginnt es sofort, mit einigen Nickbewegungen auf sich aufmerksam zu machen. Ist das Weibchen nicht paarungsbereit, so zeigt es dies durch heftiges Querwakkeln. Das Männchen hört dann sofort mit dem Nicken auf und verhält sich scheinbar uninteressiert gegenüber dem Weibchen. Ist dieses jedoch paarungsbereit, so nähert sich das Männchen zügig und verpaart sich sofort.

Nach einer Tragzeit von etwa 4 Monaten bringt das Weibchen 4 bis 12 lebende Junge zur Welt. Während der Geburt sind die Jungtiere noch von einer durchsichtigen Eihaut umschlossen, die sie kurz nach Berühren des Bodens durch heftige Streckbewegungen zerreißen. Die Aufzucht erfolgt in kleinen Gruppen und bereitet keine Schwierigkeiten. Ebenso wie die erwachsenen Tiere müssen auch die Nachzuchten mit der Pipette getränkt werden.

Futter: Grillen und Heimchen, Mehl- und Wachsmotten sowie deren Raupen, Stubenfliegen, Drosophila und für die Jungtiere während der ersten Tage Springschwänze.

Getränkt werden die Tiere nur mit der Pipette.

Bradypodion pumilum Gmelin, 1789
Buntes Zwergchamäleon

Verbreitung: Südafrika und Namibia.

Das Verbreitungsgebiet des „Bunten Zwergchamäleons" erstreckt sich über das Küstengebiet des südwestlichen Südafrikas; hinzu kommen die isolierten Populationen um die Orte Clanwilliam und Bredasdorf in Namibia. Die isolierten Gebiete sind wahrscheinlich durch von Menschen eingeführte Tiere entstanden.

Lebensraum: Das „Bunte Zwergchamäleon" ist an kein bestimmtes Biotop gebunden. Die Tiere leben in den verschiedensten Büschen und im Gestrüpp. Am leichtesten findet man die Art in den Parks und in den Vorgärten von Kapstadt.

Dort erreicht die Art aufgrund des reichlichen Nahrungsangebotes eine erstaunliche Populationsstärke. Die Tiere leben nicht nur auf Büschen, häufig laufen sie auch auf dem Boden oder im Gras umher, sogar beim Klettern im Gestein kann man sie beobachten. An Vegetationszonen umfaßt das Verbreitungsgebiet die Hartlaubgehölzzone und die Wüste. Das Klima am Kap von Südafrika entspricht in etwa dem Mittelmeerklima.

Größe: Männchen: maximal 250 mm; Weibchen: maximal 180 mm.

In der Regel erreichen die Tiere aber nur etwa eine Größe von 130 bis 160 mm.

Kennzeichen: Das auffälligste Kennzeichen sind die beschuppten Kehlläppchen, die sich am Kehlkamm entlangziehen und kurz vor der Schnauzenspitze am größten sind. Die Beschuppung am Körper ist sehr unregelmäßig. Der Helm ist hinten leicht erhöht und nur wenig vom Körper abgesetzt. Der Rückenkamm, bestehend aus einzelnen Stachelschuppen, reicht bis auf den Schwanz.

Das „Bunte Zwergchamäleon" zeigt sehr häufig, wie sein Name schon sagt, ein bunt leuchtendes, sehr variables Zeichenmuster. Die Normalfärbung bei dieser Art besteht aus einem langgestreckten rosa bis roten Flecken, der meist blau und grün eingefaßt ist und sich an den Flanken entlangzieht. Die übrige Zeichnung ist meist grün, braun oder gelb. Im Terrarium erreichen die Tiere ein maximales Alter von 5 Jahren.

Terrarium: Typ III und IV. Das Terrarium sollte für die Einzelhaltung eine Mindestgröße von 45 cm Kantenlänge aufweisen. Die Seitenwände und die Rückwände werden dicht mit Moltofill für außen bestrichen und mit rotem Sand bestreut. Die Tiere können dann sehr gut daran klettern und nutzen dies auch gerne. Als Bodengrund eignet sich ebenfalls roter Sand. Bepflanzt werden die Terrarien mit einigen sehr dekorativen Sukkulenten oder hartblättrigen Rankpflanzen. Einige dünne Kletteräste runden die Einrichtung ab.

Die Beleuchtungsdauer und die Temperaturen sollten den Jahresschwankungen in der Natur entsprechen. So sollten die Tageshöchsttemperaturen im Sommer bei etwa 30 °C und im Winter bei etwa 20 °C liegen. Gleichzeitig ist immer für eine starke Nachtabsenkung um mindestens 8 °C zu sorgen.

Wesentlich günstiger für diese Art ist eine halbjährliche Freilandhaltung von etwa Anfang Mai bis Ende September. Die Tiere vertragen die hiesigen Temperaturen problemlos, bis sie nachts auf etwa 5 °C abfallen.

Täglich, am besten morgens, wird das gesamte Terrarium einmal kurz überbraust.

Haltung und Zucht: *B. pumilum* gehört zu den lebhaften Chamäleon-Arten. Normalerweise verbringen sie die Morgen- und Abendstunden mit der aktiven Suche nach Futter, und nur während der wärmsten Tagesstunden verweilen sie auf ihrem Lieblingsast und betätigen sich als Lauerjäger. Die innerartliche Aggressivität ist nicht so stark ausgeprägt wie bei vielen anderen Chamäleon-Arten. Lediglich die Männchen sind untereinander immer unverträglich.

Die Zucht ist denkbar einfach, da das „Bunte Zwergchamäleon“ zu den lebendgebärenden Arten gehört. Zur Paarung setzt man das Weibchen in das Terrarium zum Männchen, welches sofort bei Anblick des Weibchens zu nicken anfängt. Ist das Weibchen paarungsbereit, so reagiert es auf das Männchen durch leichte Nickbewegungen, Schwanzaufrollen und leichtes Anheben. Das Männchen nähert sich daraufhin zügig und verpaart sich sofort mit dem Weibchen. Damit das Weibchen die Kloake öffnet, führt es einige typische Greifbewegungen in der Kloakenregion aus. Die Kopulation dauert etwa 10 bis 30 Minuten. Bei dieser Art findet immer nur jeweils eine Paarung statt. Ist das Weibchen nicht paarungsbereit, wehrt es das Männchen auf die für Chamäleons übliche Weise ab.

Nach einer Trächtigkeit von über 3 Monaten – die Weibchen sind sehr gefräßig und nehmen schnell an Umfang zu – werden meist in den frühen Vormittagsstunden die 2 bis 21 Jungtiere geboren. Bereits einige Tage vorher reduziert das Weibchen die Nahrungsaufnahme und läuft nervös suchend durch das Terrarium.

Die Nachzuchten sollten separat aufgezogen werden. Eine gemeinsame Aufzucht in kleinen Gruppen während der ersten 3 Monate ist auch möglich. Durch die Konkurrenz gehen die Jungtiere teilweise besser an das Futter.

Die Aufzucht bereitet in der Regel keine Schwierigkeiten. Lediglich einige Infektionskrankheiten, die durch Streßumstände ausgelöst werden können, können zu Ausfällen führen (siehe Abschnitt über Krankheiten). Wichtig ist, daß die Jungtiere einmal täglich mit der Pipette getränkt werden.

Bradypodion pumilum.

F u t t e r: Stubenfliegen, Grillen und Heimchen, Wachsmotten und deren Raupen, Mehlmotten und deren Raupen, bis etwa halbwüchsige Larven des Großen Schwarzkäfers, Mehlwürmer, grüne Schaben, kleine Wanderheuschrecken und für die Jungtiere Drosophila und Springschwänze.

Die Jungtiere benötigen täglich frisches Futter, in den ersten Tagen Springschwänze und kleine Drosophila, später große Drosophila und kleine Heimchen.

Alles Futter muß gut mit Korvimin ZVT eingestäubt werden (siehe Hinweis auf Seite 72).

Bradypodion thamnobates Raw, 1976.

V e r b r e i t u n g: Südafrika.
Die Chamäleon-Art bewohnt nur die Gegend in der Provinz Natal vom Mooi River bis Howick. Dieses Gebiet zeichnet sich besonders durch hohe Schwankungen der Tages- und Nachttemperaturen aus. Im Winter können die Temperaturen unter 0 °C sinken.

L e b e n s r a u m: *B. thamnobates* lebt auf Büschen und Bäumen sowie im Gestrüpp. Seltener findet man die Tiere einmal am Boden.

G r ö ß e: Männchen: maximal 180 mm; Weibchen: maximal 190 mm.

K e n n z e i c h e n: Die Art zählt mit zu den schönsten Zwergchamäleon-Arten aus Südafrika. Die Beschuppung ist sehr unregelmäßig. Der Kehlkamm besteht aus sehr großen, beschuppten Hautläppchen, die an der Schnauzenspitze am größten sind. Der Helm ist deutlich vom Körper abgesetzt. Auffällig sind noch die großen, einzeln stehenden Kegelschuppen des Rückenkammes, der sich bis auf den Schwanz hinzieht.

Die Färbung ist sehr variabel. Die Männchen weisen meist Grüntöne mit rotem Zeichenmuster auf. Die Weibchen sind unscheinbarer gefärbt, sie zeigen einfache Grün- oder Brauntöne mit beiger oder rot-brauner Zeichnung.

Terrarium: Typ III. Die Mindestgröße sollte etwa L 40×T 40×H 50 cm betragen. Die Seitenwände und die Rückwand müssen dicht mit Kork oder Rindenabschwarten beklebt werden. Als Bepflanzung eignet sich besonders ein *Ficus benjamini* sowie verschiedene Rankpflanzen. Einige Steine sowie zahlreiche Kletteräste vervollständigen die Einrichtung.

Die Temperaturen sollten tagsüber im Sommer 25 bis 28 °C betragen und im Winter zwischen 20 bis 25 °C liegen. Eine Nachtabsenkung von 10 °C ist unerläßlich. Die Terrarien werden morgens einmal überbraust.

Haltung und Zucht: *B. thamnobates* ist eine sehr verträgliche Chamäleon-Art, so ist die innerartliche Aggressivität nur schwach ausgeprägt. Aber auch bei dieser Art sind die Männchen untereinander sehr unverträglich. Deshalb können die Tiere in großen Terrarien problemlos auch paarweise gepflegt werden. Ebenfalls ist eine Vergesellschaftung mit anderen Reptilien möglich.

Zur Paarung setzt man das Weibchen in das Terrarium zum Männchen, woraufhin dieses stürmisch zu nicken anfängt und auf das Weibchen zuläuft. Ist das Weibchen nicht paarungsbereit, so wehrt es das Männchen auf die für Chamäleons übliche Weise ab. Ist es jedoch paarungsbereit, so antwortet es dem Männchen durch leichte Nickbewegungen, woraufhin dieses sich zügig nähert und sofort von hinten aufsteigt. Die Kopulation dauert etwa 20 Minuten.

Bradypodion thamnobates, Weibchen.

Nach einer Trächtigkeit von etwa 4 Monaten gebärt das Weibchen einmal im Jahr 7 bis 29 Jungtiere. Die Jungtiere sind bei der Geburt recht klein. Deshalb muß ausreichend Kleinstfutter in Form von Springschwänzen und kleinen Drosophila vorhanden sein. Auch bei dieser Art ist eine gemeinsame Aufzucht während der ersten 2 bis 3 Monate von Vorteil und bereitet keine speziellen Schwierigkeiten. Lediglich die üblichen Kinderkrankheiten führen zu häufigen Ausfällen. Das Wichtigste bei der Aufzucht überhaupt ist, daß die Jungtiere in ganz trockenen Kleinstterrarien, am besten alle Seiten aus Gaze, großgezogen werden und ausschließlich von der Pipette getränkt werden. Die Nachzuchten erwiesen sich als sehr empfindlich gegenüber Sprühwasser.

Futter: Grillen und Heimchen, Fliegen, grüne Schaben, Wachs- und Mehlmotten sowie deren Raupen, Drosophila und Springschwänze. Getränkt werden die ausgewachsenen Chamäleons durch Sprühwasser und die Jungtiere ausschließlich mit Hilfe der Pipette.

Calumma boettgeri Boulenger, 1888

Verbreitung: Madagaskar.
Die Art ist bisher nur aus dem Norden Madagaskars und von der Insel Nosy Bé bekannt geworden.

Lebensraum: *C. boettgeri* bewohnt die unteren Zonen im Regenwald, am häufigsten in den Randgebieten. Man findet die Tiere etwa ab einer Höhe von 30 cm über dem Boden bis in eine Höhe von etwa 4 m. Dabei sitzen sie sowohl an Gräsern als auch auf Büschen und Bäumen.

Größe: Männchen: maximal 130 mm; Weibchen: maximal 130 mm.

Die erheblich unterschiedlichen Größenangaben gehen auf unterschiedliche Populationen zurück.

Kennzeichen: Bei *C. boettgeri* handelt es sich um eine klein bleibende Chamäleon-Art. Der Körperbau ist schlank, flach und langgestreckt. Die Beschuppung ist gleichmäßig, und der Helm ist hinten leicht erhöht.

Auffallendste Kennzeichen sind ein Schnauzenanhang, der stark an eine Nase erinnert und die kleinen Occipitallappen, die am Hinterkopf zusammengewachsen sind. Gerade anhand dieses letzten Merkmals läßt sich die *Calumma-nasuta*-Gruppe am einfachsten unterscheiden. Der Rückenkamm besteht aus isolierten Stacheln.Die Färbung besteht aus schmutzig gelben, grünen oder braunen Tönen. Die Tiere sind dem Dämmerungslicht am Boden des Regenwaldes hervorragend angepaßt.

Terrarium: Typ I und II. Entsprechend dem Lebensraum sollten die Chamäleons in hohen Terrarien gepflegt werden. Für ein Pärchen sollte es etwa L 50×T 30×H 60 cm groß sein. Die Seitenwände und die Rückwand müssen dicht mit Rindenabschwarten beklebt werden, an denen die Tiere gerne klettern.

Damit die Weibchen die Eier problemlos vergraben können, sollte immer eine 5 cm hohe Bodenschicht, abgedeckt mit Moospolstern und Rindenstücken, im Terrarium vorhanden sein. Die Einrichtung sollte aus zahlreichen dünnen Ästen und einer üppigen Bepflanzung bestehen. Wegen der geringen Größe der Tiere kann man getrost auch empfindliche Pflanzen verwenden. Hält man die Tiere einzeln, so reichen Terrarien der Größe L 30×T 30×H 30 cm.

Die Temperaturen sollten tagsüber 25 bis 28 °C betragen, dürfen 30 °C aber nicht übersteigen, und sollten nachts auf Zimmertemperatur sinken. Das Terrarium muß zweimal täglich überbraust werden.

Haltung und Zucht: Da die innerartliche Aggressivität recht stark ausgeprägt ist, hält man diese Art am besten einzeln oder paarweise. Gegenüber anderen Tieren verhält sich *C. boettgeri* recht neutral, meist werden sie nach einer gewissen Eingewöhnungsphase nicht mehr beachtet. Deshalb eignet sich die Art zur Vergesellschaftung mit Dendrobaten, Stummelschwanzchamäleon-Arten und kleinen Geckos.

C. boettgeri ist eine sehr lebhafte Art, die den ganzen Tag durch das Terrarium streift und nach Futter sucht. Begegnet ihm dabei ein anderes artgleiches Chamäleon oder ein anderes Tier, von dem es sich bedroht fühlt, so richtet es die Hinterkopflappen vom Körper ab und droht dem Gegenüber durch leichte Fauchtöne. Zeigt dies keinen Erfolg, so fangen sie schnell eine Beißerei an. Die Paarung erfolgt in der für Chamäleons üblichen Weise. Nicht paarungsbereite Weibchen wehren die Männchen durch Drohen und Beißen ab.

Etwa 45 Tage nach der erfolgreichen Paarung vergräbt das Weibchen sein 2 bis 4 Eier umfassendes Gelege an einer feuchten Stelle im Terrarium. Die Eier müssen sofort aus dem Terrarium entnommen werden. Zur Zeitigung bettet man sie in leicht feuchtes Vermiculit. Die Zeitigungstemperaturen sollten etwa 22 bis 24 °C betragen. Unter diesen Bedingungen schlüpfen die Jungtiere nach etwa 90 Tagen. Die Aufzucht erfolgt einzeln in klarsichtigen (artgerecht umgebauten) Kaffeedosen und ist unproblematisch. Lediglich für ausreichend Kleinstfutter in Form von Springschwänzen muß gesorgt sein. Nach etwa 9 Monaten sind die Tiere geschlechtsreif.

Futter: Kleine Grillen und Heimchen, frisch geschlüpfte Wanderheuschrecken, Mehlmotten und deren Raupen, Stubenfliegen, Drosophila und für die Jungtiere zusätzlich Springschwänze. Ihren Wasserbedarf decken die Chamäleons ausschließlich durch das Auflecken von Sprühwasser.

Calumma brevicornis Günther, 1879
Kurzhorn-Chamäleon

Verbreitung: Madagaskar.
Die Art bewohnt die Wälder im Osten und Norden Madagaskars sowie die Insel St. Marie. Aber nicht überall kommen die Chamäleons gleich häufig vor. Während man sie in einigen Gegenden leicht in einer großen Stückzahl entdecken kann, sind sie in anderen Gegenden sehr selten. Von dieser Art sind bereits einige Unterarten beschrieben.

Lebensraum: *C. brevicornis* ist ein Bewohner der Bäume und Büsche. Man findet die Tiere nur an Waldrändern und an lichten Stellen. Geschlossene Waldgebiete werden ebenso wie offene Landschaften gemieden.

Größe: Männchen: maximal 345 mm; Weibchen: maximal 288 mm.

Kennzeichen: *C. brevicornis* zählt zu den großen Chamäleon-Arten. Zum einen durch die Occipitallappen, die sie wie Elefantenohren abspreizen können, um sich ein möglichst großes Aussehen zu verleihen, und zum anderen durch den besonders bei den Männchen stark vergrößerten Schnauzenfortsatz gehört diese Art zu den imposantesten Chamäleons überhaupt.

Die Körperbeschuppung besteht aus kleinen Schuppen mit eingestreuten Plattenschuppen. Der Rücken-, Kehl- und Bauchkamm besteht aus dicht hintereinander stehenden Kegelschuppen. Die Art zeigt meist eine Tarnfärbung aus verschiedenen Brauntönen. Nur im erregten Zustand zeigen die Männchen eine helle Helmfärbung mit rotem Schnauzenfortsatz. Erregte Weibchen verdunkeln hingegen ihre Färbung und zeigen an der Helmoberseite und an den

Calumma boettgeri in Drohhaltung.

Occipitallappen orangene oder rote Flecken. Aus dem zentralen Südosten Madagaskars sind auch blaue Tiere bekannt geworden.

Terrarium: Typ I. Die Terrarien sollten eine Mindestgröße von L 50×T 50×H 70 cm aufweisen. Die Seitenwände müssen dicht verkleidet werden, um jeden Sichtkontakt zum Nachbarterrarium zu unterbinden. Für die Weibchen ist ein Bodengrund von etwa 20 cm Höhe zur problemlosen Eiablage unerläßlich. Zur Einrichtung eignen sich dünne Kletteräste und unempfindliche Rankpflanzen.

Die Temperaturen sollten im Sommer tagsüber 25 bis 27 °C betragen, im Winter etwa 20 bis 23 °C und nachts jeweils noch um einige Grade abfallen. In Andasibe können Temperaturen von 5 °C und kälter im Winter erreicht werden. Die Terrarien müssen morgens einmal vollständig überbraust werden.

Haltung und Zucht: Die innerartliche Aggressivität ist bei *C. brevicornis* sehr stark ausgeprägt. Aber auch gegenüber anderen Reptilien sind die Chamäleons nicht immer friedlich. Es ist schon ein beeindruckender Anblick, wenn die Tiere mit abgespreizten Hinterkopflappen auf einen Gegner unter lauten Fauchtönen losgehen. In der Natur kann es sogar vorkommen, daß sie wesentlich größere Gegner, selbst Menschen, auf diese Art versuchen, in die Flucht zu schlagen.

Die Tiere verbringen die meiste Zeit als Lauerjäger auf ihrem Lieblingsplatz sitzend und auf Beute wartend. Gibt man einige Futtertiere ins Terrarium, so kehrt aber sofort Leben in die Tiere, und die Beute wird durch das ganze Terrarium verfolgt.

Zur Paarung setzt man das Weibchen in das Terrarium zum Männchen. Ist das Weibchen nicht paarungsbereit, so droht

Calumma brevicornis. ▷

es sofort dem Männchen und muß wieder aus dem Terrarium entnommen werden. Ist es jedoch paarungsbereit, so reagiert es auf den Anblick des Männchens scheinbar gar nicht. Dieses zeigt seine schönsten Farben und nähert sich unter nickenden und ruckenden Bewegungen dem Weibchen. Die Paarung dauert bis zu 30 Minuten.

Nach einer Tragzeit von 30 bis 40 Tagen legen die Weibchen ihre 10 bis 30 Eier am Ende eines selbst gegrabenen Ganges ab, der fast immer an der feuchtesten Stelle im Terrarium liegt. Bis heute (1992) ist eine erfolgreiche Zeitigung noch nicht gelungen.

F u t t e r: Wanderheuschrecken, Schaben, Mäusebabys, Grillen und Heimchen. Getränkt werden die Tiere zweimal in der Woche mit Hilfe einer Pipette. Zusätzlich können sie noch täglich Sprühwasser auflecken.

Calumma globifer, Weibchen. ▽

Calumma globifer Günther, 1879

Verbreitung: Madagaskar. *C. globifer* bewohnt die zentralen Regenwälder im Osten Madagaskars etwa in den Höhenlagen von 700 bis 1300 m. Dieses Gebiet zeichnet sich besonders durch einen ausgeprägten Jahresrhythmus (Sommer/Winter) aus.

Lebensraum: Die Art lebt auf Bäumen, in Büschen und im Gestrüpp der Waldränder. Nur in den frühen Morgenstunden nehmen die Tiere ein kurzes Sonnenbad, um sich anschließend wieder einige Meter tief in den Wald zurückzuziehen.

Größe: Männchen: maximal 350 mm; Weibchen: maximal 350 mm.

Kennzeichen: *C. globifer* gehört zu den größeren Chamäleon-Arten. Die Art gehört zur *Calumma-parsonii*-Gruppe, denen sie auch sehr stark im Aussehen ähnelt. Der Helm ist nur leicht erhöht, Bauch- und Kehlkamm fehlen völlig. Der Rückenkamm besteht aus großen unregelmäßigen Kegelschuppen. Die Körperbeschuppung ist gleichmäßig. An den Schnauzenrändern weist die Art zwei Fortsätze auf, die nur bei den Männchen etwas über die Schnauzenspitze hinwegreichen.

Die Färbung besteht aus einem Grün-, Gelb-, Grau- oder Braunton. Häufig weisen die Tiere einen deutlich sichtbaren Lateralstreifen sowie eine senkrechte, schräg nach vorne wegfallende Bänderung auf.

Terrarium: Typ I und II. Das Terrarium sollte eine Mindestgröße von etwa L 50×T 50×H 80 cm aufweisen. Will man die Tiere paarweise pflegen, so muß das Terrarium mindestens folgende Größe aufweisen: L 150×T 60×H 120 cm. Dabei ist dann besonders darauf zu achten, daß die Tiere genügend Sitzplätze ohne Sichtkontakt zum anderen Chamäleon aufsuchen können.

Der Bodengrund bei den Weibchen sollte etwa 20 cm hoch sein. Die Seitenwände und die Rückwand müssen dicht beklebt werden. Zahlreiche etwa fingerdikke Kletteräste und eine üppige Bepflanzung vervollständigen die Einrichtung.

Die Temperaturen sollten im Sommer bei 24 bis 28 °C und im Winter bei 20 bis 23 °C liegen. Für eine ausreichende Nachtabsenkung ist Sorge zu tragen. Das Terrarium wird einmal täglich ganz übersprüht.

Haltung und Zucht: Obwohl bei *C. globifer* noch nie aggressive Handlungen beobachtet wurden, außer zwischen den Männchen, unterdrücken oder besser stören sich gemeinsam gehaltene Tiere. Hingegen kann die Art mit anderen Reptilien und Amphibien problemlos vergesellschaftet werden.

Über die Zucht ist nur wenig bekannt. Trächtig importierte Weibchen legten zwar schon häufig ihre ca. 25 Eier umfassenden Gelege im Terrarium ab, aber über eine erfolgreiche Inkubation ist bis heute nichts bekannt geworden.

Futter: Wanderheuschrecken, Schaben, Mäusebabys, Grillen und Heimchen, Larven des großen Schwarzkäfers. Getränkt werden die Tiere durch Sprühwasser. Zusätzlich erhalten sie dreimal in der Woche Wasser von der Pipette.

Calumma hilleniusi Brygoo, Blanc und Domergue, 1973

Verbreitung: Madagaskar. Die Art ist nur aus den Wäldern um den Tsiafajavona, den höchsten Berg im madagassischen Zentralmassiv L'Ankaratra bekanntgeworden. Die Art bewohnt etwa die Höhenlagen von 1800 bis 2000 m. Das Klima zeichnet sich dort durch besonders hohe Temperaturschwankungen aus. Während es am Tage immer recht warm wird, wird es nachts, besonders im Winter, empfindlich kalt.

L e b e n s r a u m : Die Chamäleons leben sowohl auf Bäumen (meistens in Kieferforsten, die von den Franzosen angelegt wurden) als auch im Gestrüpp der Waldränder und in den angrenzenden Lebensräumen, aber nie mehr als 50 m vom Waldrand entfernt.

Es ist schon ein recht ungewöhnlicher Anblick, die kleinen Chamäleons auf den Kiefernästen zu entdecken.

G r ö ß e : Männchen: maximal 151 mm; Weibchen: maximal 144 mm.

K e n n z e i c h e n : *C. hilleniusi* gehört zu den klein bleibenden Chamäleons. Auffallendstes Kennzeichen sind die kleinen Occipitallappen. Der Helm ist abgeflacht und hinten leicht erhöht. Entlang der Helmkante an der Schnauzenoberseite befindet sich eine Reihe vergrößerter Tuberkelschuppen, die nur bei den ♂♂ die Schnauzenspitze erreichen bzw. wenig überschreiten können. Die Beschuppung ist sehr unregelmäßig.

Am schönsten gefärbt sind paarungsbereite Männchen. Sie zeigen eine verwaschene Gelb-Grün-Färbung, der Helm ist leuchtend rot eingefaßt und an der Oberseite hellblau gefärbt. Normalerweise zeigt die Art nur eine schmutzige Tarnfärbung aus braunen, beigen oder grünen Farbtönen.

T e r r a r i u m : Typ I und IV. Die Mindestgröße des Terrariums sollte etwa L 30×T 30×H 30 cm betragen. Für die Weibchen muß eine mindestens 7 cm hohe Bodenschicht aus feuchtem Sand-Torf-Gemisch zur Eiablage im Terrarium vorhanden sein. Die Wände werden am natürlichsten mit Rindenabschwarten dicht beklebt. Zur Bepflanzung eignen sich besonders Zimmertannen. Zahlreiche Kletteräste und einige Rankpflanzen.

Die Temperaturen sollten am Tage etwa 25 °C betragen und nachts erheblich abfallen. Das Nicht-Einhalten der Jahreszeiten beeinflußt das Fortpflanzungsverhalten nicht im geringsten.

H a l t u n g u n d Z u c h t : Die innerartliche Aggressivität ist bei dieser Art besonders ausgeprägt, so daß eigentlich nur eine Einzelhaltung möglich ist. Die Vergesellschaftung eines Pärchens ist in einem Terrarium der Größe L 80×T 60×H 60 cm möglich, wenn genau an den beiden entgegengesetzten Punkten Versteckmöglichkeiten und Sitzplätze vorhanden sind, die durch keinen Kletterast miteinander verbunden sind. Die Tiere bleiben dann in ihrem abgegrenzten Revier und verlassen ihre Plätze nur zur Nahrungsaufnahme und zur Paarung.

Diese Chamäleons weisen ein sehr interessantes Paarungsverhalten auf. Werden die Tiere paarweise gepflegt, so balzt das Männchen jeden Morgen nach dem Aufwärmen das Weibchen an. Dafür legt es sein schönstes Farbkleid an. Ist das Weibchen nicht paarungsbereit, so droht es sofort dem Männchen, und dieses bricht die Balz sofort ab. Je näher das Weibchen einer erneuten Paarungsbereitschaft kommt, desto näher darf das Männchen sich bei der Balz nähern. Dies kann man gut beobachten, bis eines Tages das Weibchen das Männchen überhaupt nicht mehr verjagt und die Tiere sich verpaaren.

Zirka 40 Tage später legt das Weibchen sein Gelege am Ende eines selbst gegrabenen Ganges ab. Eine erfolgreiche Zeitigung ist bis heute (1992) noch nicht gelungen. Unterschiedliche Zeitigungsversuche sprechen dafür, daß die Eier bei konstant niedrigen Temperaturen um die 20 °C inkubiert werden müssen.

F u t t e r : Kleine Grillen und Heimchen, Wachs- und Mehlmotten sowie deren Raupen, Stubenfliegen, Drosophila.

Die Tiere decken ihren Flüssigkeitsbedarf ausschließlich durch das Auflecken von Sprühwasser.

◁ *Calumma hilleniusi.* △ *Calumma nasuta.*

Calumma nasuta Dumeril und Bibron, 1836

Verbreitung: Madagaskar. Die Art bewohnt nur die Regenwälder im Osten Madagaskars. Das Gebiet zeichnet sich durch einen warmen und regenreichen Sommer sowie einen kalten und feuchten Winter aus. In der Zeit von Juli bis August findet man keine Tiere. Sie verbringen dann eine Art Winterruhe.

Lebensraum: *C. nasuta* bewohnt die Laub- und Krautschicht sowie niedere Büsche im Regenwald. Man findet sie sowohl am Boden und auf Ästen als auch an der Rinde von dicken Urwaldriesen umherkletternd. In einigen Gebieten leben die kleinen Chamäleons auch in den Büschen verwilderter Gärten.

Größe: Männchen: maximal 100 mm; Weibchen: maximal 95 mm.

Kennzeichen: Wie der Name schon sagt, ist das auffallendste Kennzeichen ein beschuppter Schnauzenanhang, der stark an eine Nase erinnert. Dieser ist jedoch nach Geschlechtern und Fundorten unterschiedlich stark ausgeprägt. *C. nasuta* verfügt über keine Occipitallappen (dies ist das beste Unterscheidungsmerkmal zu *C. boettgeri*). Der Rückenkamm besteht aus einzelnen isolierten Stacheln. Diese sehr klein bleibende Chamäleon-Art besitzt einen schlanken, lang gestreckten Körperbau.

Die Färbung ist sehr variabel. Die Tiere weisen meist eine Tarnfärbung aus verschiedenen grünen, grauen, gelben, beigen oder braunen Tönen auf. Selten findet man rote oder blaue Farbtöne. Lediglich zur Balz und zur Anlockung von Weibchen zeigen die Männchen auf ihrem Nasenfortsatz und ihren Augen leuchtend hellblaue Farbtöne. Paarungsbereite Weibchen weisen an den Seiten leuchtend blaue Flecken auf.

Terrarium: Typ II. Die Mindestgröße zur Pflege eines Einzeltieres sollte bei etwa L 30×T 30×H 30 cm liegen. Will man die Chamäleons paarweise pflegen, so muß das Terrarium ein Vielfaches an Volumen aufweisen. Da diese Chamäleons keine reinen Baumbewohner sind, ist eine längliche Terrarienform besser geeignet als eine hohe. Die Seitenwände werden dicht mit Rindenabschwarten beklebt. Die Bodenschicht in den Terrarien der Weibchen muß mindestens 3 cm betragen und mit Moospolstern und Rindenstücken abgedeckt werden. Die übrige Einrichtung sollte der Bodenzone des Regenwaldes nachgebildet sein. Zur Bepflanzung eignen sich besonders kleinwüchsige Farnarten.

Während des Tages sollten die Temperaturen etwa bei 25 °C liegen und nachts auf Zimmertemperatur abfallen. Eine Imitation der Jahreszeiten ist nicht notwendig. Das Terrarium sollte einmal am Tag überbraust werden.

Haltung und Zucht: *C. nasuta* ist eine recht ruhige Chamäleon-Art, die den ganzen Tag gemächlich durch das Terrarium läuft und dabei nach Futter sucht. Die Chamäleons lassen sich dabei gut beobachten, da sie immer auf ihre Tarnung vertrauen und nicht sehr scheu sind.

Die innerartliche Aggressivität ist nur mäßig ausgeprägt. Lediglich die Männchen sind untereinander absolut unverträglich. Auch ist diese Art besonders gut zur Vergesellschaftung mit Dendrobaten, Erdchamäleon-Arten und anderen kleinen Regenwaldbewohnern geeignet.

Sind die Weibchen paarungsbereit, was man gut an den blauen Flecken an den Seiten erkennen kann, setzt man sie ins Terrarium zu einem Männchen. Erblickt dieses das Weibchen, so nimmt es seine schönste Färbung an und nähert sich dem Weibchen unter leichten Nickbewegungen. Die Paarung dauert etwa 20 Minuten. Die Chamäleons verpaaren sich meist mehrere Tage hintereinander. Etwa 40 Tage später legen die Weibchen ihre 2 bis 4 Eier umfassenden Gelege, versteckt unter Moos oder Rinde oder in einer selbst gegrabenen Kuhle im Boden ab.

Die Inkubation ist schon mehrfach gelungen. Auch bei dieser Art schlüpften die Jungtiere teilweise im Terrarium ohne weitere Vorkehrungen. Besser ist es jedoch, das Gelege aus dem Terrarium zu entnehmen und in einem üblichen Behälter bei 23,5 °C im Brutkasten zu zeitigen. Die Zeitigungsdauer beträgt unter diesen Umständen ca. 90 Tage.

Die Aufzucht der Nachzuchten erfolgt einzeln in kleinen Terrarien. Sehr wichtig ist, daß ausreichende Mengen an Kleinstfutter in Form von Springschwänzen immer vorhanden sind.

Futter: Kleine Grillen und Heimchen, Stubenfliegen, Mehlmotten und deren Raupen, kleine Wachsraupen, Drosophila und für die Jungtiere zusätzlich Springschwänze.

Die Art deckt ihren Wasserbedarf ausschließlich durch das Auflecken von Sprühwasser.

Calumma parsonii Cuvier, 1824
Parsons Chamäleon

Verbreitung: Madagaskar.
Die Art lebt in den letzten Regenwäldern Madagaskars. Aufgrund der stark verstreuten und isolierten Verbreitungsgebiete liegt die Vermutung nahe, daß es sich um die letzten Restpopulationen handelt.

Zum Verbreitungsgebiet gehört die Ostküste Madagaskars einschließlich der vorgelagerten Insel St. Marie und dem kleinen Regenwaldgürtel im Norden Madagaskars, der vom Osten zum Westen bis nach Nosy Bé reicht.

Die Unterart *C. parsonii cristifer* bewohnt nur die Gegend um Andasibe und wird dort hauptsächlich in dem Park „Reserve de Faune de Perinet-Analamazaotra" gefunden.

Das Klima der Ostküste und der höheren Regionen zeichnet sich durch starke Jahresschwankungen aus. Der Sommer ist sehr feucht und warm, der Herbst ist relativ trocken und warm, der Winter ist feucht und kühl und das Frühjahr ist wieder warm und trocken.

Eine ungefähre Imitation der Jahreszeiten ist für eine erfolgreiche Zucht unerläßlich!

Lebensraum: Der typische Fundort von *C. parsonii* auf St. Marie sind die Bäume am Rand von Bachläufen im Regenwald, die durch kleine Schluchten fließen, wobei die Chamäleons in den Bäumen in einer Höhe von 1 bis 5 m saßen. Ebenfalls häufig findet man die Tiere hoch in den Baumkronen.

Größe: Männchen: maximal 650 mm; Weibchen: maximal 600 mm.

Kennzeichen: *C. parsonii* ist eine der größten und schönsten Chamäleon-Arten. Auffälligstes Kennzeichen sind die knöchernen, beschuppten Schnauzenfortsätze der Männchen. Leider variieren die Tiere in diesem Merkmal sehr stark, so gibt es sowohl Tiere ohne Fortsätze als auch welche mit besonders stark verbreiterten. Der Helm ist hinten stark erhöht und breit abgerundet. Die Beschuppung ist gleichmäßig.

Die Männchen weisen meist eine blaue, türkise oder grüne Grundfärbung auf, wobei die Augen immer farblich abgesetzt sind; an den Seiten zeigen die Chamäleons häufig einen gelben Flecken. Beide Geschlechter zeigen meist eine schräge Streifenzeichnung, die sich bis auf den Schwanz fortsetzt. Die Weibchen sind in der Regel grün, gelb oder beige.

Terrarium: Typ I, II oder IV. Bei dieser Art ist besonders die freie Zimmerhaltung sehr zu empfehlen.

Die Mindestgröße eines Terrariums zur Pflege eines Pärchens sollte etwa L 200×T 100×H 200 cm betragen. Zur Einzelhaltung reichen aber auch Terrarien mit einer Mindestgröße von L 75×T 75×H 150 cm. Die Wände sollten dicht mit Kork verkleidet sein. Der Bodengrund bei den Weibchen muß eine Mindesthöhe von 30 cm aufweisen. Zur Einrichtung eignen sich dicke trockene Äste, sehr schön sind alte Wurzeln oder trockene Kiefernäste. Da die Tiere sehr ruhige Vertreter sind und fast immer ihre festen Wege über den Boden oder auf Ästen entlang laufen, kann man das Terrarium durch zahllose schöne Pflanzen sehr dekorativ gestalten.

Sehr zum Vorteil wäre ein kleiner künstlicher Bachlauf oder Wasserfall, aus dem die Art gerne trinkt. Diese Funktion erfüllen auch die üblichen Zimmerspringbrunnen.

Die Beleuchtungsdauer beträgt im Sommer ca. 14 Stunden und im Winter ca. 10 Stunden, wobei der Übergang fließend sein sollte. Zur Vereinfachung der Imitation der Jahreszeiten sollten die Tiere auf den Jahresrhythmus der nördlichen Erdhalbkugel umgestellt werden. Dies erreicht man, indem die Tiere erst im nächsten Jahr überwintert werden. Die Winterruhe sollte etwa 2 Monate betragen. Das Terrarium muß ein- bis zweimal täglich überbraust werden.

Haltung und Zucht: *C. parsonii* ist eine sehr ruhige und langsame Chamäleon-Art, die etwa 90 % und mehr des Tages auf ihrem Lieblingsast sitzend als Lauerjäger verbringt. Lediglich zur Paarungszeit werden die Tiere etwas aktiver und laufen im Terrarium umher.

Calumma parsonii cristifer.

Die Männchen sind untereinander immer absolut unverträglich. Im Gegensatz dazu ist aber eine paarweise Haltung in ausreichend großen Terrarien unproblematisch. Sie ist sogar für die sexuelle Gleichschaltung der Geschlechter sehr förderlich.

Während der Fortpflanzungszeit begrüßt das Männchen das Weibchen mit kopfnickenden Bewegungen. Ist dieses nicht paarungsbereit, so entzieht es sich dem Männchen durch Weglaufen und bei „hartnäckiger" Verfolgung durch einige seitliche Pendelbewegungen. Dieses Abwehrverhalten läuft im Gegensatz zu anderen Chamäleon-Arten recht langsam und nicht immer eindeutig ab. So kann es sein, daß das Weibchen erst reagiert, wenn das Männchen aufsteigen will. Ist es jedoch paarungsbereit, so bleibt es einfach ruhig sitzen, krallt sich am Untergrund fest und entrollt ggf. den Schwanz. Das Männchen nähert sich nun zügig und steigt sehr vorsichtig von der Seite auf **das Weibchen.** Dabei ist es sehr behutsam und versucht, sein Gewicht auf umliegende Äste oder Pflanzen zu verlagern. Die Kopulation dauert 10 bis 30 Minuten. Nach einer Tragzeit von über 100 Tagen legen die Weibchen ihre 16 bis 38 Eier ab. Dafür graben sie meist einen Gang, der so lang wie sie selbst ist. Über eine erfolgreiche Inkubation der Eier ist bis heute (1992) nichts bekannt geworden.

Futter: Mäuse und deren Babys, Wanderheuschrecken, Schaben, Falter aller Art, Grillen und Heimchen, Larven des großen Schwarzkäfers, Mehlwürmer, Stubenfliegen, Wachsraupen.

Ihren Flüssigkeitsbedarf decken die Tiere durch Auflecken von Tropfen und durch Trinken aus einem Bachlauf oder

Springbrunnen. Besteht dazu keine Möglichkeit, so müssen die Tiere dreimal in der Woche mit der Pipette getränkt werden.

Chamaeleo calyptratus Dumeril und Dumeril, 1851

Verbreitung: Jemen.
Die Art bewohnt den Südteil der arabischen Halbinsel. Trotz des kleinen Verbreitungsgebietes hat sie einige Varianten hervorgebracht, deren taxonomischer Status noch nicht geklärt ist.

Lebensraum: Die Chamäleons bewohnen Büsche und Bäume der feuchteren Hochebenen des Landes. Einige Varianten haben aber auch die Trockengebiete und Halbwüsten als Lebensraum erobert.

Größe: Männchen: maximal 650 mm; Weibchen: maximal 450 mm.

Bedingt durch die unterschiedlichen Populationen gibt es auch etliche erhebliche Größenunterschiede bei den einzelnen Varianten. Die schönste und größte Form kommt aus dem Nordjemen.

Kennzeichen: *Ch. calyptratus* gehört mit zu den größten Chamäleon-Arten. Herausragendes Kennzeichen ist der bis zu 8 cm hohe Helm der Männchen, der bei den Weibchen meist wesentlich kleiner bleibt. Die Körperbeschuppung ist unregelmäßig. Der Rückenkamm, der sich bis auf den Schwanz fortsetzt, besteht aus dicht hintereinander stehenden Kegelschuppen, ebenso der Kehlkamm, der sich noch am Bauch fortsetzt.

Ebenfalls auffallend ist das leuchtende, wunderschön gezeichnete Farbkleid. Besonders eindrucksvoll gefärbt sind die Männchen. Ihr Farbkleid zeigt eine Bänderung aus gelben, grünen, teilweise sogar hellblauen Farbtönen und einer weißen und dunkel gefärbten Musterung. Die Weibchen sind meist einfarbig grün mit dunkler Zeichnung. Frisch geschlüpfte Jungtiere weisen meist nur eine einfarbig hellgrüne Färbung auf.

Terrarium: Typ III. Die Mindestgröße für ein einzeln gehaltenes Männchen sollte etwa L 75×T 50×H 100 cm betragen und für ein Weibchen L 50×T 50×H 80 cm. Wegen der geringen innerartlichen Aggressivität ist auch eine paarweise Haltung in großen Terrarien möglich, Mindestgröße hier etwa L 120×T 90×H 100 cm.

Will man das Terrarium natürlich gestalten, so sollten die Seitenwände und die Rückwand entweder mit Moltofill für außen, bestreut mit rotem Sand, oder mit Rindenabschwarten dicht beklebt sein. Einige aufgeklebte Steinplatten zum Klettern erhöhen die Möglichkeiten zum Umherlaufen und werden von den aktiven Tieren gerne angenommen. Als Bodengrund empfiehlt sich Sand, der in Terrarien mit Weibchen an einigen Stellen eine Mindesthöhe von 30 cm aufweisen sollte und während der Eiablagezeit immer feucht gehalten werden muß. Fehlt eine geeignete Eiablagegelegenheit, so sterben die Weibchen an Legenot.

Zur Bepflanzung eignen sich robuste Pflanzen. Ferner sollte die Einrichtung aus Felsaufbauten und zahlreichen Kletterästen gestaltet werden.

Am Tage benötigen die Chamäleons Höchsttemperaturen von etwa 30 bis 35 °C, die nachts um einige Grade abfallen müssen. Einmal täglich, am besten morgens, wird das Terrarium überbraust. Ebenfalls nicht vergessen sollte man eine Wasserschale, da viele Tiere hieraus trinken. Die Beleuchtungsdauer sollte 14 Stunden betragen.

Haltung und Zucht: *Ch. calyptratus* ist eine sehr aggressive Chamäleon-Art. Lediglich die innerartliche Aggressivität zwischen den Geschlechtern und zwischen den Weibchen ist nur sehr gering ausgeprägt. Die Männchen sind immer absolut unverträglich. Jeglicher Sichtkontakt ist unbedingt zu vermeiden.

Ganz anders ist das Verhalten gegenüber den Menschen und anderen Terrarienmitbewohnern. Letztere werden in der Regel immer als Futter betrachtet und ständig auf einen gewissen Mindestabstand gehalten. Einzelne Tiere gewöhnen sich recht schnell an ihren Pfleger und werden sehr zutraulich. Die meisten jedoch bleiben sowohl gegenüber ihrem Pfleger als auch gegenüber anderen Menschen sehr aggressiv. Einzelne alte Männchen drohen jedem bereits bei Betreten des Terrarienzimmers. Dies kann sogar soweit gehen, daß sie dem Eindringling entgegenlaufen und immer wieder mit ihrem mächtigen Helm gegen die Frontscheibe stoßen.

Aber auch ein ganz anderes Verhalten kann man bei einigen Tieren beobachten. Sie werden mit zunehmendem Alter immer scheuer und verstecken sich beim Anblick eines Menschen sofort. Dies kann sogar so weit gehen, daß die Tiere nur fressen, wenn sie sich völlig ungestört und unbeobachtet fühlen. Aufgrund unserer Beobachtungen liegt die Vermutung nahe, daß diese unterschiedlichen Verhaltensweisen immer von Tieren aus einer bestimmten Population gezeigt werden.

Zur Zucht hält man diese Art am besten paarweise. Während der Paarungszeit verhalten sich die Chamäleons sehr harmonisch. Häufig sieht man die Tiere nahe beieinander sitzen. Die Balz beginnt das Männchen, indem es sein schönstes Farbkleid annimmt, sich seitlich abflacht und vor dem Weibchen in einiger Entfernung aufbaut. Dabei führt es mit dem Kopf nickende Bewegungen aus und nähert sich schaukelnd dem Weibchen. Ist dieses paarungsbereit, so verhält es sich neutral gegenüber dem Männchen. Dieses nähert sich zügig und stupst das Weibchen dann einige Male in die Seite, bevor es anschließend vorsichtig aufsteigt. Die Paarung dauert etwa 20 Minuten. Nach einigen Tagen, während derer sich die Tiere einige Male verpaaren, nimmt das Weibchen eine Trächtigkeitsfärbung an und wehrt das Männchen durch schaukelnde Bewegungen ab. In dieser Zeit haben die Weibchen einen enormen Nahrungsbedarf und nehmen sehr schnell an Umfang zu. Die Tragzeit beträgt etwa 30 bis 45 Tage.

Bereits einige Tage vor der eigentlichen Eiablage läuft das Weibchen unruhig durch das Terrarium und beginnt, an einigen Stellen geeignete Eiablageplätze durch Probegrabungen zu suchen. Hat es einen geeigneten Platz gefunden, so gräbt es einen Gang in den feuchten Sand, etwa so lang, daß es selbst ganz hinein paßt, und legt sein 20 bis maximal 72 Eier umfassendes Gelege am Ende ab. Die Eier weisen eine durchschnittliche Größe von 11×17 mm auf. Während der Zeitigung wachsen die Eier beträchtlich.

Zur Inkubation werden die Eier aus dem Terrarium genommen und in kleinen, dicht schließenden, klarsichtigen Plastikdosen gezeitigt. Als Substrat verwendet man leicht feuchtes Vermiculit, in das die Eier gebettet werden. Die Zeitigungstemperaturen sollten bei etwa 28 bis 30 °C konstant liegen. Die Nachzuchten schlüpfen dann nach etwa 150 bis 200 Tagen. Die Aufzucht erfolgt am besten einzeln in kleinen Miniterrarien und bereitet keine Schwierigkeiten. Lediglich für eine sehr hohe Vitamin- und Mineralstoffgabe ist zu sorgen, da die Tiere sehr schnell wachsen. Es reicht, wenn die Jungtiere etwa ab einem Alter von 4 Wochen neben dem immer gut eingestäubten Futter (Korvimin ZVT) etwa alle 2 Wochen 0,1 bis 3 Tropfen Multimusin, je nach Größe, bekommen (siehe Hinweis auf Seite 72).

△ *Chamaeleo calyptratus*, Männchen.

▽ *Chamaeleo calyptratus*, Weibchen.

Ch. calyptratus hat sich inzwischen als eine anspruchslose und am leichtesten artgerecht zu haltende Art erwiesen. Da inzwischen so viele Nachzuchten vorhanden sind, daß Importe für alle Zeiten unnötig erscheinen, kann diese Art Anfängern, aber auch als Forschungsobjekt unbedingt empfohlen werden.

Futter: Schaben, Mäuse, Wanderheuschrecken, Grillen und Heimchen, Larven des großen Schwarzkäfers, für die Jungtiere zusätzlich Drosophila, Stubenfliegen, Mehl- und Wachsmotten sowie deren Raupen.Neben dieser tierischen Nahrung nehmen die Chamäleons aber auch sehr gerne pflanzliche Nahrung zu sich wie die Blätter verschiedener Ranken (Tradescantia usw.) oder auch verschiedene Früchte. Man sollte seinen Chamäleons ruhig unterschiedliche Sachen anbieten und schauen, ob sie sie mögen.

Getränkt werden die Tiere durch Sprühwasser. Sie trinken aber auch teilweise aus Wasserschalen. Zur Sicherheit sollte man sie einmal in der Woche mit Hilfe der Pipette tränken.

Chamaeleo chamaeleon Linnaeus, 1758
Gewöhnliches oder
Europäisches Chamäleon

Verbreitung: das gesamte Mittelmeergebiet.
Zum Verbreitungsgebiet gehören die gesamte Küste des Mittelmeeres, Teile Nordafrikas sowie das südliche und westliche Kleinasien. Angesichts des großen Verbreitungsgebietes liegt die Vermutung nahe, daß es sich um mehrere Chamäleon-Arten handelt. Speziell bei der europäischen Population in Spanien und Portugal ist noch nicht geklärt, ob es sich um ein Relikt einer europäischen Art handelt (auch in Deutschland wurden fossile Reste von Vorläufern gefunden) oder um Einwanderer aus Nordafrika. Leider sind gerade diese Populationen die am stärksten gefährdetsten. Dies liegt an dem Lebensraum des Europäischen Chamäleons, das in Europa nur stark bewachsene Sanddünen sowie die strandnahen Pinien- und Eukalyptuswälder bewohnte Gebiete, die einer fortschreitenden Biotopzerstörung für den Tourismus zum Opfer fallen. Aus diesem Grunde wurde in Portugal ein Schutzgebiet für Chamäleons geschaffen, das erste seiner Art überhaupt.

Lebensraum: Das „Gewöhnliche Chamäleon" bewohnt die unterschiedlichsten Biotope. In weiten Teilen Nordafrikas findet man die Tiere in allen Oasen. Sie leben dort in den Palmen und im Gestrüpp. In einigen algerischen Oasen haben sich die Tiere wieder vollständig an ein Leben auf dem Boden angepaßt. In Spanien und Portugal bewohnen sie nur besonders sonnenexponierte und stark bewachsene Sanddünen, die für ein gleichmäßig warmes Klima sorgen. Ebenso findet man die Art in dichten Wäldern.

Zur Überwinterung ziehen sich die Chamäleons in Gesteinshöhlen oder -spalten zurück, wo man sie dann in der kalten Jahreszeit in größeren Stückzahlen antreffen kann. Häufig lebt die Art in der Nähe von Gewässern, wie z. B. kleinen Bachläufen.

Größe: Männchen: maximal 360 mm; Weibchen: maximal 400 mm.

Die Größe variiert sehr stark. Die europäischen Tiere werden selten größer als 20 cm.

Kennzeichen: Das „Europäische Chamäleon" ist die bekannteste Chamäleon-Art überhaupt. Es besitzt die typische Körperform ohne besondere Kennzeichen. Der Helm ist hinten leicht erhöht. Einige Unterarten besitzen mehr oder weniger schwach ausgeprägte Occipitallappen. Die Beschuppung ist recht gleichmäßig. Der Rückenkamm besteht aus dicht hintereinander stehenden Kegelschuppen. Ein Bauch- und Kehlkamm fehlt völlig.

Die Färbung ist sehr variabel. Die Tiere zeigen meist grüne, gelbe, graue oder braune Farbtöne, meist leicht verwaschen als eine Art Tarnfärbung.

Die Tiere erreichen ein Lebensalter von etwa 3½ Jahren.

Terrarium: Typ I und III. Die Tiere können wegen der ausgeprägten innerartlichen Aggressivität nur einzeln gepflegt werden. Das Terrarium sollte eine Mindestgröße von L 50×T 50×H 60 cm aufweisen. Bei den Weibchen ist ein mindestens 10 cm hoher Bodengrund für eine erfolgreiche Eiablage notwendig. Die Einrichtung sollte aus einigen Rankpflanzen und zahlreichen Kletterästen bestehen. Zusätzlich können auf dem Boden noch einige Felsaufbauten zum Klettern imitiert werden.

Die Tagestemperaturen im Sommer sollten bei 25 bis 30 °C liegen und nachts auf Zimmertemperatur abfallen. Im Winter sollten die Tageshöchsttemperaturen zwischen 16 und 23 °C liegen und ebenfalls nachts noch um einiges sinken. Die Beleuchtungsdauer sollte der natürlichen Tagesdauer entsprechen, da nicht geklärt ist, ob sich die Tiere nach den Temperaturen oder nach der Tageslänge bei ihrem Fortpflanzungsverhalten richten (siehe SCHMIDT, TAMM und WALLIKEWITZ 1989).

Einmal täglich sollte das Terrarium überbraust werden.

Haltung und Zucht: Die artgerechte Haltung von *Ch. chamaeleon* bereitet keine großen Probleme, da die Tiere ohne große Schwierigkeiten ans Futter gehen und auch sonst keine zu hohen Ansprüche an ihre Terrarienunterbringung stellen. Aufgrund der stark ausgeprägten Aggressivität können die Chamäleons nur mit größeren Reptilien vergesellschaftet werden. Kleine Echsen würden sofort als Futter betrachtet und verzehrt werden. Zur Überwinterung reicht ein Absinken der Temperaturen sowie der Beleuchtungsdauer, verbunden mit geringeren Futtergaben für die Dauer von 2 bis 3 Monaten.

Die Zucht bereitet da schon erheblich mehr Schwierigkeiten. Es zeigte sich in der Praxis, daß es unterschiedliche Fortpflanzungszyklen gibt: zum einen das sehr ausführlich in „Chamäleons" von SCHMIDT u. a. 1989 beschriebene, welches für Tiere aus Kleinasien und Teilen Nordafrikas gilt. Ganz anders verhalten sich die Tiere aus Südspanien und Portugal, sie verpaaren sich mehrmals im Jahr, und die Weibchen können auch mehrere Gelege absetzen.

Wer ein Pärchen dieser Art pflegt, sollte die Tiere jede Woche einmal zusammensetzen, um zu überprüfen, ob das Weibchen paarungsbereit ist oder nicht. Ist es nicht paarungsbereit, so wehrt es das Männchen unverzüglich in der für Chamäleons üblichen Weise ab. Ist es jedoch paarungsbereit, so reagiert es gar nicht oder nur mit leichten Nickbewegungen auf das sich nähernde Männchen und bleibt in der Regel auf dem Ast ruhig sitzen. Das Männchen nähert sich nun zügig und verpaart sich sofort mit dem Weibchen. Eine erfolgreiche Kopulation dauert etwa 15 bis 20 Minuten. Etwa 40 bis 60 Tage nach erfolgreicher Paarung legen die Weibchen ihre 16 bis 46 Eier umfassenden Gelege am Ende eines selbst gegrabenen Ganges ab.

Die Eier müssen sofort aus dem Terrarium entnommen werden. Sie werden in kleinen klarsichtigen, dicht abschließenden Plastikdosen, die mit leicht feuchtem Vermiculit gefüllt sind, gezeitigt. Die Zeitigungstemperatur sollte etwa 25 bis 28 °C betragen. Nach etwa 150 bis 200 Tagen schlüpfen die Jungtiere.

◁ *Chamaeleo chamaeleon*, Männchen. △ *Chamaeleo cristatus*.

Ihre Aufzucht bereitet keine Probleme, sie müssen allerdings einzeln in kleinen Terrarien großgezogen werden. Täglich werden die Aufzuchtbehälter einmal überbraust und gleichzeitig wird ausreichend gut eingestäubtes (mit einem Vitamin-Mineralstoff- und Aminosäurengemisch) Futter hineingegeben. Das Wachstum ist enorm.

Nur halbwüchsige und ausgewachsene Tiere dürfen überwintert werden.

Futter: Schaben, Wanderheuschrekken, Grillen und Heimchen, Gehäuseschnecken, Fliegen und für die Nachzuchten zusätzlich Drosophila.

Getränkt werden die Chamäleons mit Sprühwasser. Zusätzlich müssen die ausgewachsenen Tiere zweimal in der Woche mit der Pipette getränkt werden. Einige Exemplare trinken auch problemlos aus Wasserschalen und Zimmerspringbrunnen.

Chamaeleo cristatus Stuchbury, 1837
Kammchamäleon

Verbreitung: Kamerun, Nigeria, Äquatorial-Guinea, Gabun, RCA, Zaire und Fernando Po.

Die Art besiedelt nur die Regenwälder hauptsächlich in den Küstengebieten des zentralen Westafrikas. *Ch. cristatus* kommt in Höhen bis etwa 600 m vor.

Lebensraum: *Ch. cristatus* ist ein ausgesprochener Waldbewohner, offene Landschaften werden gemieden. Die Tiere leben dort im Unterholz, welchem sie durch ihre Färbung und ihr Aussehen hervorragend angepaßt sind. Häufig halten sich die Tiere auch am Boden auf. Entsprechend diesem Lebensraum am Waldboden zeigt *Ch. cristatus* eine erstaunliche Übereinstimmung mit den *Brookesia*- und *Rhampholeon*-Arten. Sie können bei Bedrohung ebenfalls ein Verhalten zeigen, welches als hochfrequentes, vibrationsartiges Körperzittern beschrieben wird.

G r ö ß e : Männchen: maximal 230 mm; Weibchen maximal 230 mm.

K e n n z e i c h e n : *Ch. cristatus* gehört von seinem Aussehen her zu den eindrucksvollsten Chamäleon-Arten. Mit ihrem hochaufgerichteten Rückenkamm (bei den Männchen über 3 cm), getragen durch Dornfortsätze, die die Haut zu einer Art Segel spannen, erinnert diese Art sehr stark an vorzeitliche Drachen. Sie besitzt keine Hörner, der Helm ist nur leicht erhöht. Die Art verfügt über einen ausgeprägten Geschlechtsdimorphismus, so ist bei den Männchen das Rückensegel erheblich höher als bei den Weibchen. Der Schwanz ist im Verhältnis zum Körper recht kurz.

Die Färbung ist meist einfarbig und besteht aus einem schmutzigen Braun-, Grau- oder Grünton. Selten zeigen die Männchen einmal eine rötliche Färbung. Besonders hübsch sind die Tiere, wenn sie im Erregungszustand entlang der Helmkante eine hellblaue Zeichnung zeigen.

T e r r a r i u m : Typ II. Das Terrarium sollte eine Größe von etwa L 60×T 40×H 40 cm aufweisen. Die Seitenwände und die Rückwand werden dicht mit Kork beklebt. Eine Bodenschicht bei den Weibchen von etwa 10 cm Höhe zur Eiablage sollte immer vorhanden sein. Auf die Bodenschicht gibt man eine etwa 3 cm hohe Laubschicht. Zur Bepflanzung eignen sich verschiedene Farne. Zahlreiche Kletteräste vervollständigen die Einrichtung.

Die Tagestemperaturen sollten bei 25 bis 28 °C liegen und nachts etwas abfallen. Die Beleuchtungsdauer sollte 14 Stunden täglich betragen. Das Terrarium sollte zweimal täglich ganz überbraust werden, trotzdem sollte immer eine Wasserschale vorhanden sein.

H a l t u n g u n d Z u c h t : *Ch. cristatus* ist eine relativ langsame und träge Chamäleon-Art. Die Tiere, die sich lieber auf ihre Tarnung verlassen, als ihr Heil in der Flucht zu suchen, verharren eine Weile bei Annäherung an das Terrarium und verhalten sich nach einiger Zeit wieder normal, so daß man sie gut beobachten kann. Trotzdem ist bis heute (1992) noch nichts über die Fortpflanzung dieser Art bekannt.

F u t t e r : Grillen, Heimchen, kleine Wanderheuschrecken, Schaben, Mehlwürmer, Stubenfliegen, Wachsmotten und deren Raupen. Getränkt werden die Tiere durch Sprühwasser. Da die Art einen hohen Wasserbedarf hat, und etliche Tiere problemlos aus einer Wasserschale trinken, sollte immer eine mit frischem Wasser gefüllte im Terrarium vorhanden sein. Trinken die Tiere nicht freiwillig aus der Wasserschale, so müssen sie dreimal in der Woche mit Hilfe der Pipette getränkt werden.

Chamaeleo dilepis Leach, 1819
Lappenchamäleon

V e r b r e i t u n g : Tropisches und südliches Afrika ohne die Staaten westlich von Nigeria.
Die Art besitzt das größte Verbreitungsgebiet innerhalb der Familie Chamaeleonidae. Deshalb ist es für eine artgerechte Haltung unerläßlich, den genauen Fundpunkt und die dortigen klimatischen Verhältnisse seines Pfleglings zu kennen. Die Systematik dieser Art ist noch nicht abschließend geklärt, häufig wurden Unterarten beschrieben und wieder aufgehoben. Zu dem Komplex der Arten um *Chamaeleo dilepis* gehören die folgenden Arten: *Ch. roperi* und *Ch. quilensis*, die leicht an den unterschiedlichen Occipitallappen (siehe Zeichnung) unterschieden werden können.

L e b e n s r a u m : *Ch. dilepis* lebt ausschließlich auf Bäumen und Büschen.

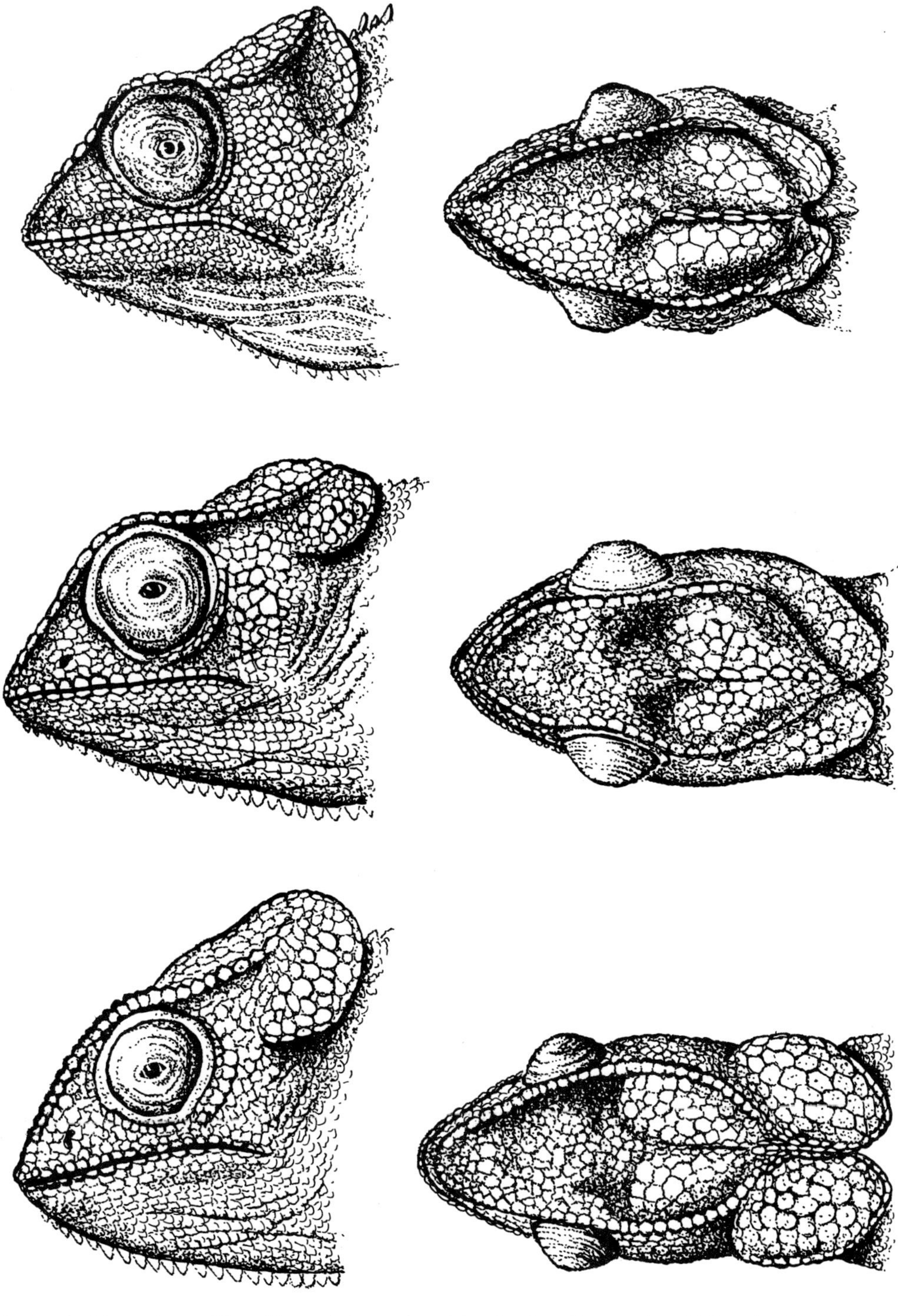

Unterscheidung dreier Chamäleon-Arten anhand der Occipitallappen (nach Witte): *Chamaeleo roperi* (oben), *Chamaeleo quilensis* (Mitte) und *Chamaeleo dilepis* (Lappenchamäleon, unten).

Chamaeleo dilepis, Lappenchamäleon.

Nur hin und wieder sieht man die Tiere in der offenen Savannenlandschaft auf dem Boden umherlaufen, wenn sie von einem Busch zum nächsten wollen. Haben sie den neuen Busch erreicht, verschwinden sie wieder für das menschliche Auge.

Größen: Männchen: maximal 350 mm; Weibchen: maximal 420 mm.

Zwischen den einzelnen Populationen bestehen erhebliche Größenunterschiede. So gibt es im südlichen Afrika eine Zwergform vom Lappenchamäleon, die gerade mal 160 mm Gesamtlänge erreicht.

Kennzeichen: Der Körperbau entspricht der typischen Chamäleon-Form. Anhand der Occipitallappen ist diese Art leicht zu erkennen. Die Beschuppung ist regelmäßig. Der Rücken-, Bauch- und Kehlkamm besteht aus dicht hintereinander stehenden, nach hinten immer kleiner werdenden Kegelschuppen. Die Färbung und die Zeichnung sind sehr variabel. Das Lappenchamäleon zeigt je nach Stimmungslage ein völlig unterschiedliches Farbkleid. Einige Beispiele dafür sind in dem Kinderbuch „Das Chamäleon“ von SCHNIEPER und MEIER, 1986, abgebildet.

Die Grundfärbung besteht aus einem grünen, grauen, braunen, gelben oder sehr selten hellblauen Farbton. Die Zeichnungsmuster sind sehr zahlreich, häufig zeigen die Tiere eine Art Punktzeichnung. Charakteristisch ist ein sich immer farblich etwas abhebender Strich, der hinter den Vorderbeinen beginnt und in der Mitte des Körpers endet.

Terrarium: je nach Herkunft Typ I, II, III oder IV. Da die Lappenchamäleons am liebsten im Geäst klettern, sollte ihr Terrarium immer höher als lang oder tief sein. Die Größe sollte den Tieren angemessen sein.

Die innerartliche Aggressivität ist besonders stark ausgeprägt, so daß nur eine Einzelhaltung möglich ist. Auch bei dieser Art ist unbedingt darauf zu achten, daß die Chamäleons keinen Sichtkontakt zu anderen Chamäleons haben. Deshalb müssen Seitenwände und die Rückwand dicht verkleidet werden. Die Einrichtung besteht am zweckmäßigsten aus einigen Rankpflanzen oder anderen robusten buschartigen Pflanzen und zahlreichen Kletterästen.

In den Behältern für die Weibchen muß eine etwa 10 cm hohe Bodenschicht zum Vergraben der Eier vorhanden sein.

Die Temperaturen sollten am Tage etwa bei 28 °C liegen und nachts um einige °C absinken.

Einmal täglich, am besten morgens, wird das gesamte Terrarium überbraust.

Haltung und Zucht: Das Lappenchamäleon zählt zu den attraktiven Chamäleon-Arten. Dies liegt an der hübschen Zeichnung und dem enorm ausgeprägten Farbwechselvermögen, aber auch an der sehr aktiven Lebensweise. Lediglich die Mittagszeit verbringen die Tiere ruhig sitzend an ihrem Lieblingsplatz.

Die Aggressivität der Weibchen ist bei dieser Art besonders stark ausgeprägt. Aber auch die Männchen sind untereinander absolut unverträglich.

Erblickt ein nicht paarungsbereites Weibchen ein Männchen, so droht es diesem sofort und verjagt es. Dieses geschieht nicht nur in der für Chamäleons üblichen Weise, vielmehr greifen die Weibchen die Männchen regelrecht an und verfolgen sie noch ein Stück. Man muß sie sofort aus dem Terrarium ent-

▷ *Chamaeleo ellioti.*

nehmen, da die Männchen erheblich kleiner sind, eine Beißhemmung gegenüber den Weibchen besitzen und von diesen sonst übel zugerichtet werden. Ist das Weibchen jedoch paarungsbereit, so reagiert es auf das Männchen nicht mehr. Dieses verharrt einen Moment, wartet auf eine Reaktion des Weibchens, und sobald diese unterbleibt, stürmt es auf das Weibchen los, ohne besondere Balzhandlungen, verpaart sich und verschwindet wieder.

Etwa 30 Tage nach der letzten erfolgreichen Paarung legt das Weibchen sein 12 bis 58 Eier umfassendes Gelege am Ende eines selbstgegrabenen Ganges ab. Dieses muß sofort aus dem Terrarium entnommen werden. Gezeitigt werden die Eier in dicht schließenden, klarsichtigen Plastikdosen, die mit leicht feuchtem Vermiculit gefüllt sind.

Je nach Herkunftsland ergeben sich unterschiedliche Zeitigungstemperaturen. Allgemein gilt: Südliches Afrika gleichbleibend hohe Temperaturen von ca. 28 °C, restliche Verbreitungsgebiete tagsüber 28 bis 30 °C und nachts Zimmertemperatur. Entsprechend unterschiedlich ist auch die Zeitigungsdauer, z. B. Ostafrika etwa 120 Tage und Südafrika etwa 300 Tage. Die Aufzucht der Jungtiere ist problemlos, sie erfolgt einzeln in kleinen Terrarien. Diese werden täglich einmal überbraust, wobei gleichzeitig ausreichend gut eingestäubte Futtertiere hineingegeben werden.

Das Wachstum ist enorm. Mit etwa 9 Monaten sind die Chamäleons geschlechtsreif.

F u t t e r: Grillen und Heimchen, Schaben, Wanderheuschrecken, Mehlwürmer, Larven des großen Schwarzkäfers, Wachsmotten und deren Raupen, Spinnen und für die Jungtiere Drosophila.

Ihren Wasserbedarf decken die Lappenchamäleons durch das Auflecken von Sprühwasser. Zusätzlich müssen die ausgewachsenen Tiere zweimal die Woche mit der Pipette getränkt werden.

Chamaeleo ellioti (Günther, 1895)

V e r b r e i t u n g: Zaïre, Burundi, Ruanda, Uganda und Kenia.
Das Verbreitungsgebiet von *Ch. ellioti* erstreckt sich auf die Gebiete rund um den Victoriasee in Zentralafrika.

L e b e n s r a u m: Dort bewohnt *Ch. ellioti* die Bergwiesen und Waldränder in den Höhenlagen von 1200 bis 1900 m. Oft werden die Tiere in der Nähe von menschlichen Siedlungen, insbesondere in Hecken, auf Feldern und Weideflächen gefunden. Es handelt sich dabei um einen ähnlichen Lebensraum, wie ihn das madagassische Teppichchamäleon bewohnt. Die Art kann durchaus als Kulturfolger bezeichnet werden.

G r ö ß e: Männchen: maximal 166 mm; Weibchen: maximal 179 mm.

K e n n z e i c h e n: *Ch. ellioti* besitzt ein überaus variables Farbkleid, mindestens 6 verschiedene Typen werden nach LOVERIGDE, 1942, unterschieden. So sind die Weibchen häufig einfarbig braun gefärbt und weisen lediglich einen weißen Lateralstreifen auf. Man findet aber auch hellgrün gefärbte Tiere mit weißer oder brauner Querbänderung. Die Männchen sind farbenprächtiger und haben zusätzlich gelbe und blaue Farbanteile. Vereinzelt kommen auch ganz blaue Männchen vor, wobei der Rücken- und Bauchkamm meist gelb abgesetzt sind.

Das Körperprofil läßt sich wie folgt beschreiben: Der Helm ist schwach vergrößert, Rücken- und Bauchkamm sind nur schwach entwickelt und dabei gleichmäßig gezähnt. Die Beschuppung des Körpers ist sehr variabel.

Wichtigstes Kennzeichen, auch zur Abgrenzung zu *Ch. bitaeniatus*, sind die drei schwarzen Längsstreifen der Schuppenzwischenhaut am Kehlsack. Einige Tiere aus Uganda besitzen außerdem einen augenartigen orangenen Fleck in der Mitte des Kehlsackes.

Die Tiere sind sehr kurzlebig. Im Durchschnitt werden sie etwa 2½ Jahre alt.

Terrarium: Typ IV. Die Chamäleons sollten nur in Gazebehältern gehalten werden, da sie wie alle Hochlandarten eine sehr gute Belüftung des Terrariums benötigen.

Die Einrichtung sollte aus Gras, Zwergbambus, kleinblättrigen Rankpflanzen sowie zahlreichen dünnen Kletterästen bestehen. Die Temperaturen dürfen tagsüber maximal 30 °C lokal erreichen, jedoch müssen sie nachts deutlich absinken: bis hin zu 10 °C. Da dies oft nicht möglich ist, empfiehlt es sich, die Tiere im Sommer etwa von Mai bis Oktober im halb beschatteten Freilandterrarium unterzubringen.

Das Terrarium muß täglich einmal überbraust werden.

Haltung und Zucht: *Ch. ellioti* ist eine der wenigen Chamäleon-Arten, die auch mit Artgenossen vergesellschaftet werden können. In der Natur kann man oft mehrere Generationen, häufig sogar mehr als 20 Exemplare, auf einer nur 10 qm großen Fläche finden.

Die innerartliche Aggressivität ist nur schwach ausgeprägt, lediglich die Männchen sind untereinander unverträglich.

Da *Ch. ellioti* zu den lebendgebärenden Arten gehört, bereitet die Zucht keine größeren Schwierigkeiten. Die Weibchen bringen etwa 2- bis 4mal im Jahr ihre 2 bis 14 Jungtiere umfassenden Würfe zur Welt. Die Paarung findet nicht regelmäßig statt, da die Weibchen in der Lage sind, die Spermien zu speichern. Es scheint für diese Art sogar möglich zu sein, daß eine erfolgreiche Paarung für das gesamte Leben, mindestens aber für 5 Würfe ausreicht. Die Geburt findet meist in den frühen Vormittagsstunden statt. Dabei verteilt das Weibchen die Jungtiere, die noch von einer durchsichtigen Eihaut umgeben sind, einfach im Terrarium. Bereits einige Minuten nach der Geburt befreien sich die Nachzuchten aus der Eihülle.

Die Aufzucht muß in der ersten Zeit gemeinsam in kleinen Gazebehältern erfolgen. Diese werden täglich einmal überbraust, wobei gleichzeitig gut eingestäubte Futtertiere hineingegeben werden müssen. Etwa nach einem ¾ Jahr sind die Tiere geschlechtsreif.

Futter: Kleine und mittlere Grillen und Heimchen, Fliegen, Wachs- und Mehlmotten sowie deren Raupen, Mehlwürmer, Drosophila. Getränkt werden die Tiere durch Sprühwasser. Zusätzlich müssen sie zweimal die Woche mit Hilfe der Pipette getränkt werden.

Chamaeleo gracilis Hallowell, 1842

Verbreitung: Fast das gesamte tropische Afrika, von Gambia bis Somalia und vom Kongo bis zum blauen Nil.
Die Art bewohnt in ihrem Verbreitungsgebiet die trockenen Savannengebiete. Außerdem lebt *Ch. gracilis* in den Regenwäldern in Kamerun und Zaïre.

Lebensraum: Die Tiere dieser Art klettern viel im Gebüsch und im Gestrüpp. Häufig müssen sie aber auch in ihrem Verbreitungsgebiet große Strekken auf dem Boden zurücklegen.

Größe: Männchen: maximal 330 mm; Weibchen: maximal 310 mm.

Kennzeichen: *Ch. gracilis* ähnelt sehr stark im Aussehen den Arten *Ch. chamaeleon* und *Ch. dilepis*. Im Unterschied zu diesen weisen sie jedoch keinerlei Occipitallappen auf. Der Rückenkamm sowie der völlig nahtlos ineinander übergehende Kehl- und Bauchkamm bestehen aus Kegelschuppen. Der Helm ist nur wenig erhöht.

Die Grundfärbung besteht aus grünen, grauen oder braunen Farbtönen mit einer dunklen Zeichnung. In seltenen Fällen zeigen sie in ihrem Farbkleid gelbe oder weiße Farbtöne.

Terrarium: Typ I und III. Auch bei dieser Art ist nur eine Einzelhaltung möglich. Die Größe des Terrariums sollte etwa L 80×T 50×H 50 cm betragen. Die Seitenwände und die Rückwände werden mit Moltofill für außen dicht bestrichen und anschließend mit rotem Sand bestreut. Auch der Bodengrund sollte aus Sand bestehen und bei den Weibchen etwa 10 cm hoch sein. Während der Trächtigkeit bis zur Eiablage muß er immer leicht feucht gehalten werden, damit die frisch abgelegten Eier bis zu ihrer Entdeckung nicht vertrocknen. Einige Sukkulenten sowie zahlreiche Kletteräste und einige Steine vervollständigen die Einrichtung.

Die Tagestemperaturen sollten zwischen 25 und 32 °C liegen und nachts um einige Grade abfallen. Die Beleuchtungsdauer muß etwa 14 Stunden täglich betragen. Jeden Tag wird das Terrarium, am besten früh morgens, einmal ganz überbraust.

Haltung und Zucht: *Ch. gracilis* ist ein sehr lebhafter und zutraulicher Terrarienpflegling. Die Tiere sind den ganzen Tag aktiv und suchen nach Futter. Zur Paarung setzt man das Weibchen in das Terrarium zum Männchen. Ist dieses nicht paarungsbereit, so droht es dem Männchen sofort, woraufhin dies jeden Annäherungsversuch unterläßt. Ist das Weibchen jedoch paarungsbereit, so läuft es nur langsam vor dem sich unter nickenden Bewegungen nähernden Männchen davon. Hat das Männchen das Weibchen eingeholt, besteigt es dieses sofort, und es kommt zur Paarung.

Nach einer Tragzeit von etwa 35 Tagen legen die Weibchen ihre Eier am Ende eines selbst gegrabenen Ganges ab. Die Gelegegröße schwankt zwischen 18 und 32 Eiern.

Die Eier müssen sofort aus dem Terrarium entnommen werden. Zur Zeitigung bettet man sie in leicht feuchtem Vermiculit, welches sich in einer dicht schließenden, klarsichtigen Plastikdose befindet.

Bei Zeitigungstemperaturen von 28 bis 30 °C schlüpfen die Jungtiere nach 240 bis 300 Tagen.

Die Aufzucht erfolgt einzeln in kleinen Terrarien. Sie bereitet keinerlei Schwierigkeiten.

Futter: Grillen und Heimchen, Wanderheuschrecken, Schaben, Mehlwürmer, Larven des großen Schwarzkäfers, Fliegen, Gehäuseschnecken, Spinnen und für die Jungtiere zusätzlich Drosophila.

Getränkt werden die Chamäleons durch Sprühwasser. Zusätzlich müssen die ausgewachsenen Tiere zweimal in der Woche mit der Pipette getränkt werden. Auch bei dieser Art trinken einzelne Tiere gerne aus einem Wassernapf.

Chamaeleo hoehnelii

(Steindachner, 1891)

Verbreitung: Kenia und Uganda. *Ch. hoehnelii* bewohnt die zentrale Hochebene Ostafrikas insbesondere Kenias. Dabei lebt es in der Region des Bergregenwaldes von 1000 bis 3000 m Höhe. Das Klima zeichnet sich durch besonders hohe Temperaturschwankungen (Tag-Nacht) aus.

Lebensraum: Die Art lebt an Berghängen, auf Wiesen und an Waldrändern. Aber die größte Häufigkeit weisen die Tiere in Büschen, an Wegrändern und in den Gärten in der Nähe menschlicher Siedlungen auf.

△ *Chamaeleo gracilis*.

▽ *Chamaeleo hoehnelii*.

Größe: Männchen: maximal 250 mm; Weibchen: maximal 200 mm.

Kennzeichen: *Ch. hoehnelii* besitzt einen stark ausgeprägten Helm, daher kommt auch sein deutscher Name: Helmchamäleon. Dieser Helm ist bei den Männchen deutlich stärker ausgeprägt als bei den Weibchen. Ebenfalls besonders auffallend ist der kleine Nasenfortsatz, der bei den Männchen wiederum größer ist. Helm und Nasenfortsatz sind in den verschiedenen Populationen recht unterschiedlich ausgeprägt. Die Art besitzt einen grob stacheligen Rückenkamm, der über die gesamte Körperlänge reicht und zum Schwanzende hin ausläuft. Der Kehl- und Bauchkamm bestehen aus großen, dornigen Stachelschuppen. Die Körperbeschuppung ist sehr variabel.

Die Färbung der Tiere besteht aus einem olivgrünen bis hellgrünen Farbton. Bei den Männchen treten oft bunte Exemplare auf, bei denen dann das Farbkleid von einem intensiven Gelbton bis Blauton reicht. Beide Geschlechter zeigen meist eine rhombenartige Zeichnung, die sich deutlich von der Grundfärbung absetzt.

Terrarium: Typ IV. Die Terrariengröße sollte etwa L 60×T 60×H 80 cm betragen. Als Bodengrund eignet sich Sand-Torf-Gemisch oder Kunstrasen. Die Unterbringung kann nur in einem Gazebehälter erfolgen, besser jedoch ist eine freie Haltung im Blumenfenster und während des Sommers in einem Freilandterrarium im Garten oder auf dem Balkon. Das Terrarium sollte viele kleine Kletteräste enthalten. Zur Bepflanzung empfehlen sich großblättrige Asparagusarten. Die Temperaturen sollten tagsüber nicht 26 °C übersteigen und nachts um mindestens 10 °C abfallen. Morgens und abends wird das ganze Terrarium übersprüht.

Haltung und Zucht: Die innerartliche Aggressivität ist bei *Ch. hoehnelii* nur schwach ausgeprägt, weshalb eine paarweise Haltung im Terrarium möglich ist.

Die Zucht von *Ch. hoehnelii* bereitet keinerlei Schwierigkeiten, da es sich um eine lebendgebärende Chamäleon-Art handelt, die zudem noch über Vorratsbefruchtung verfügt. Nach einer Tragzeit von 150 bis 180 Tagen gebären die Weibchen 4 bis 22 Junge.

Die Aufzucht der Jungtiere erfolgt gemeinsam in separaten Gazebehältern bei maximalen Tagestemperaturen von 24 °C und einer Nachtabsenkung von etwa 8 °C. Der Behälter wird täglich einmal überbraust, gleichzeitig werden ausreichend gut eingestäubte Futtertiere hineingegeben.

Futter: Grillen und Heimchen, kleine Schaben, alle Fluginsekten, Spinnen und Drosophila.

Getränkt werden die Tiere möglichst jeden 2. Tag mit der Pipette.

Chamaeleo jacksonii (Boulenger, 1846)
Ostafrikanisches Dreihornchamäleon

Verbreitung: Kenia, Tansania.
Diese Art zerfällt in 4 Unterarten. Die Bezeichnung der einzelnen Unterarten wurde erst 1988 vorgenommen. Daneben gibt es noch Mischformen zwischen *Ch. j. jacksonii* und *Ch. j. xantholophus*. Alle Tiere reagieren aufeinander, d. h., sie erkennen sich als eine Art.

1. *Chamaeleo jacksonii xantholophus*

Verbreitung: Kenia.
Diese Unterart bewohnt die südlichen Hänge am Mount Kenia und das Umland in einer Höhe von etwa 1500 bis 2200 m.

Lebensraum: *Ch. jacksonii xantholophus* lebte ursprünglich im unteren Bereich des Montan- und Regenwaldes.

Die Art hat aber inzwischen Kaffee- und Kulturpflanzungen als neuen Lebensraum erobert. Dabei wohnen die Tiere bevorzugt in Büschen und auf Bäumen. Meistens findet man sie in etwa einer Höhe von 2 bis 5 m über dem Erdboden.

Hohe Temperaturen bis 35 °C sind sie gewöhnt. Eine Nachtabsenkung findet nur um etwa 8 bis 10 °C statt, bei einer relativen Luftfeuchtigkeit von 60 %.

Größe: Männchen: maximal 350 mm; Weibchen: maximal 350 mm.

Kennzeichen: Dies ist die am häufigsten gehaltene Form von *Ch. jacksonii*. Die Männchen haben drei große Hörner, die Weibchen dagegen keine. Die Grundfärbung der Männchen ist meist grün, und der Kehlsack ist gelb gefärbt. Die Weibchen hingegen zeigen meist einfache Braun- oder Grüntöne, aber auch bei ihnen kann der Kehlsack gelb gefärbt sein.

Der Rückenkamm ist sägenartig ausgebildet, und der Bauchkamm fehlt fast völlig. Die Beschuppung ist sehr unregelmäßig und von einzelnen größeren Tuberkelschuppen durchsetzt.

Terrarium: Typ IV. Für die Terrarien dieser Art ist die folgende Mindestgröße erforderlich: L 60 × T 60 × H 100 cm. Zur Bepflanzung eignen sich Rankpflanzen wie *Scendapsus* und *Philodendron*, aber auch ein *Ficus benjamini* reicht aus. Zahlreiche dickere Kletteräste vervollständigen die Einrichtung. Es ist darauf zu achten, daß ein gut exponierter Sitzplatz sich einige cm unter dem Strahler befindet.

Zur hygienischen Haltung hat sich Kunstrasen als Bodengrund bewährt.

Bevorzugt sollte *Ch. j. xantholophus* frei im Zimmer, Wintergarten oder Gewächshaus gehalten werden. Während des Sommers ist der Haltung in einer Voliere auf dem Balkon oder im Garten unbedingt der Vorzug zu geben.

Haltung und Zucht: Die Art ist ein überaus dankbarer und imposanter Pflegling. Die Einzelhaltung hat sich als günstig erwiesen, obwohl teilweise eine paarweise Haltung möglich ist. Dies setzt aber genügend Ausweichmöglichkeiten und Sichtschutz im Terrarium voraus.

Die Zucht bereitet wenige Schwierigkeiten. Die normale Paarungszeit liegt im Januar bis März. Nach einer Tragzeit von ca. 180 Tagen werfen die Weibchen ihre bis zu 42 Jungtiere umfassenden Würfe im August.

Oft wurde im Terrarium von dieser natürlichen Fortpflanzungszeit eine abweichende mit zwei Geburten im Jahr beobachtet. Dies wurde wahrscheinlich durch das Nicht-Einhalten der natürlichen Jahreszeiten ausgelöst. Grundsätzlich sollten die Tiere nur einmal im Jahr Junge bekommen, damit die Weibchen genügend Zeit haben, sich wieder zu erholen.

Da die Tiere sehr gut nachzüchtbar sind, muß eine sorgfältige Auswahl der Zuchttiere getroffen werden, da es sonst später zu Degenerationserscheinungen kommen kann.

Das normale Alter wird von den Feldherpetologen mit maximal 3½ Jahren angegeben. Einzelne Tiere wurden in der Gefangenschaft aber bis zu 10 Jahre alt.

Futter: Ausgewachsene *Ch. j. xantholophus* fressen alles, was gerade noch ins Maul paßt: Grillen und Heimchen, Schaben, Wanderheuschrecken. Mäusebabys, Schmetterlinge, Spinnen, Gehäuseschnecken, Wachs- und Mehlmotten sowie deren Raupen und Drosophila. In der Natur besteht das Hauptfutter oft aus Hunderten von kleinen Fliegen, die die Tiere aus den Blüten der Büsche und Bäume schießen, wobei Blütenstaub als Vitaminstaub mit aufgenommen wird.

Getränkt werden die Tiere am besten alle 2 Tage mit der Pipette.

Chamaeleo jacksonii xantholophus, Männchen.

2. *Chamaeleo jacksonii jacksonii*

Verbreitung: Kenia.
Ch. j. jacksonii bewohnt die Westregion des Mount Kenia in einer Höhe von 2000 bis 2800 m.

Lebensraum: Wie *Ch. j. xantholophus*, nur werden die Tiere öfters in der Waldregion angetroffen.

Größe: Männchen: maximal 250 mm; Weibchen: maximal 250 mm.

Kennzeichen: Das gesamte Aussehen entspricht etwa dem von *Ch. j. xantholophus*. Die Tiere sind aber wesentlich kleiner und besitzen ein anderes Farbkleid als ihre großen Verwandten.

Deutliche Unterscheidungsmerkmale sind die bei den Weibchen voll entwikkelten, jedoch um etwa 25 % kleineren Hörner als bei den Männchen. Diese haben meist gelb gefärbte Augen und einen gelben Kehlsack, dessen Saum blau eingefärbt ist. Insgesamt zeigt die Form ein bunteres Farbkleid.

Terrarium – Futter: s. *Ch. j. xantholophus*.

Besonderheiten: Diese Unterart ist wesentlich heikler in der Pflege. Das mag an ihrem Biotop liegen, das wesentlich feuchter und kühler ist und vor allem eine starke Nachtabsenkung aufweist. Wir haben selbst nachts Temperaturen von 4 °C gemessen. Die Aufzucht der Jungtiere erwies sich als sehr problematisch, wobei die Ursachen nicht geklärt werden konnten.

3. *Chamaeleo jacksonii vauerescecae*

Verbreitung: Kenia;
in und um die Hauptstadt Nairobi, wo die Art besonders häufig ist. Die Höhenlage dort beträgt etwa 1700 m. Das Klima ist etwas gemäßigter als am Mount Kenia.

Lebensraum: Diese Unterart lebt in den Gärten, Parks, Gartenanlagen und in den Grünflächen in und um Nairobi. Oft werden sie in unmittelbarer Nähe von Häusern und Abfallgruben angetroffen, wo sie von den reichlichen Insekten angelockt werden.

Größe: Männchen: maximal 250 mm; Weibchen: maximal 250 mm.

Kennzeichen: Entspricht in Färbung und Gestalt etwa *Ch. j. xantholophus*, bleibt jedoch deutlich kleiner.

Die Weibchen haben schwach ausgeprägte Hörner, die maximal eine Länge von ¼ der männlichen Hörner erreichen. Oft weisen sie auch nur ein Rostalhorn auf.

Terrarium – Futter: wie *Ch. j. xantholophus*.

Besonderheiten: Insgesamt benötigt die Form eine trockenere Haltung als die anderen Unterarten.

4. *Chamaeleo jacksonii merumontanum*

Verbreitung: Tansania.
Das Vorkommen von *Ch. j. merumontanum* erstreckt sich auf die Berghänge des Mount Meru südwestlich vom Kilimandscharo. Die Tiere leben dort in Höhen von etwa 2500 m.

Lebensraum: Es handelt sich um einen reinen Bergwaldbewohner. Näheres ist nicht bekannt.

Größe: Männchen: maximal 160 mm; Weibchen: maximal 120 mm.

Kennzeichen: Das Aussehen kann im Gegensatz zu den anderen Unterarten als schmaler und dünner vom Körperbau her bezeichnet werden. Auch die Hörner der Männchen sind deutlich kleiner als bei allen übrigen Unterarten. Die Tiere weisen eine dunkelbraun-grüne Färbung auf. Die Männchen haben gelbe Augen.

Chamaeleo johnstoni.

Terrarium – Futter: s. *Ch. j. xantholophus*.

Besonderheiten: Über die Haltung und Zucht ist nur wenig bekannt. Berücksichtigt werden sollten die kühlen Temperaturen, da die Tiere aus den klimatisch kühlsten Gebieten stammen. Über Nachzuchten, außer glücklichen Zufällen, ist nichts bekannt. Die Tragzeit bei dieser Art dauert 9 bis 12 Monate.

Häufig wurde *Ch. j. merumontanum* mit anderen *Chamaeleon-jacksonii*-Formen verwechselt, wie *Ch. j. jacksonii* oder *Ch. j. vauerescecae*. Unseres Erachtens ist diese Unterart vielleicht noch gar nicht lebend nach Europa gelangt.

Chamaeleo johnstoni (Boulenger, 1901)

Verbreitung: Ruanda, Burundi, Zaire und Uganda.
Ch. johnstoni stammt aus dem Hochland Zentralafrikas. Die einzelnen Populationen variieren teilweise in der Farbe. Anfang des Jahrhunderts wurden daher mehrere Unterarten beschrieben, welche heute aber keine Gültigkeit mehr besitzen.

Lebensraum: Die Tiere leben auf Büschen und auf Bäumen des Montanwaldes in einer Höhe von 1700 bis 2000 m. Das typische Biotop ist die Baumkrone, hauptsächlich von Hagenien, Feigen und anderen kultivierten Bäumen wie Avocados. Oft sitzen die Chamäleons in einer Höhe von über 10 m, zuweilen aber auch auf niedrigen Büschen und sogar auf dem Boden.

Größe: Männchen: maximal 280 mm; Weibchen: maximal 260 mm.

Kennzeichen: Die Männchen von *Ch. johnstoni* haben drei Hörner, wobei die Präorbitalhörner deutlich kleiner als das Rostalhorn und leicht nach oben gebogen sind. Die Männchen weisen eine hell türkisfarbene Grundfärbung auf, mit einer Art Querbänderung bzw. Rautenzeichnung, die über den gesamten Rumpf läuft und aus gelben oder blauen, teilweise sogar tiefblauen Farbtönen besteht. Die Maulregion ist oft gelblich gefärbt. Das Weibchen hat ein hell olivgrünes Farbkleid, verziert mit kleinen schwarzen Tupfen. Manchmal zeigen die Weibchen auch zwei hellblaue Flecken am Hinterkopf. Oft sind die Augen dunkler gefärbt. Der Kamm am Bauch und Rücken ist nur schwach ausgeprägt. Die Beschuppung ist relativ grob, mit vereinzelten kleinen Körnerschuppen und flachen Tuberkelschuppen.

Terrarium: Typ IV. Da die Chamäleons ein großes Frischluftbedürfnis haben – sie leben im Bereich eines ständig wehendes Windes –, eignet sich nur ein Gazebehälter mit einer Mindestgröße von L 60×T 60×H 80 cm für eine artgerechte Haltung.

Weil diese Tiere ausgesprochene Baumkronenbewohner sind, sollte die Einrichtung aus dicken Ästen, hinter denen sich die Chamäleons verstecken können, sowie zahlreichen Rankpflanzen bestehen. Sehr wichtig ist ein ausreichend hoher Bodengrund bei den Weibchen, da sie im Gegensatz zu den alten Angaben in der Literatur nicht lebendgebärend, sondern eierlegend sind.

Sehr von Vorteil ist ein kleiner Ventilator, der stundenweise und an heißen Tagen den ganzen Tag für eine ständige Luftbewegung sorgt. Die relative Luftfeuchtigkeit sollte etwa um 70 % liegen. Die Tagestemperaturen können etwa 27 °C betragen, lokal sogar bis zu maximal 32 °C. Eine Nachtabsenkung um mindestens 10 °C ist unbedingt einzuhalten.

Freilandaufenthalte im Sommer und freie Haltung im Zimmer sind für diese Art sehr empfehlenswert.

Ein- bis zweimal täglich wird das gesamte Terrarium überbraust.

Haltung und Zucht: Wegen der stark ausgeprägten innerartlichen Aggressivität ist nur eine Einzelhaltung möglich. Zur Paarung setzt man das Weibchen in das Terrarium zum Männchen, woraufhin dieses seine Grundfärbung aufhellt und sofort mit der Balz beginnt. Paarungsbereite Weibchen färben sich hellgrün bis gelb und reagieren sonst in keiner Weise auf das sich nähernde Männchen. Dieses nähert sich nun zügig, steigt sofort auf das Weibchen auf, und es kommt zur Paarung.

Jahreszeitlich ist noch nichts über einen Fortpflanzungszyklus bekannt geworden. Nach einer Tragzeit von etwa 4 Monaten legt das Weibchen 12 bis 16 Eier am Ende eines selbst gegrabenen Ganges ab. Es sind riesige Eier (10×13 mm) im Vergleich mit anderen, gleichgroßen Arten. Nach 100 Tagen bereits schlüpfen die dann schon 7,5 cm langen Jungtiere.

Bereits die Jungtiere sind so aggressiv, daß sie nur einzeln aufgezogen werden können.

Ch. johnstoni kann verglichen mit anderen Chamäleons sehr fest zugreifen. Dies scheint eine Anpassung an die starken Winde in ihrem Lebensraum zu sein. Mit noch einem weiteren interessanten Verhalten zeichnet sich dieses Chamäleon aus: Werden die Tiere bedroht, rollen sie sich zu einer Kugel zusammen und lassen sich sogar aus einer Baumkrone auf den Boden fallen. Dort angekommen, suchen sie sofort im Dickicht das Weite.

Futter: Die Art ist ein ausgesprochen sparsamer Fresser. Genommen werden Grillen und Heimchen, Schmetterlinge, Wachsmotten und deren Raupen, Schaben und Fliegen.

Getränkt werden die Chamäleons durch Sprühwasser, zusätzlich erhalten sie dreimal in der Woche Wasser aus der Pipette.

Chamaeleo montium (Buchholz, 1874)

Bergchamäleon

Verbreitung: Kamerun.

Lebensraum: Die Art bewohnt die Montanwälder der Gebirgszüge im westlichen und nördlichen Kamerun. Dabei bewohnt sie die Höhenlagen von 500 bis 1500 m. Insbesondere findet man eine hohe Populationsdichte um den Mount Cameroun, wo die Tiere am Waldrand, in Büschen und insbesondere in kultivierten Hibiskushecken leben. Aber auch in Sträuchern und auf den Bergwiesen kann man die Chamäleons finden. Die Art ist als Kulturfolger zu bezeichnen, da sie besonders häufig in unmittelbarer Umgebung von menschlichen Siedlungen angetroffen wird.

Das Klima zeichnet sich durch eine hohe relative Luftfeuchtigkeit und häufig auftretenden Nebel aus.

Größe: Männchen: maximal 250 mm; Weibchen: maximal 150 mm.

Kennzeichen: Die Männchen von *Ch. montium* besitzen die typischen Kennzeichen westafrikanischer Montanformen. Sie besitzen zwei ausgeprägte, parallel liegende Hörner als Schnauzenfortsätze und ein gut ausgeprägtes Rükkensegel im Bereich des Schwanzes. Der Rücken ist oft mit einem welligen Kamm überzogen, der individuell unterschiedlich ausgeprägt sein kann und in dem Rückensegel endet. Die Färbung der Tiere besteht aus einem meist hellgrünen Farbton. Die Weibchen zeigen darauf ein schräg von vorne nach hinten verlaufendes Band. Ihnen fehlen auch die Hörner und das Rückensegel, lediglich zwei kurze stummelartige Fortsätze finden sich als Hornansatz am Kopf.

Terrarium: Typ I oder IV. Die Terrariengröße sollte etwa L 50×T 50× H 70 cm betragen. Der Bodengrund für die Weibchen muß etwa 5 bis 8 cm hoch

△ *Chamaeleo oweni.* *Chamaeleo montium.* ▷

sein und sollte aus einem Sand-Torf-Gemisch bestehen. Bepflanzt werden die Terrarien mit möglichst vielen Rank- und Klettergewächsen, sowie einem kleinen *Ficus benjamini*, in dem sich die Tiere gerne verstecken. Zahlreiche Kletteräste vervollständigen die Einrichtung.

Die Tageshöchsttemperaturen sollten etwa bei 25 °C liegen und nachts etwas abfallen. Gesprüht wird täglich morgens und abends, um eine hohe relative Luftfeuchtigkeit zu erreichen.

Haltung und Zucht: Die Art ist relativ lichtempfindlich. Starke und helle Beleuchtung wird von den Tieren gemieden. Lediglich in den frühen Morgenstunden wollen sich die Chamäleons eine kurze Zeit unter einem Strahler bis auf ihre Vorzugstemperatur erwärmen. Die Tiere sind zuweilen sehr aktiv, ansonsten sitzen sie den ganzen Tag auf Beute wartend auf einem Kletterast. Bei Gefahr drehen sie sich hinter ihren Ast und lassen sich bei einem Zugriff durch den Menschen einfach auf den Boden fallen.

Die Paarung erfolgt in der für Chamäleons üblichen Weise. Nach ungefähr 50 bis 70 Tagen legt das Weibchen sein 5 bis 8 Eier umfassendes Gelege in einer selbst gegrabenen Grube ab, die anschließend wieder sehr sorgfältig verscharrt wird. Die Eier müssen sofort aus dem Terrarium entnommen werden und in einen mit leicht feuchtem Vermiculit gefüllten Behälter bei 25 °C gezeitigt werden. Eine Nachtabsenkung auf Zimmertemperatur steigert erheblich die Vitalität der schlüpfenden Nachzuchten.

Nach etwa 110 Tagen schlüpfen die Jungtiere, die dann in Einzelhaltung mit Drosophila und kleinen Heimchen aufgezogen werden. Die Temperaturen sollten etwa bei 23 °C am Tage liegen. Nach etwa einem Jahr erreichen sie die Ge-

schlechtsreife. Ihre Lebenserwartung beträgt nur 2 bis 3 Jahre.

Futter: Heimchen und Grillen, Fliegen, Wachs- und Mehlmotten sowie deren Larven, Drosophila.

Die Chamäleons können jeden Tag Sprühwasser auflecken, zusätzlich sind sie dreimal wöchentlich mit der Pipette zu tränken.

Chamaeleo oweni (Gray, 1831)

Owens Dreihornchamäleon

Verbreitung: Ghana, Nigeria, Kamerun, F.-Poo Gabun, RCA und Zaïre. *Ch. oweni* ist fast in ganz Westafrika und weiten Teilen Zentralafrikas beheimatet.

Lebensraum: Die Art ist ein typischer Bewohner tropischer Regenwälder. Sie lebt dort auf Bäumen und in Büschen bis etwa in eine Höhe von 4 m. Jedoch werden die Chamäleons auch besonders häufig auf dem Erdboden angetroffen.

Größe: Männchen: maximal 360 mm; Weibchen: maximal 340 mm.

Kennzeichen: Männchen und Weibchen haben keinen Rückenkamm. Die Beschuppung ist homogen und nur ganz vereinzelt mit großen Schuppen durchsetzt. Deutliches Kennzeichen ist der lange Schwanz, der über die Hälfte der gesamten Körperlänge ausmacht. Das Männchen ist mit drei längeren Hörnern am Kopf ausgestattet, die entweder konisch und glatt oder aber schwach ringförmig gezeichnet sind. Die Weibchen haben keine Hörner.

Die Färbung der Tiere besteht aus verschiedenen grünen Farbtönen, mit einer dunkel abgesetzten Querbänderung, 6 bis 7 Bänder über den ganzen Körper mit Fortsetzung bis auf den Schwanz. Den ganzen Körper überziehen helle und schwarze Punkte. Bei starker Erregung werden beide Geschlechter schwarz, wobei sich die Querbänderung rötlich färben kann.

Terrarium: Typ II. Die Mindestgröße von L 60×T 50×H 70 cm sollte nicht unterschritten werden, da *Ch. oweni* ein sehr agiler Pflegling ist. Dichte Bepflanzung ist sehr wichtig, da die Chamäleons zu ihrem Wohlbefinden gute Versteckmöglichkeiten benötigen. Am besten sind Pflanzen geeignet, die das Wirrwarr des Urwalddickichts nachahmen. Der Bodengrund sollte etwa 5 bis 10 cm hoch sein, da die Tiere sich oft Gruben graben, in denen sie den Tag verbringen. Es eignet sich ein Sand-Torf-Rindenmulch-Gemisch, worauf Sphagnummoos gelegt wird.

Die Temperaturen sollten am Tage bei etwa 28 °C liegen, aber nicht höher. Eine geringe Nachtabsenkung ist völlig ausreichend.

Haltung und Zucht: Die Haltung und Zucht ist sehr schwierig, da die genauen Faktoren für eine artgerechte Haltung noch nicht bekannt sind. Möglicherweise wäre die Haltung im Gewächshaus oder frei auf der Fensterbank geeigneter. Es sind keine Angaben über das Paarungsverhalten vorhanden, ebensowenig über die Eizeitigung und Aufzucht der Jungen.

Futter: Grillen und Heimchen, Fliegen, Mehlwürmer, Schaben, Wachsmotten und deren Raupen, Wanderheuschrecken. Die Chamäleons werden zweimal täglich durch Überbrausen des Terrariums getränkt. Da ihr Wasserbedarf sehr hoch ist, sollten sie zusätzlich zweimal die Woche noch mit der Pipette getränkt werden.

Furcifer campani Grandidier, 1872

Verbreitung: Madagaskar.
Die Art bewohnt das madagassische Zentralmassiv L'Ankaratra in Höhen ab 2000 m.

Lebensraum: Die Chamäleons leben nur auf und um die Gipfel dieses Gebirgszuges. Kennzeichnend für diesen Lebensraum ist, daß dort nie Wälder waren; vielmehr war die Gegend immer nur mit Gras bewachsen und mit nackten Felsen durchsetzt. Die Chamäleons leben dort im Gestrüpp, im Gras und auf den Felsen. Das Klima ist dort durch starke Temperaturschwankungen während des Tages gekennzeichnet.

Größe: Männchen: maximal 125 mm; Weibchen: maximal 130 mm.

Kennzeichen: *F. campani* ist eine kleine Chamäleon-Art. Trotz ihres Lebensraumes, der offenen Graslandschaft, weisen besonders die Weibchen einen ovalen, sehr hohen, stark an ein Blatt erinnernden Körperbau auf. Der Helm ist dachförmig und nur wenig erhöht. Die Beschuppung ist gleichmäßig. Kehl-, Bauch- und Rückenkamm fehlen völlig.

Die Tiere zeigen immer eine Zeichnung aus Längsstreifen und verschieden angeordneten Punkten. Die Männchen weisen meist eine graue oder braune Grundfärbung mit teilweise blauen Flecken auf. Die Weibchen hingegen sind meist grün oder gelb mit einer bunten, sehr farbenfrohen Zeichnung.

Terrarium: Typ I. Das Terrarium sollte eine Mindestgröße von L 30×T 40×H 40 cm aufweisen. Die Wände werden mit Moltofill für außen grob gestrichen, so daß eine felsenartige Struktur entsteht, und mit rotem Sand bestreut. Der Bodengrund bei den Weibchen sollte etwa aus einem 8 cm hohem Sand-Torf-Gemisch bestehen. Darauf gibt man vorsichtig einige Felsaufbauten. Die Bepflanzung besteht am besten aus sehr strapazierfähigem Ziergras- oder kleinwüchsigen Zypergras-Arten. Einige dünne Kletteräste vervollständigen die Einrichtung.

Die Tagestemperaturen sollten etwa 23 bis 28 °C betragen und nachts stark abfallen. Eine Nachahmung der Jahreszeiten ist nicht notwendig. Das Terrarium wird täglich einmal überbraust.

Haltung und Zucht: *F. campani* ist eine sehr lebhafte Chamäleon-Art. Die Tiere laufen den ganzen Tag durch das Terrarium. Auch bei dieser Art ist die innerartliche Aggressivität so stark ausgeprägt, daß nur eine Einzelhaltung möglich ist.

Zur Zucht setzt man das Weibchen in das Terrarium zum Männchen, welches bei dessen Anblick den Helm und einzelne Körperschuppen an den Seiten blau färbt. Die Männchen sind sehr vorsichtig. Aus der Entfernung prüfen sie erst einmal durch Nickbewegungen, in welcher Stimmung sich das Weibchen befindet. Ist dieses paarungsbereit, so nähern sie sich zügig mit nickenden und ruckenden Bewegungen. Meist verpaaren sich die Partner sofort. Nach der Paarung zieht sich das Weibchen wieder an eine entfernte Stelle des Terrariums zurück.

Nach einer Tragzeit von 40 Tagen legen die Weibchen ihre Gelege am Ende eines selbst gegrabenen Ganges ab. Die 6 bis 16 Eier müssen sofort aus dem Terrarium entnommen werden. Gezeitigt werden sie in dicht schließenden, klarsichtigen Plastikdosen, die mit leicht feuchtem Vermiculit gefüllt sind. Das wichtigste bei der Zeitigung ist eine kühle Phase nach etwa 45 Tagen.

Die Zeitigung erfolgt deshalb am besten bei folgenden Temperaturen: 45 Tage 25 °C, dann 45 Tage 12 bis 15 °C und anschließend wieder 25 °C bis zum Schlupf.

Die Nachzuchten schlüpfen unter diesen Bedingungen nach etwa 220 bis 240 Tagen und sind mit einer Gesamtlänge von 22 bis 24 mm sehr klein. Als Erstfutter nehmen sie nur Springschwänze und kleine Drosophila an. Die Aufzucht er-

Furcifer campani.

folgt einzeln in kleinen Terrarien bei Temperaturen von tagsüber 22 bis 25 °C und bereitet keine besonderen Schwierigkeiten.

Futter: Kleine Grillen und Heimchen, Mehl- und Wachsmotten sowie deren Raupen, kleine Mehlwürmer, Stubenfliegen, Drosophila und nur für die Jungtiere während der ersten Tage Springschwänze. Getränkt werden die Tiere ausschließlich durch Sprühwasser.

Furcifer lateralis (Gray, 1831)

Teppichchamäleon

Verbreitung: Madagaskar.

Vor über 1000 Jahren dürfte das ursprüngliche Verbreitungsgebiet nur das zentrale Hochland von Madagaskar gewesen sein, da das Teppichchamäleon geschlossene Waldgebiete meidet und Madagaskar wahrscheinlich vollständig bewaldet war. Erst die Besiedelung durch den Menschen vor rund 1000 Jahren und die mit ihr einhergehenden Rodungen ganzer Waldgebiete haben ein weiteres Ausbreiten der Art ermöglicht. Dieser Prozeß setzt sich bis heute fort. So findet man *F. lateralis* bereits in weiten Teilen des Südens, Westens und zentralen Madagaskars.

Lebensraum: *F. lateralis* lebt auf Wiesen, im Gebüsch, in lichten Bäumen, in Hecken sowie an Feld- und Wiesenrändern. Lediglich in Wäldern findet man sie nie. Es ist schon ein ungewohnter Anblick, wenn man ein Teppichchamäleon geschickt und schnell durch das hohe Gras laufen sieht, vergleichbar mit unserer einheimischen Zauneidechse. Dabei dient das grelle Farbkleid hervorragend zur Tarnung.

Die Art meidet auch nicht menschliche Siedlungen, so ist sie in der Hauptstadt

Antananarivo sogar besonders häufig. Bei einem Spaziergang durch die Stadt entdeckt man die Tiere überall in den Hecken der Gärten und an den Rändern der Reisfelder. *F. lateralis* hat sich zu einem Kulturfolger entwickelt.

Größe: Männchen: maximal 280 mm; Weibchen: maximal 250 mm.

Kennzeichen: Seinen Namen Teppichchamäleon trägt die Art zu Recht. Denn das hervorstechendste Merkmal ist die wunderschöne teppichartige Zeichnung. Dabei am auffälligsten sind die ovalen bis runden Seitenflecken entlang des immer sichtbaren Lateralstreifens. Selbst bei frisch geschlüpften Jungtieren ist diese Zeichnung bereits zu erkennen. Um diese Grundzeichnung gruppieren sich unregelmäßige Streifen und Flekken. Das leuchtendste und schönste Farbkleid zeigen die trächtigen Weibchen. Bei ihnen ist die Grundfärbung im oberen Bereich rot und unten weiß, worauf sich die schwarze Zeichnung und die blauen Flecken besonders deutlich abheben.

Die Farbpalette der Grundfärbung umfaßt weiße, graue, gelbe, braune, orange, rote und am häufigsten grüne Farbtöne. Von dieser Grundfärbung hebt sich das sehr variable Zeichenmuster immer deutlich ab. So ist z. B. der Lateralstreifen immer heller als die übrige Färbung, häufig sogar leuchtend weiß. Verängstigte oder stark verärgerte Tiere färben sich nicht schwarz, sondern tief dunkelbraun.

Der dachförmige Helm ist leicht erhöht und kaum vom Körper abgesetzt. Die Körperbeschuppung ist gleichmäßig mit verstreut eingesetzten Plattenschuppen. Der Kehlkamm besteht aus gleichmäßig aneinandergereihten Stachelschuppen und setzt sich noch ein Stückchen am Körper fort.

Furcifer lateralis.

Über das Alter gibt es sehr widersprüchliche Angaben. Während in der Natur, zumindest im Hochland, die erwachsenen Tiere jedes Jahr im Winter sterben, erreichen sie im Terrarium ein Alter von über fünf Jahren. Dies dürfte aber auf eine optimale Haltung zurückzuführen, doch nicht als Normalfall zu werten sein, da die Tiere mit etwa 2½ Jahren die Fortpflanzung einstellen.

Terrarium: Typ I. Die Terrarien sollten etwa L 40×T 40×H 50 cm groß sein. Die Seiten und die Rückwand kann man mit dünnem Kork oder mit einer Felsimitation bekleben, so daß kein Sichtkontakt zu den Nachbarterrarien besteht.

Da *F. lateralis* nicht an ein bestimmtes Biotop gebunden ist, hat man auch bei der Terrarieneinrichtung verschiedene Möglichkeiten. Am geeignetsten sind kleine Bäumchen wie z. B. *Ficus benjamini* und die verschiedensten Rankpflanzen. Einige geschickt eingesetzte Kletteräste runden die Einrichtung ab. Dem Bodengrund braucht man keine besondere Bedeutung beizumessen, da die Weibchen ihre Eier nicht vergraben, sondern lediglich offen ablegen. Allerdings sollte im Terrarium der trächtigen Weibchen der Boden immer sehr feucht sein, damit die Eier nicht vertrocknen.

Die Temperaturen sollten tagsüber 25 bis 28 °C betragen, 30 °C aber nicht überschreiten. Nachts sollten sie auf Zimmertemperatur abfallen (16 bis 20 °C). Die Beleuchtungsdauer sollte 12 Stunden täglich betragen. Das Terrarium muß mindestens einmal täglich überbraust werden.

Haltung und Zucht: Die Teppichchamäleons sind von ihrem Wesen her sehr agile Tiere, die den ganzen Tag im Terrarium unterwegs sind. Die innerartliche Aggressivität ist bei ihnen so stark ausgeprägt, daß eine Vergesellschaftung mit anderen Chamäleons ausgeschlossen ist. Hingegen vertragen sie sich mit anderen Reptilien- und Amphibien-Arten in der Regel recht gut. Nur sollten die Terrarienbewohner nicht zu klein sein, damit sie nicht in das Futterschema der Chamäleons passen.

Nur zu Paarungsversuchen setzt man das Weibchen ins Terrarium zum Männchen. Dieses erkennt meist sofort das Weibchen und umwirbt es mit kopfnikkenden und ruckenden Bewegungen. Ist das Weibchen nicht paarungsbereit, so wehrt es das Männchen durch Drohverhalten, wie Mauldrohen, Querwackeln, Pendelbewegungen unter Fauchen in Richtung zum Männchen ab. Ist es jedoch paarungsbereit, so reagiert es einfach gar nicht. Das Männchen nähert sich dann zügig und steigt von hinten auf. Die Kopulation dauert 10 bis 30 Minuten. Während dieser ganzen Zeit sollte man seine Tiere immer beobachten, da ein nicht paarungsbereites Weibchen einem übereifrigen Männchen schwerwiegende Bißverletzungen zufügen kann. Nach erfolgter Paarung setzt man das Weibchen immer wieder sofort zurück in sein Terrarium.

Die Trächtigkeit dauert 24 bis 52 Tage; während dieser Zeit haben die Weibchen einen erhöhten Nahrungs- sowie Vitamin- und Mineralstoffbedarf. Am besten füttert man seine Tiere täglich und sehr abwechslungsreich mit immer frisch eingestäubtem Futter. Der eigentlichen Eiablage können Grabversuche vorausgehen, in der Regel aber verstreut das Weibchen die Eier einfach wahllos im Terrarium. Die Eier sollten sofort aus dem Terrarium entnommen werden. Findet man sie erst einige Tage später, so dürfen sie nicht mehr in ihrer Lage verändert werden. Die befruchteten Eier erkennt man nach etwa 14 Tagen an einem kleinen roten Punkt an der Eioberseite. Dort hat sich der Embryo angeheftet. Die Eier werden in dicht schließenden kleinen Plastikdosen mit klarsichtigem Deckel gezeitigt. Als Substrat verwendet man leicht feuchtes Vermiculit, in das die Eier halb vergraben werden. Alle drei Wochen muß die Feuchtigkeit kontrolliert werden. Die Zeitigungstemperaturen sollten während der ersten 45 Tage etwa 26 bis 28 °C, während der nächsten 45 Tage 12 bis 18 °C – z. B. in einem kühlen Keller – und dann bis zum Schlupf wieder 26 bis 28 °C betragen. Die Gesamtzeitigungsdauer kann 159 bis 358 Tage betragen, je nachdem, wann man die kühle Phase eingeleitet hat. Etwa 100 Tage nach dem Ende der kalten Periode schlüpfen die 28 bis 35 mm großen Jungtiere. Auch bei ihnen ist das Aggressionsverhalten voll ausgeprägt, so daß nur eine Einzelaufzucht möglich ist. Aber ansonsten ist die Aufzucht problemlos. Als erstes eignen sich Miniterrarien oder umgebaute Dosen, die mit einigen kleinen Ästen und einer Rankpflanze ausgestattet werden. Gefüttert und gesprüht wird einmal täglich. Als Erstfutter eignen sich kleine Drosophila, Springschwänze und frisch geschlüpfte Heimchen.

Futter: Grillen und Heimchen, bis mittlere Schabe, die Larven des großen Schwarzkäfers und des Mehlkäfers, kleinere Wanderheuschrecken, Fliegen, Wachs- und Mehlmotte sowie deren Maden, Drosophila und Springschwänze.

Ihren Wasserbedarf decken die Tiere durch Auflecken von Wassertropfen. Zusätzlich sollten die erwachsenen Tiere zweimal die Woche mit einer Pipette getränkt werden.

Furcifer oustaleti Mocquard, 1894
Riesenchamäleon

Verbreitung: Madagaskar.
Die Art bewohnt alle heißen Regionen Madagaskars. Leider wurde sie auch in Kenia ausgesetzt, wo sie sich bis heute behauptet.

Lebensraum: *F. oustaleti* bewohnt sowohl lichte Wälder als auch offene Landschaften. Häufig findet man die Tiere am Boden umherlaufend. Sie meiden auch nicht menschliche Siedlungen. In einigen Gebieten holen sich die Einwohner die Tiere regelmäßig als Ungeziefervernichter in ihre Häuser. Bis heute ist immer noch unklar, ob es sich bei der Art *Furcifer verrucosus* nur um eine Modifikation von *F. oustaleti* handelt.

Größe: Männchen: maximal 685 mm; Weibchen: maximal 500 mm.

Zwischen den einzelnen Populationen bestehen erhebliche Größenunterschiede. Die größten Tiere sind aus der Gegend Maevatenana im Westen Madagaskars bekannt und dürften die genannten Maximalwerte noch deutlich überschreiten.

Kennzeichen: *F. oustaleti* gilt als die größte Chamäleon-Art. Wenn man einmal von der Größe absieht, handelt es sich eher um recht unscheinbare Tiere. Der Helm ist seitlich zusammengedrückt und stark vergrößert. Rücken- und Kehlkamm bestehen aus dicht hintereinanderstehenden Kegelschuppen. Die Körperbeschuppung ist recht gleichmäßig.

Die Männchen sind meist einfarbig grau oder braun und zeigen eine schmutzige Musterung. Die Weibchen sind da schon etwas farbenfroher und zeigen grüne, gelbe, graue, braune und rote Farbtöne mit dunkler Zeichnung.

Terrarium: Typ I und III. Entsprechend der Größe müssen die Tiere in riesigen Terrarien oder besser frei auf der Fensterbank bzw. im Wintergarten gehalten werden. Die Wände der Terrarien müssen dicht beklebt sein, so daß kein Sichtkontakt zum Nachbarterrarium entsteht. Für die Weibchen sollte eine 30 cm hohe Bodenschicht vorhanden sein, in der sie ihre Eier vergraben können. Die Einrichtung sollte aus einigen dicken Ästen und sehr unempfindlichen Pflanzen bestehen. Die Tagestemperaturen sollten bei 28 bis 30 °C liegen und nachts leicht abfallen. Etwa alle 2 Tage müssen die Terrarien überbraust werden.

H a l t u n g u n d Z u c h t : *F. oustaleti* ist eine eher behäbige Chamäleon-Art. Selten legen die Tiere einmal eine schnellere Gangart ein. Die innerartliche Aggressivität ist sehr stark ausgeprägt, so daß nur eine Einzelhaltung möglich ist. Lediglich Männchen und nicht trächtige Weibchen können in riesigen Terrarien bis zur erfolgreichen Paarung vergesellschaftet werden.

F. oustaleti ist ein Allesfresser, der gerne auch einmal eine andere Echse vertilgt, deshalb sollten sie nur mit sehr großen Echsen vergesellschaftet werden.

Für die Zucht setzt man das Weibchen in das Terrarium zum Männchen, woraufhin dieses sofort mit der Balz beginnt. Ist das Weibchen nicht paarungsbereit, so wehrt es das Männchen durch Dunkelfärbung mit aggressiv leuchtender Zeichnung, Querwackeln und fauchender Pendelbewegung in Richtung des Männchens ausführend ab. Ist es jedoch paarungsbereit, so reagiert es gar nicht. Das Männchen nähert sich zügig und steigt von hinten vorsichtig auf. Die Paarung dauert etwa 20 Minuten. Anschließend sitzen die Tiere friedlich nebeneinander. Es würde reichen, die Tiere erst zu trennen, wenn das Weibchen eine Trächtigkeitsfärbung bzw. eine gesteigerte Aggressivität zeigt. Besser ist es jedoch, die Tiere nach jeder Paarung sofort wieder zu trennen.

Während der Trächtigkeit sind die Weibchen sehr gefräßig und nehmen schnell an Umfang zu.

Nach der Tragzeit von 40 Tagen legen die Weibchen am Ende eines selbst gegrabenen Ganges ihre großen, bis zu 50 Eier umfassenden Gelege ab. Die Zeitigung erfolgt in kleinen, mit leicht feuchtem Vermiculit gefüllten Plastikdosen bei etwa 28 °C. Nach 210 bis 280 Tagen schlüpfen die Jungtiere. Das Wachstum ist enorm. Bereits mit etwas über einem Jahr sind die Tiere geschlechtsreif. Die Jungtiere werden einzeln in kleinen Miniterrarien großgezogen.

F u t t e r : *F. oustaleti* ist ein Allesfresser. Genommen werden nestjunge Vögel und Mäuse, ferner Wanderheuschrekken, Schaben, Grillen und Heimchen, Larven des großen Schwarzkäfers, Mehlwürmer, Spinnen und vereinzelt sogar Gehäuseschnecken.

Getränkt werden die Tiere zweimal in der Woche mit der Pipette. Zusätzlich können sie nach dem Sprühen noch einige Tropfen auflecken. Einzelne Tiere trinken auch aus der Wasserschale.

Furcifer pardalis (Cuvier, 1829)
Pantherchamäleon

V e r b r e i t u n g : Madagaskar.
Das Verbreitungsgebiet des Pantherchamäleons umfaßt heute den Norden und Osten Madagaskars sowie bereits größere Gebiete im Süden und Westen der Insel. Dabei besiedelt die Art nur die heißen Regionen, wie die Küste sowie die vorgelagerten Inseln St. Marie, Nosy Bé und jüngst auch Nosy Mangaben. Ebenfalls eingeschleppt wurde diese Art auf den Maskareneninseln Mauritius und Réunion.

L e b e n s r a u m : Besonders auf Madagaskar zeigt sich deutlich, daß es sich bei *F. pardalis* um eine phylogenetisch junge Art mit einem enormen Anpassungsvermögen handelt. Lediglich dicht geschlossene Waldgebiete werden wegen der im abgeschatteten Boden nicht erreichbaren, aber unbedingt benötigten hohen Eizeitigungstemperaturen nicht besiedelt. Überall, wo innerhalb ihrer

△ *Furcifer oustaleti.* ▽ *Furcifer pardalis* von der Insel Nosy Bé – die am häufigsten in unseren Terrarien gepflegte Variante des Pantherchamäleons.

Verbreitungsgebiete die letzten Wälder gerodet werden, kann man gut beobachten, wie die Art diesen neuen Lebensraum erobert und die ursprünglichen Arten verdrängt.

Man findet die Chamäleons überall in Büschen und im Gestrüpp, aber auch auf Bäumen, im Zuckerrohr und auf dem Boden umherlaufend. Die Art ist ein Kulturfolger. Deshalb findet man hohe Populationsstärken an Feldrändern und in Gärten.

Größe: Männchen: maximal: 520 mm; Weibchen: maximal 350 mm.

Die Größe ist bei dieser Art von der jeweiligen Population abhängig. Unsere Nachzuchten erreichen nur bei optimaler Ernährung, z. B. mit Mäusebabys, und ausreichender Wasserversorgung diese Größe. In der Regel bleiben sie jedoch kleiner.

Kennzeichen: Das auffälligste Kennzeichen sind die großen Tuberkelschuppen an der Kante der Schnauzenoberseite, die diese schaufelähnlich vergrößern. Bei den Männchen reichen diese Schuppen vorne deutlich über die Schnauzenspitze hinaus. Der Helm ist leicht erhöht und nur wenig vom Körper abgesetzt. Die Beschuppung besteht aus gleichmäßig kleinen Schuppen mit eingestreuten Plattenschuppen. Der Rücken-, Kehl- und Bauchkamm besteht aus nach hinten immer kleiner werdenden Stachelschuppen.

So zahlreich die einzelnen Verbreitungsgebiete sind, so zahlreich sind auch die unterschiedlichen Farbvarianten. Die am häufigsten in unseren Terrarien gepflegte Variante ist die von Nosy Bé. Die Männchen von dort weisen als Grundfärbung einen Grün- oder Türkiston auf, von dem sich der weiße bis schmutzig sandfarbige Lateralstreifen immer deutlich abhebt. Auch die Querbänderung ist sehr variabel und kann von Rot bis Hellblau alle möglichen Farben aufweisen. Im Gegensatz zu den sehr auffällig gefärbten Männchen weisen die Weibchen eine Art Tarnfärbung auf. Ihre Grundfärbung ist sandfarbig bis braun mit roter, orange- bis lilafarbiger Zeichnung. Wesentlich schöner sind die Männchen von Diego Suarez. Die Grundfärbung ist bei ihnen ein intensiver Gelbton mit roter und weißer Zeichnung. Die Tiere von der Ostküste und aus dem Westen sind meist einfach grau mit grüner, blauer oder roter Zeichnung.

Frisch geschlüpfte Jungtiere zeigen in den ersten Tagen eine dunkelbraune Grundfärbung, auf der die Zeichnung nur leicht angedeutet ist. Nach einigen Tagen aber wird die Grundfärbung bei den Männchen hellgrau und bei den Weibchen beige. Erst bei Erreichen der Geschlechtsreife nehmen die Nachzuchten die endgültige Farbe an.

Die Art erreicht in der Natur ein maximales Alter von 1 bis 2 Jahren. In unseren Terrarien hingegen erreichen die Tiere ohne Probleme ein Alter von bis zu vier Jahren und mehr. Allerdings stellen die Weibchen in einem Alter von etwa 2½ Jahren die Fortpflanzung ein. Etwa mit neun Monaten sind die Tiere geschlechtsreif.

Terrarium: Typ I. Da es sich bei *F. pardalis* um eine sehr agile Chamäleon-Art handelt, muß das Terrarium entsprechend groß gewählt werden. Für ein Weibchen reicht eine Größe von L 50×T 40×H 80 cm und für ein großes Männchen etwa L 50×T 50×H 120 cm.

Da die Chamäleons an kein spezifisches Biotop angepaßt sind, kann man auch die Einrichtung frei auswählen. Wichtig ist, daß die Seitenwände dicht und ohne jeden Sichtkontakt zum Nachbarterrarium beklebt sind. Jedes Loch wird von dem Pantherchamäleon sofort entdeckt

Furcifer pardalis von der Insel Sainte Marie. ▷

und erregt die Gemüter. Die Bepflanzung sollte möglichst aus robusten Pflanzen bestehen. Zahlreiche Kletteräste runden die Einrichtung ab.

Der Bodengrund sollte in den Terrarien der Weibchen etwa 20 cm hoch sein, damit sie ungestört ihre Eier vergraben können. Die Temperaturen müssen tagsüber zwischen 28 und 35 °C liegen und nachts auf 18 bis 20 °C absinken.

Die Beleuchtungsdauer sollte täglich 14 Stunden betragen. Das Terrarium muß mindestens einmal täglich überbraust werden.

Haltung und Zucht: Das Pantherchamäleon ist eine sehr lebhafte, nervöse und besonders aggressive Chamäleonart. Deshalb müssen die Tiere immer einzeln gepflegt werden. Auch eine Vergesellschaftung mit anderen Tierarten ist schwierig, da sie sie entweder als Futter betrachten oder sich von ihnen bedroht fühlen. Einzige Ausnahme sind nachtaktive größere Geckoarten.

Sobald die Tiere geschlechtsreif sind (was man gut an der Färbung erkennen kann, die Chamäleons verlieren dann ihre Jugendfärbung), setzt man das Weibchen ins Terrarium zum Männchen. Sofort bei Anblick des Weibchens fängt das Männchen an, mit dem Kopf zu nicken und dem Weibchen langsam entgegenzulaufen. Ist das Weibchen nicht paarungsbereit, so wehrt es das Männchen durch Querwackeln, Pendelbewegungen unter Fauchen in seine Richtung oder durch einfaches Beißen ab. Dabei können sie die Männchen ernstlich verletzen, so daß eine Kontrolle des Verhaltens und ggf. die sofortige Entnahme des Weibchens aus dem Terrarium unumgänglich ist.

Ist das Weibchen jedoch paarungsbereit, so reagiert es auf das Männchen scheinbar gar nicht. Das Männchen nähert sich unter ruckenden und nickenden Bewegungen und steigt von hinten auf. Daraufhin hebt das Weibchen seinen Schwanz leicht an, so daß das Männchen seinen Schwanz unter den des Weibchens bewegen kann. Die Kopulation kann bis zu 30 Minuten dauern.

Unerfahrene Männchen steigen auch schon mal von der falschen Seite oder einfach zu stürmisch auf ein Weibchen, so daß dieses leicht ›entnervt‹ eine Beißerei anfängt. Die Paarungsbereitschaft hält meistens mehrere Tage an. Während dieser Zeit sollte man die Tiere einmal täglich verpaaren, um hinterher ein 100 %ig befruchtetes Gelege zu erhalten. Nach erfolgreicher Paarung sind die Weibchen sehr futtergierig und müssen besonders abwechslungsreich gefüttert werden.

Einige Tage vor der eigentlichen Eiablage reduzieren die Weibchen die Nahrungsaufnahme und beginnen mit der Suche nach einem geeigneten Eiablageplatz. Dafür graben sie etliche Probelöcher. Nach einer Trächtigkeit von 31 bis 45 Tagen legt das Weibchen sein 12 bis 46 Eier umfassendes Gelege am Ende eines selbstgegrabenen Ganges ab. Die Eier müssen sofort aus dem Terrarium entnommen werden. Sie werden in einer Plastikdose, die mit einem klarsichtigen Deckel dicht verschlossen wird, gezeitigt. Als Zeitigungssubstrat empfiehlt sich leicht feuchtes Vermiculit, in das die Eier halb eingegraben werden. Die Zeitigungstemperatur beträgt bis zum Schlupf konstant 28 °C. Da die Eier während ihrer Entwicklung unterschiedlich viel Wasser aufnehmen, ist eine regelmäßige Kontrolle (alle 3 Wochen) unumgänglich, ob noch genügend Restfeuchtigkeit im Substrat vorhanden ist. Nach einer Zeitigungsdauer von 169 bis 362 Tagen schlüpfen die Jungtiere. Dabei kommt es selbst innerhalb eines Geleges vor, daß zwischen dem Schlupf des ersten und des letzten Jungtieres ein

Zeitraum von mehr als drei Monaten liegt. In der Regel sind die länger gezeitigten Tiere beim Schlupf kleiner, sie holen aber recht schnell auf.

Die Aufzucht erfolgt in kleinen Terrarien oder in entsprechend präparierten Dosen. Auch bei ihnen ist die Aggressivität bereits sehr stark ausgeprägt, so daß nur eine Einzelaufzucht möglich ist. Die Babys müssen täglich gefüttert und getränkt werden. Die Aufzucht bereitet keine besonderen Schwierigkeiten, nur sollten die Temperaturen nicht über 28 °C steigen. Die Art ist auch für Anfänger geeignet.

Futter: Mäusebabys, Wanderheuschrecken, Schaben, Grillen und Heimchen, Mehlwürmer, die Larven des großen Schwarzkäfers, Mehlmotten und deren Raupen, Drosophila.

Da die ausgewachsenen Tiere ihren Wasserbedarf nicht allein durch Auflekken von Tropfen decken können, müssen sie dreimal in der Woche zusätzlich mit einer Pipette getränkt werden. Einzelne Tiere trinken auch aus einer Wasserschale.

Furcifer petteri

(Brygoo und Domergue, 1966)

Verbreitung: Madagaskar.
Die Art bewohnt nur den Norden Madagaskars, genauer die Gegend um die Montagne d'Ambre.

Lebensraum: Das einzige bekannte Biotop sind alte Obstgärten in der Nähe von Joffreville und dem angrenzenden Trockenwald. Die Chamäleons leben dort hoch in den Bäumen und werden deshalb nur äußerst selten entdeckt.

Größe: Männchen: maximal 156 mm; Weibchen: maximal 145 mm.

Kennzeichen: Bei *F. petteri* handelt es sich um eine kleine Chamäleon-Art, die in ihrem Aussehen sehr stark an *Bradypodion fischeri* oder *B. taretanum* erinnert.

Die Art weist einen deutlichen Geschlechtsdimorphismus auf. So besitzen die Männchen 2 große Schnauzenfortsätze, die bei den Weibchen nur angedeutet sind. Ebenfalls nur die Männchen besitzen einen Ansatz von Rückenkamm, bestehend aus einzelnen Kegelschuppen. Die Körperbeschuppung ist gleichmäßig.

Die Grundfärbung dieser sehr attraktiven Chamäleon-Art besteht aus einem Gelb- oder Grünton. Paarungsbereite Weibchen sind häufig zitronengelb mit leuchtend rotem Helm gefärbt. Zur Balz und bei Erregung zeigen die Männchen eine hellblaue Streifenzeichnung. Häufig erkennt man auch einen weißen Lateralstreifen.

Terrarium: Typ I und IV. Die Mindestgröße sollte etwa L 25×T 40×H 40 cm betragen. Die Wände müssen so beschaffen sein, daß kein Sichtkontakt zu einem Nachbarterrarium möglich ist. Bei den Weibchen muß eine 8 cm hohe Bodenschicht zur Eiablage vorhanden sein. Bepflanzt wird das Terrarium mit einem *Ficus benjamini*, in dem sich die Chamäleons hervorragend verstekken können, und einigen kleinblättrigen Ranken. Vervollständigt wird die Einrichtung durch zahlreiche Kletteräste. Die Temperaturen sollten tagsüber etwa 25 bis 28 ° C betragen und nachts um einiges absinken. Das Terrarium muß täglich einmal überbraust werden. Die Beleuchtungsdauer sollte etwa 14 Stunden täglich betragen.

Haltung und Zucht: *F. petteri* ist eine sehr aggressive Chamäleon-Art. Bei ihr ist die innerartliche Aggressivität so stark ausgeprägt, daß nur eine Einzelhaltung möglich ist. Zur Paarung setzt man das Weibchen in das Terrarium zum Männchen, woraufhin dieses sofort mit der Balz beginnt. Ist das Weibchen nicht paarungsbereit, so färbt es sich dunkel

Furcifer petteri bei der Balz.

und marschiert sofort drohend auf das Männchen zu. Spätestens dann müssen die Tiere wieder getrennt werden, will man Bißverletzungen beim Männchen vermeiden.

Ist das Weibchen jedoch paarungsbereit, so nimmt es am Körper eine zitronengelbe Färbung an und zeigt an der Helmoberseite eine leuchtend rote Färbung. Das Männchen nähert sich dann zügig, aber vorsichtig unter nickenden und rukkenden Bewegungen. Nach erfolgter Paarung suchen die Männchen schnell wieder das Weite.

Trächtige Weibchen sind besonders aggressiv. Sie greifen nicht nur Chamäleons, sondern alle Terrarienmitbewohner an, von denen sie sich gestört fühlen. Es empfiehlt sich daher dringend – auch um Legenot durch zuviel Streß zu vermeiden – solche Weibchen nur einzeln zu pflegen. Etwa 30 Tage nach der Paarung reduziert das Weibchen die Nahrungsaufnahme und fängt an verschiedenen Stellen im Terrarium an zu graben. Wenn es einen geeigneten Platz gefunden hat, legt es sein Gelege am Ende eines selbstgegrabenen Ganges auf dem Terrarienboden ab und verscharrt die Eiablagestelle wieder sorgfältig.

Die Zeitigung erfolgt in kleinen, mit leicht feuchtem Vermiculit gefüllten Kunststoffbehältern bei 25 bis 26 °C im Brutkasten. Etwa nach 240 Tagen schlüpfen die recht kleinen Jungtiere. Die Aufzucht erfolgt einzeln und ist recht problemlos. Mit etwa 1 Jahr sind die Tiere geschlechtsreif.

F u t t e r : Kleine Grillen und Heimchen, Mehlwürmer, Wachs- und Mehlmotten sowie deren Raupen, Stubenfliegen, Drosophila.

Getränkt werden die Tiere ausschließlich durch Sprühwasser.

Berichtigung

Nietzke, Die Terrarientiere 1, 4. Auflage
Verlag Eugen Ulmer, Stuttgart 1989

Die Zeichenerklärung auf Seite 33 für alle Klimadiagramme muß richtig heißen:

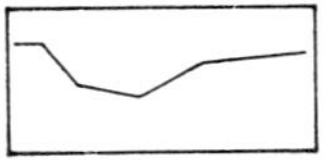 = **Temperaturkurve** statt Regenkurve

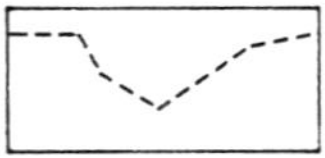 = **Regenkurve** statt Temperaturkurve

Brookesia decaryi Angel, 1938

Verbreitung: Madagaskar.
Die Art ist nur aus dem Wald von Ankarafantsika bekannt geworden. Dieser kleine Restwald steht inzwischen unter Naturschutz. Das besondere Kennzeichen dieses Waldes sind die starken klimatischen Schwankungen, denen sich die Erdchamäleons hervorragend angepaßt haben und deren Nachahmung für eine erfolgreiche Haltung und Zucht unbedingt Voraussetzung ist. So gibt es einen feucht-heißen Sommer mit hohen Niederschlagsraten und einen sehr trokkenen und kühlen Winter. Während des Winters verliert der gesamte Wald sein Laub und gleicht heimischen Wäldern im Winter. Die Erdchamäleons haben sich diesem rauhen und trockenen Südwinterklima in der Weise angepaßt, daß sie eine Art Winterruhe, vergraben im Boden oder versteckt zwischen Laub und Wurzeln, verbringen. Ein ähnliches Verhalten während der kalten Monate kann auch bei anderen Arten des zentralen Westens und des zentralen Hochlandes unterstellt werden.

Lebensraum: Die Art bewohnt die Laub- und Krautschicht des kleinen Waldgebietes. Man findet die Tiere tagsüber ausschließlich im Laub, wo sie den ganzen Tag versteckt verbringen. Lediglich abends klettern sie auf die Zweige. Die Anpassung an die Laubschicht zeigt sich auch im Aussehen und in der Auswahl der Futtertiere.

Größe: Männchen: maximal 76 mm; Weibchen: maximal 85 mm.

Kennzeichen: Fühlt sich ein *B. decaryi* entdeckt, so plattet es seinen kurzen, sehr kompakt gebauten, walzenförmigen Körper so ab, daß die Haut der Körperseite platt auf dem Boden anliegt, so daß

Brookesia decaryi.

die Tiere sehr stark an ein vertrocknetes Blatt im Laubhaufen erinnern.

B. decaryi gehört mit zu den bizarrsten Erdchamäleon-Arten. Die Rückensäge ist sehr stark ausgeprägt und endet in einer großen Plattenschuppe oberhalb der Schwanzwurzel. Der ganze Körper und die Gliedmaßen sind mit unregelmäßig angeordneten Höcker- und Stachelschuppen überzogen. Ebenfalls stark ausgeprägt ist der Helm, an dessen Ende an den Rändern große Stachelschuppen sitzen. Die Färbung besteht aus verschiedenen Brauntönen. Sehr auffallend sind die schwarzen Flecken hinter dem Helm, in der Mitte des Tieres und oberhalb der Schwanzwurzel, die als charakteristisch gelten dürfen, leider aber zeitweise nicht im Farbkleid vorhanden sind.

Terrarium: Typ II. Zur Pflege eines Pärchens sollte das Terrarium eine Mindestgröße von L 30 × T 40 × H 30 cm aufweisen. Die Seitenwände und die Rückwand müssen mit dünnem Kork oder anderem Material dicht beklebt sein. Der Bodengrund ist wegen der Winterruhe unverzichtbar. Eine lockere, etwa 5 cm hohe Schicht aus einem Sand-Torf-Gemisch, die immer leicht feucht gehalten und durch eine Laubschicht abgedeckt wird, reicht völlig. Bereits bei der Planung muß man sich überlegen, wie man die Laubschicht strukturiert, damit eine gewisse Kontrolle gegeben ist. Das Grundgerüst der Laubschicht klebt man aus einigen dünnen Korkplatten und dünnen Korkröhren, die sehr unregelmäßig angeordnet sein sollten. Eine Stelle am Boden sollte zum Einpflanzen eines Farnes oder einer anderen Pflanze frei gehalten werden. Einige Kletteräste vervollständigen die Einrichtung. Die Beleuchtung und die Temperaturen sollten die Jahreszeiten widerspiegeln (siehe „Haltung und Zucht").

Das Terrarium wird während der Winterzeit jeden dritten Tag kurz überbraust und während der restlichen Jahreszeit täglich gründlich überbraust.

Haltung und Zucht: *B. decaryi* führt eine sehr versteckte Lebensweise. Den ganzen Tag verbringen die Tiere im Laub. Fühlen sie sich beobachtet, verharren sie in ihren sowieso schon sehr langsamen Bewegungen, pressen sich langsam auf den Untergrund und verlassen sich voll auf ihre hervorragende „Welkes-Blatt"-Mimese. Es erfordert viel Geduld und Geschick, bis die Tiere sich durch die Anwesenheit eines Menschen nicht mehr stören lassen und man sie in Ruhe beobachten kann.

Die innerartliche Aggressivität ist nicht so stark ausgeprägt, lediglich die Männchen sind untereinander unverträglich. Die Tiere weisen zwei Aktivitätshöhepunkte, morgens und abends, auf. Den Rest des Tages verbringen sie an einem festen Platz auf der Oberseite der Laubschicht als Lauerjäger.

Den starken jahreszeitlichen Schwankungen in ihrem Lebensraum haben die Tiere sich auch in ihrem Verhalten angepaßt. Zur Eingewöhnung hält man die Erdchamäleons am besten bei gleichbleibenden Tagestemperaturen von 24 bis 26 °C und einer Nachtabsenkung auf Zimmertemperatur. Die Beleuchtung sollte etwa 14 Stunden täglich betragen. Etwa ab Ende November reduziert man langsam die Temperatur und die Beleuchtungsdauer für einen Zeitraum von mindestens 2 Monaten, bevor man sie dann langsam wieder auf normal erhöht. Zur Überwinterung sollten die Temperaturen am Tage etwa 15 bis 18 °C betragen. Sie können nachts ruhig etwas absinken. Die Beleuchtungsdauer sollte höchstens 10 Stunden täglich betragen.

Während dieser Winterruhe vergraben sich die Stummelschwanzchamäleons regelrecht im Terrarienboden und stellen ihre Aktivität völlig ein. Erst langsam bei Erwärmung des Terrariums werden sie wieder aktiver, und bereits nach einigen Tagen fangen sie wieder an zu fressen und entwickeln innerhalb kürzester Zeit einen beträchtlichen Appetit. Nach ca. 6 Wochen beginnt das Männchen mit der Balz, dabei läuft es den ganzen Tag hinter dem Weibchen her. Den genauen Ablauf kann man nur schlecht beobachten, da die Tiere sich versteckt im Laub bewegen. Die Paarung findet am späten Abend statt. Über eine gelungene Nachzucht ist bis heute (1992) nichts bekannt geworden. Es spricht sehr viel dafür, wie die beobachteten Paarungen zeigten, daß die Winterruhe der Auslöser für eine erfolgreiche Fortpflanzung im Terrarium ist.

Futter: Wachsraupen, kleine Grillen und Heimchen, kleinste Schaben, Kellerasseln, kleine Mehlwürmer, sehr ungern Stubenfliegen und Motten.

Ihren Wasserbedarf decken die Tiere nur durch Auflecken von Sprühwassertropfen. Während der Winterruhe nahmen die Tiere kein Wasser und kein Futter zu sich.

Brookesia legendrei Ramanantsoa, 1979

Verbreitung: Madagaskar.
Diese Brookesia-Art lebt nur in einem kleinen Restregenwald auf Nosy Bé, dem Reservat Lokobe. Leider ist dieser Lebensraum sehr stark durch das ständige Bevölkerungswachstum gefährdet. So sind heute bereits weite Teile des Nationalparks gefällt.

Lebensraum: *B. legendrei* lebt im Gegensatz zu den meisten anderen Chamäleon-Arten nicht in der Laub- und Krautschicht, am Boden oder in den niedrigen Büschen, sondern hoch oben in den Bäumen. Selten findet man einmal ein Chamäleon in einer Höhe unter 3 Metern, es sei denn, es handelt sich um ein Weibchen nach der Eiablage oder um ein Jungtier kurz nach dem Schlupf.

Größe: Männchen: maximal 70 mm; Weibchen: maximal 70 mm.

Kennzeichen: *B. legendrei* gehört zu den mittelgroßen Chamäleon-Arten. Die Rückensäge ist sehr schmal und setzt sich bis auf den Schwanz fort. Der Helm ist mit unregelmäßig angeordneten Stachelschuppen besetzt. Besonders auffällig sind die großen Stacheln auf der Schnauzenoberseite und an den Helmkanten.

Die Tiere zeigen meist eine braune, variable, an Rinde erinnernde Zeichnung.

Terrarium: Typ I und II. Aufgrund der relativ stark ausgeprägten innerartlichen Aggressivität ist nur eine Einzelhaltung in Terrarien von mindestens L 30 × T 20 × H 40 cm oder bei paarweiser Haltung im Terrarium mit einer Mindestgröße von L 60 × T 40 × H 60 cm möglich. Eine Vergesellschaftung mit anderen Terrarientieren ist meist wegen der aboralen Lebensweise problemlos.

Die Seitenwände und die Rückwand sollten dicht mit Rindenabschwarten beklebt werden, da die Chamäleons daran sehr gerne klettern. Sehr zahlreiche dünne Kletteräste, einige Rankpflanzen oder ein *Ficus benjamini* vervollständigen die Einrichtung.

Haltung und Zucht: *B. legendrei* gehört mit zu den am besten haltbaren und langlebigsten *Brookesia*-Arten. Bereits adult importierte Tiere leben seit 5 Jahren im Terrarium und erfreuen sich immer noch bester Gesundheit. Dies liegt wahrscheinlich an der nicht so stark an ein bestimmtes Biotop angepaßten Lebensweise, wie vergleichsweise im Falle der Laub- und Krautschicht. Auch im Terrarium klettern die Tiere nur in den höheren Lagen des Terrariums umher und verlassen die Äste nur ungern. Über das Paarungsverhalten und die Fortpflanzung ist bis heute (1992) nichts bekannt, zumal noch nie ein Männchen gefunden wurde.

F u t t e r : Kleine Grillen und Heimchen, Stubenfliegen, Wachs- und Mehlmotten sowie deren Raupen und Drosophila. Getränkt werden die Tiere ausschließlich durch Sprühwasser.

Brookesia minima Boettger, 1893

V e r b r e i t u n g : Madagaskar.
Bisher ist diese Art nur von der im Nordwesten Madagaskars gelegenen Insel Nosy Bé bekannt geworden. Da die Insel sehr stark bevölkert ist und ein Teil der Oberfläche für den Zuckerrohranbau benötigt wird. existieren heute nur noch zwei sehr kleine Restpopulationen im Innern und im Südosten der Insel. Es ist schon jetzt abzusehen, daß in einigen Jahren diese Art nur noch in unseren Terrarien vorhanden sein wird.

L e b e n s r a u m : Wie alle *Brookesia*-Arten lebt auch *B. minima* in der Laub- und Krautschicht der verbliebenen Restregenwälder. Diese Wäldchen haben teilweise nur noch Ausmaße von weniger als 100 qm, und es ist fraglich, ob die Populationen selbst bei Unterschutzstellung der Biotope noch überlebensfähig sind und nicht an Genarmut aussterben.

G r ö ß e : Männchen: maximal 28 mm; Weibchen: maximal 34 mm.

Bei *B. minima* handelt es sich um die kleinste Chamäleon-Art, wahrscheinlich sogar um die kleinste Reptilien-Art.

K e n n z e i c h e n : Betrachtet man ein *B. minima* im Laub, so ähnelt das Erdchamäleon mehr einem Blattstiel als einem echten Chamäleon. Der kleine walzenförmige Körper, an dem die winzigen Gliedmaßen kaum auffallen, mit einem Kopf, der kaum vom Rumpf abgesetzt ist, und der braunen Färbung verfügt das winzige Tier über eine hervorragende Tarnung.

Die Beschuppung ist sehr groß und unregelmäßig. Am ganzen Körper befinden sich Tuberkelschuppen. An den Seiten des Rückenkamms entlang verlaufen je eine Reihe kleiner Stacheln, die zum Schwanz hin immer kleiner werden und sich noch ein Stück auf dem Schwanz fortsetzen. Die Schnauzenspitze ist steil nach unten gerichtet, der Helm ist grob gerunzelt.

Die Grundfärbung besteht aus grauen, braunen, grünen und sandfarbigen Farbtönen. Häufig weisen die Tiere eine Zeichnung aus Längsstreifen auf. Sie können aber auch eine flechtenmusterartige Zeichnung annehmen. Besonders auffällig ist der hell leuchtende, sandfarbige runde Fleck auf der Stirn, den *B. minima* hin und wieder zeigt. Über seine Funktion kann nur gerätselt werden. Es spricht aber einiges dafür, daß er zur innerartlichen Kommunikation dient.

Die Tiere erreichen im Terrarium ein Alter von etwa zwei bis drei Jahren.

Die Männchen sind leicht an der verdickten Schwanzwurzel zu erkennen. Außerdem sind sie kleiner und im Körperbau wesentlich flacher.

T e r r a r i u m : Typ II. Die Terrarien zur Pflege eines Pärchens sollten eine Mindestgröße von L 30 × T 30 × H 30 cm haben. Man kann zwar größere Gruppen auch in größeren Terrarien pflegen, es ist jedoch wegen der fehlenden Kontrolle und der unbedingt benötigten Futterkonzentration nicht ratsam. Die Seiten werden am natürlichsten mit Rindenabschwarten dicht beklebt, an ihnen laufen die kleinen Chamäleons gerne umher. Sehr wichtig ist die Wahl des richtigen Bodengrundes. Bestens bewährt hat sich einfache Gartenerde. In das Terrarium wird ein schräg nach vorne weglaufender Boden eingeklebt, auf ihn wird eine 2 cm hohe Erdschicht gegeben. Die Schräge sorgt dafür, daß sich in der Erde ein Feuchtigkeitsgefälle von oben nach unten bildet und die Weibchen die Stelle mit der idealen Feuchtigkeit zur Eientwicklung aussuchen können.

△ *Brookesia legendrei.* ▽ *Brookesia minima* bei der Balz.

Da Laub sehr schnell in einem feucht warmen Terrarium verrottet und zusammenfällt, imitiert man die Laubschicht durch zerbrochene dünne Korkplatten und kleine Korkröhren. Auf diese streut man dann noch einige Blätter. Einige kleine Rankpflanzen und einige sehr dünne Äste vervollständigen die Einrichtung. Die Temperaturen sollten tagsüber 25 bis 28 °C betragen und nachts auf Zimmertemperatur abfallen. Das Vortäuschen von Jahresschwankungen ist nicht notwendig. Die Beleuchtungsdauer sollte 12 Stunden täglich betragen.

Haltung und Zucht: Lange Zeit wußte man von der kleinsten Erdchamäleon-Art nur, daß es sie gibt. Erst aus jüngster Zeit gibt es einige Beobachtungen zu ihrer Biologie. So lebt *B. minima* wie alle anderen Chamäleons in der Natur nur als Einzelgänger. Beobachtungen in ihrem Biotop zeigten, daß die Tiere etwa in einer Konzentration von einem Tier auf 1 qm Bodenfläche vorkommen! Um so erstaunlicher sind die Beobachtungen, daß sich die Tiere bei einem Wetterumschwung (Vorboten eines Zyklons) innerhalb eines Tages zum Paaren zusammenfanden. In der folgenden Nacht wurden nur noch nicht geschlechtsreife Tiere als Einzelgänger gefunden. Die Paarung in der Natur findet ebenso wie im Terrarium nur im Schutz der Dunkelheit statt. Die Pflege im Terrarium erfolgt wegen der innerartlichen Aggressivität paarweise oder in größeren Terrarien in Gruppen von einem Männchen und mehreren Weibchen. Niemals sollte man zwei Männchen zusammen pflegen.

Insgesamt läßt sich sagen, daß *B. minima* eine wesentlich offenere Lebensweise als die anderen Erdchamäleon-Arten aufweist, da die Tiere sich nie verstekken. Sie vertrauen immer auf ihre Winzigkeit und ihre Tarnfärbung und lassen sich deshalb gut beobachten. Doch selbst in einem kleinen Terrarium schaut man oft vergebens nach ihnen aus.

Um die Zucht braucht man sich nur wenig Sorgen machen, da die Tiere unter den beschriebenen Umständen irgendwann von selbst mit der Balz beginnen. Das Männchen läuft dann eine ganze Zeit hinter dem Weibchen her. In dieser Zeit scheint es zu erkennen, ob das Weibchen paarungsbereit ist oder nicht. Ist es paarungsbereit, so klettert das Männchen anschließend auf den Rücken des Weibchens. Aber nicht um sich sofort zu paaren, vielmehr läßt es sich ein oder mehrere Tage, wie bei einigen Frosch-Arten üblich, von dem Weibchen durch das Terrarium tragen. Zur Paarung kommt es immer am späten Abend, wobei die Paarung durch „Licht aus“ unterbrochen werden kann, die Tiere in Paarungsstellung einschlafen und am nächsten Morgen die Paarung beenden. Einige Tage später gehen die Tiere wieder getrennte Wege.

Die Weibchen nehmen sehr schnell an Körperumfang zu und legen die immer zwei Eier umfassenden Gelege etwa 4 bis 6 Wochen nach der Paarung. Weitere 10 Wochen später kann man dann mit etwas Glück die zwei 13,5 bis 14,5 mm großen Jungtiere entdecken. Sie zeigen die ersten Tage eine goldene Färbung und fallen sofort im Terrarium auf. Die Aufzucht ist problemlos. Die Jungtiere müssen einzeln in Miniterrarien, Größe etwa L 10 × T 10 × H 10 cm, aufgezogen werden. Nach etwa einem Jahr erreichen sie die Geschlechtsreife.

Futter: Dies ist der wichtigste Punkt, und nur wer für ausreichend Futter sorgen kann, sollte sich diese Art zulegen. Genommen werden kleine flugunfähige Drosophila und Springschwänze. Im Sommer erhalten sie zusätzlich aus garantiert nicht gespritzten Gärten Blattläuse und weiße Fliegen. Wichtig ist, daß in allen Terrarien immer eine gewisse

Konzentration an Springschwänzen vorhanden ist. Dies ist enorm wichtig bei den Nachzuchten, deshalb sollten ihre Aufzuchtbehälter nie zu groß gewählt werden. Im Alter von 4 Monaten schießen die kleinen Erdchamäleons die ersten kleinen Drosophila.

Ihren Flüssigkeitsbedarf decken die Erdchamäleons durch das Auflecken von Sprühwasser.

Brookesia peyrierasi
Brygoo und Domergue, 1975

Verbreitung: Madagaskar.
Bisher ist diese Art nur von der Insel Nosy Bé und aus den Regenwäldern um Maroantsetra bekannt geworden. Diese Gegend gilt als eine der regenreichsten Ecken Madagaskars mit über 330 Regentagen im Jahr und einer Niederschlagsmenge von über 6000 mm.

Lebensraum: Es handelt es sich um eine reine Laub- und Krautschicht bewohnende Erdchamäleon-Art.

Während der Regenzeit kommt es täglich zu wolkenbruchartigen Niederschlägen, die den ganzen Waldboden einige cm hoch unter Wasser setzen. Trotz dieser an sich durch die klimatischen Verhältnisse sehr lebensfeindlichen Umwelt für so einen Zwerg, kann die Art überleben und wird es vielleicht Dank der Unterschutzstellung der Insel Nosy Mangabe auch. Durch die ständige Zunahme der Bevölkerung sind auch hier die Menschen gezwungen, die natürlichen Ressourcen des Reserve Spezial de Nosy Mangabe für sich zu nutzen.

Größe: Männchen: maximal 40 mm; Weibchen: maximal 42 mm.

Kennzeichen: Bei *B. peyrierasi* handelt es sich um eine winzige Chamäleon-Art, die zusammen mit *B. minima, B. tuberculata, B. ramanantsoai* und *B. dentata* zum *Brookesia-minima*-Komplex gehört.

Der Körper ist walzenförmig und dabei stabiler als bei *B. minima* gebaut. Der Rückenkamm ist leicht erhöht und die Rückensäge nur etwas angedeutet. Auf dem oberen Rand der Augenbrauen und auf der Schnauzenoberseite befinden sich zahlreiche Runzeln.

Die Färbung besteht aus verschiedenen Brauntönen. Meist sind die Tiere nur einfarbig gefärbt, sie können aber auch ein flechtenartiges Muster oder eine Streifenzeichnung aufweisen.

Terrarium: Typ II. Die Größe des Terrariums zur Pflege eines Pärchens *B. peyrierasi* sollte etwa L 30×T 20×H 20 cm betragen. Zur gemeinschaftlichen Pflege größerer Gruppen, z. B. 1 Männchen und 3 Weibchen, reicht eine Verdopplung der Grundfläche aus, da die Zwerge nie im Geäst klettern.

Die Seitenwände und die Rückwände können einfach mit dünnen Korkplatten verkleidet werden. Auf dem Boden wird eine schräg nach vorne abfallende Bodenplatte eingeklebt. Auf diesen doppelten Boden gibt man eine etwa 2 cm hohe Schicht aus Gartenerde, worauf man wieder einige Moosplatten, Stücke einer zerbrochenen Korkplatte und darauf wiederum etwa 5 cm hoch trockenes Laub, schichtet. Die Temperaturen sollten während des Tages ca. 25 °C betragen und nachts auf Zimmertemperatur abfallen. Mindestens zweimal täglich muß das gesamte Terrarium überbraust werden. Damit sich nicht zuviel Wasser im Terrarium ansammelt, ist es ratsam, in der Bodenscheibe einen Abfluß einzukleben.

Haltung und Zucht: Obwohl *B. peyrierasi* dem *B. minima* im Aussehen und Biotop sehr stark ähnelt, teilweise sogar gleicht, führen die Tiere eine ganz andere Lebensweise. So lebt diese Art den ganzen Tag versteckt im Laub. Selbst nachts kann man die Chamäleons nur in Ausnahmefällen, z. B. erreichbar durch besonders langanhaltendes und heftiges Sprühen, beim Schlafen im Geäst entdecken. Fühlt sich eines der Erdchamäleons entdeckt, so verharrt es in der Bewegung. Es dauert sehr lange, bis es sich wieder sicher fühlt und ein normales Verhalten zeigt. Die innerartliche Aggressivität ist sehr stark ausgeprägt, die Tiere gehen sich immer aus dem Weg. Aggressive Handlungen, Balzverhalten oder Paarungen konnten wegen der versteckten Lebensweise bisher noch nicht beobachtet werden. Ebenso wie bei *B. minima* legen die Weibchen immer zwei Eier.

Futter: Kleine, flugunfähige Drosophila, Blattläuse, weiße Fliegen und Springschwänze.

Getränkt werden die Chamäleons nur durch Sprühwasser.

Brookesia stumpffi Boettger, 1894
Stachelchamäleon

Verbreitung: Madagaskar.
B. stumpffi bewohnt den Norden und den Nordwesten Madagaskars, sowie die vorgelagerte Insel Nosy Bé.

Lebensraum: Diese Erdchamäleon-Art ist nicht so streng wie die anderen madagassischen Arten an den Lebensraum Laub- und Krautschicht der Wälder angepaßt. Vereinzelt gibt es auch Populationen, die in seit langen Jahren verwilderten und mit Sekundärwald bewachsenen Plantagen leben. Ebenfalls konnten wir vereinzelte Tiere in stark verwilderten, mit altem Baumbestand bewachsenen Gärten im Norden Madagaskars finden.

Die Erdchamäleons verbringen ihre Zeit mit der Futtersuche im Laub oder als Lauerjäger im niedrigen Geäst. Bevorzugte Aufenthaltsorte sind auch Farnwedel.

Größe: Männchen: maximal 100 mm; Weibchen: maximal 90 mm.
In der Regel erreichen die Tiere nur eine Gesamtlänge von 80 mm.

Kennzeichen: *B. stumpffi* erinnert im Aussehen stark an ein vertrocknetes Blatt. Der langgestreckte walzenförmige Körper ist unregelmäßig beschuppt und mit zahlreichen Tuberkel- und Stachelschuppen übersät. Der Helm ist leicht erhöht und nur ein wenig vom Körper abgesetzt. Auffallend sind die Stachelschuppen über den Augen und die auf dem Rücken paarweise verlaufenden großen, flachen Stachelschuppen, die nach den Seiten gerichtet sind und stark an eine Säge erinnern. Auch die Gliedmaßen sind wehrhaft bestachelt.

Entsprechend der Laubmimese besteht auch die Grundfärbung aus braunen, rötlichen, olivgrünen und sehr dunklen bis schwarzen Farbtönen. In der Regel sind die Tiere einfarbig, nur der Bauch ist etwas heller abgesetzt. Je nach Stimmungslage und Umgebung hellen sie die Grundfärbung auf oder verdunkeln sie. Hin und wieder, besonders während der Paarungszeit, zeigen die Männchen eine flechtenmusterartige Zeichnung mit verschiedenen Farbtönen. Die Tiere können bei artgerechter Pflege ein Alter von zweieinhalb Jahren und mehr erreichen.

Die Männchen sind leicht an der verdickten Schwanzwurzel zu erkennen; ein Unterschied, der schon bei frisch geschlüpften Jungtieren im Vergleich leicht zu erkennen ist.

Terrarium: Typ II. Das Terrarium zur Pflege eines Pärchens sollte eine Mindestgröße von L 40×T 40×H 40 cm haben. Die Seiten werden mit Rindenschwarten dicht verklebt. Da die Weibchen normalerweise ihre Eier vergraben oder unter Steinen oder Moosplatten ablegen und diese Stellen hervorragend tarnen, verzichtet man einfach auf einen speziellen Bodengrund. Vielmehr beklebt man den Boden einfach mit einer Korkplatte. Auf dem Boden verteilt man

Brookesia stumpffi.

einige Korkröhren sowie Bruchstücke von dünnen Korkplatten, Rindenstücke und kleine Moospolster, die immer feucht gehalten werden. Unter ihnen verstecken die Weibchen ihre Eier, und ein langes Suchen kann entfallen.

Zur Bepflanzung eignen sich die verschiedensten Pflanzen, besonders Farne, Rankpflanzen und Bromelien. Es können aber auch kostbare Orchideen und Tilandsien verwendet werden, da die Chamäleons wegen des geringen Eigengewichtes die Pflanzen nicht beschädigen. Reichlich dünne Äste runden die Einrichtung ab. Wegen der guten Verträglichkeit ist *B. stumpffi* besonders gut zur Vergesellschaftung mit anderen Arten wie Dendrobaten, kleinen Anolis-Arten, Phelsumen, kleinbleibenden Echten Chamäleons usw. geeignet. Die Temperaturen sollten am Tage zwischen 25 und 28 °C betragen und nachts auf Zimmertemperatur abfallen. Die Beleuchtungsdauer sollte 14 Stunden täglich betragen. Das Terrarium muß täglich mindestens einmal überbraust werden.

Haltung und Zucht: Die innerartliche Aggressivität ist nur sehr schwach ausgeprägt. Früher unterstellte man den Erdchamäleons, daß sie untereinander immer verträglich seien. Aber Terrarienbeobachtungen aus jüngster Zeit zeigen, daß die Männchen untereinander sehr unverträglich sein können, so daß wir nur Einzel- oder Paarhaltung empfehlen können.

B. stumpffi führt eine sehr zurückgezogene Lebensweise. Die Tiere halten sich gerne geschützt am Boden oder im hinteren Bereich des Terrariums auf. Es bedarf schon einer Zeit der Eingewöhnung, ehe die Tiere sich recht ungestört verhalten und man sie in Ruhe beobachten kann. Die Art weist zwei Aktivitätshöhepunkte im Tagesablauf, morgens und abends, auf. Den Rest des Tages verbringen die Chamäleons als Lauerjäger im geschützten Versteck. Entdeckt ein Männchen ein anderes Erdchamäleon, so wird dieses erst einmal durch Mauldrohen begrüßt. Merkt es, daß es sich um ein Weibchen handelt, bricht es das Drohen ab und beginnt mit der Balz. Wenn das Weibchen nicht paarungsbereit ist, erkennt dies das Männchen recht schnell und beachtet das Weibchen nicht mehr. Ist es jedoch paarungsbereit, so umwirbt es das Weibchen den ganzen Tag und steigt am späten Nachmittag von hinten auf. Zur Paarung kommt es aber erst während der Dunkelheit. Die Kopulation dauert 10 Minuten. Auch in den folgenden Tagen sind die Tiere unzertrennlich. Erst wenn das Weibchen trächtig ist, verjagt es das Männchen.

35 bis 42 Tage nach der Paarung legen die Weibchen ihre 2 bis 5 Eier umfassenden Gelege ab. Im Terrarium legen sie die Eier einfach unter feuchten Moosplatten ab. Bereits einige Tage vorher laufen die Weibchen unruhig durch das Terrarium und suchen nach einem geeigneten Eiablageplatz. Etwa 20 bis 40 Tage nach der Eiablage verpaaren sich die Tiere wieder.

Die Eier müssen sofort aus dem Terrarium entnommen werden und dürfen dabei nicht mehr in ihrer Lage verändert werden. Gezeitigt werden die Eier in kleinen klarsichtigen Plastikdosen, die etwa halb mit sehr feuchtem Vermiculit gefüllt sind. Die Eier müssen etwa halb im Substrat eingegraben werden. Die Zeitigungstemperaturen dürfen 25 °C nicht überschreiten. Ideal sind leicht schwankende Zimmertemperaturen von etwa 20 bis 23 °C. Unter diesen Bedingungen schlüpfen die Jungtiere nach etwa 60 Tagen. Die Aufzucht erfolgt einzeln in kleinen Miniterrarien oder entsprechend präparierten Kaffeedosen. Sie bereitet in der Regel keine Schwierigkeiten. Als Erstfutter benötigen die Tiere kleine Drosophila und Springschwänze. Nach 9 bis 12 Monaten sind die Chamäleons geschlechtsreif.

F u t t e r : Kleine Grillen und Heimchen, Stubenfliegen, Wachsmotten und deren Raupen, Drosophila und Springschwänze.

Ihren Flüssigkeitsbedarf decken die Tiere ausschließlich durch die Aufnahme von Sprühwasser.

Brookesia superciliaris (Kuhl, 1820)

V e r b r e i t u n g : Madagaskar.
Die Art bewohnt die Regenwälder an der Ostküste Madagaskars, sowie die verbliebenen Waldgebiete auf der Insel St. Marie. Dabei bewohnt die Art alle Höhenlagen von 0 bis 1000 m, so daß es für eine artgerechte Haltung unerläßlich ist, den genauen Fundpunkt zu kennen.

L e b e n s r a u m : Das gesamte Verbreitungsgebiet weist ein besonderes Klima auf. Der Sommer ist heiß und Hauptregenzeit, der Winter ist kühl, und es regnet dann ebenfalls, nur nicht so heftig.

Weniger Niederschlag fällt nur in den Monaten Mai, September und Oktober.

G r ö ß e : Männchen: maximal 100 mm; Weibchen: maximal 100 mm.

Die maximale Größe ist abhängig von der Population, aus der die Tiere stammen.

K e n n z e i c h e n : *B. superciliaris* ist ein bizarres Erdchamäleon. Der Körper ist walzenförmig langgestreckt, seitlich etwas abgeflacht mit einem leicht erhöhten Rückenkamm. Die Tiere aus der Population von der Insel St. Marie weisen einen wesentlich schlankeren Körperbau und einen erheblich höheren Rückenkamm auf.

Anhand des Skeletts von *B. superciliaris* entdeckte SIEBENBROCK 1893 den komplizierten Aufbau aus akzessorischen Bögen über der Wirbelsäule, der den Tieren einen hohen mechanischen Schutz für das Rückenmark verleiht.

Auffallend sind die hochgezogenen, steil aufgerichteten Augenbrauen sowie vier Stachelschuppen an der Schnauzenunterseite. Die Grundfärbung besteht meist aus verschiedenen Brauntönen, seltener sind beige und graue Töne.

Terrarium: Typ II. Das Terrarium zur Pflege und Zucht eines Pärchens dieser großen Erdchamäleon-Art sollte eine Mindestgröße von L 60×T 50×H 60 cm aufweisen. Optisch sehr schön wirkt und einen guten Einblick vermittelt eine schräg von hinten nach vorne abwärts laufende Bodenscheibe. Die Erdchamäleons nutzen die Hanglage gerne zum Klettern aus. Die Seitenwände und die Rückwand werden dicht mit dünnen Korkplatten oder mit Rindenabschwarten beklebt. Ebenfalls wird der Boden mit dünnem Kork beklebt, auf dem im vorderen Bereich eine nach hinten auslaufende, etwa 5 cm hohe Erdschicht aufgetragen wird. Darauf gibt man einige Moospolster, dünne Korkröhren sowie einige vertrocknete Blätter. An Pflanzen eignen sich besonders Farne und kleine Rankenpflanzen, in denen die Chamäleons gerne klettern. Zahlreiche dünne Kletteräste vervollständigen die Einrichtung.

Die Temperatur sollte im Sommer tagsüber bei 24 bis 25 °C liegen und nachts auf Zimmertemperatur absinken. Im Winter sollten die Tagestemperaturen je nach Herkunftsgebiet zwischen 15 und 20 °C liegen und nachts um wenigstens 3 bis 5 °C absinken.

Einmal täglich völliges Überbrausen des gesamten Terrariums ist ausreichend. Ob die Art in der Natur so etwas wie eine Winterruhe einlegt, ist nicht bekannt. Untersuchungen im Hochland sprechen dafür, da zumindest während der kalten Monate Juli und August keine Tiere zu finden sind. Im Terrarium konnte jedoch ein derartiges Verhalten bisher nicht beobachtet werden.

Haltung und Zucht: Die innerartliche Aggressivität ist bei *B. superciliaris* sehr schwach ausgeprägt. Lediglich eine Vergesellschaftung von mehreren Männchen ist nicht zu empfehlen.

Die Tiere führen eine offene Lebensweise. Obwohl sie zu den großen Erdchamäleon-Arten gehören, vertrauen sie ganz auf ihre Tarnung. Sie eignen sich deshalb hervorragend als Studienobjekte. Setzt man zu einem Männchen ein Weibchen, so begrüßt es dieses mit nickenden Bewegungen. Dabei nähert es sich vorsichtig. Das Männchen erkennt jetzt schnell, ob das Weibchen paarungsbereit ist oder nicht und bricht ggf. die Balz sofort ab. Dann verhält es sich meist neutral und reagiert auf das Weibchen nicht mehr. Ist dieses jedoch paarungsbereit, so umwirbt es das Weibchen den ganzen Tag. Dabei läuft es mit nickenden und ruckenden Bewegungen immer um das Weibchen herum. Erst in den späten Abendstunden, teilweise auch erst nachts, kommt es dann zur Paarung. Das Männchen steigt dabei von hinten auf und bleibt die ganze Nacht auf dem Weibchen sitzen. Die gesamte Paarungszeit kann sich bis zu einer Woche hinziehen, man sieht dann die Tiere den ganzen Tag nahe beieinander.

Anschließend gehen die Tiere wieder getrennte Wege. In der Folgezeit hat das Weibchen einen erhöhten Nahrungsbedarf, es nimmt aber nur leicht an Umfang zu. Bei dieser Art ist es schwierig zu beobachten, ob ein Weibchen trächtig ist oder nicht. Nach einer Trächtigkeit von ca. 40 Tagen legen die Weibchen ihre 2 bis 5 Eier am Ende eines selbstgegrabenen Ganges ab. Leider sind sie dabei

Brookesia superciliaris.

nicht so unkompliziert wie *B. stumpffi*, die ihre Eier nur unter Moos und Rinde verstecken. *B. superciliaris*-Weibchen vergraben ihre Eier immer. Sorgt man nicht für einen geeigneten Eiablageplatz, so sterben die Weibchen an Legenot.

Die Eier müssen sofort aus dem Terrarium entnommen werden und in einer kleinen, dicht schließenden, mit leicht feuchtem Vermiculit gefüllten Plastikdose gezeitigt werden. Die Zeitigungstemperaturen müssen zwischen 18 und 22 °C betragen. Die Entwicklung dauert dann etwa 65 Tage.

Die Aufzucht erfolgt einzeln in speziell dafür umgebauten Kaffeedosen und ist recht unproblematisch. Die Temperaturen sollten 24 °C nicht übersteigen. Einmal täglich wird die Dose übersprüht, und gleichzeitig wird ausreichend gut eingestäubtes Futter hineingegeben.

Der Geschlechtsunterschied ist bereits bei frisch geschlüpften Jungtieren leicht im Vergleich zu erkennen.

Futter: Kleine und große Drosophila, Stubenfliegen, Wachs- und Mehlmotten sowie deren Raupen, kleine Grillen und Heimchen. Ferner erhalten die Nachzuchten an den ersten Tagen Springschwänze.

Ihren Wasserbedarf decken die Tiere ausschließlich durch das Auflecken von Wassertropfen nach dem Übersprühen des Terrariums.

Brookesia thieli

Brygoo und Domergue, 1969

Verbreitung: Madagaskar.
Die Art wird nur in den Regenwäldern des zentralen Ostens von Madagaskar, in einer Höhe von ca. 800 m gefunden.

Lebensraum: Wie fast alle Erdchamäleons lebt *B. thieli* unter anderem auch in der Krautschicht am Boden der Regenwälder. Häufiger jedoch findet man die Tiere in einer Höhe von 1 bis 3 m. Dabei leben die Tiere im Gebüsch, im Gestrüpp und auf den niedrigen Ästen der Bäume.

Größe: Männchen: maximal 64 mm; Weibchen: maximal 71 mm.

Kennzeichen: Es handelt sich bei *B. thieli* um eine mittelgroße, sehr schlanke Erdchamäleon-Art. Der Körper ist seitlich zusammengedrückt, wodurch die Tiere hervorragend an ihren Lebensraum auf kleinen Ästen angepaßt sind. Die Rückensäge ist nur schwach ausgeprägt und reicht nicht über den Körper hinaus. Auffallende Kennzeichen sind zwei Hörner, die am Augenbrauenrand beginnen und bis über die Schnauzenspitze reichen, sowie einige größere Höcker auf der Schnauzenoberseite. *B. thieli* zeigt eine schmutzige verwaschene Braunfärbung, die der Rinde der Äste perfekt ähnelt. Seltener zeigen die Tiere eine Streifenzeichnung aus beigen und braunen Farbtönen.

Terrarium: Typ II. Ein Terrarium zur Pflege eines Pärchens sollte etwa die Größe von L 30 × T 30 × H 50 cm aufweisen. Dabei sollten die Seitenwände und Rückwand mit Rindenabschwarten dicht beklebt sein. Als Bodengrund dient wieder eine Korkplatte, auf die einige Moospolster gelegt werden. Dies reicht völlig aus, da die Tiere sich nur zur Eiablage auf dem Boden aufhalten und ihre Eier dann unter Moospolstern absetzen. Dafür muß das Terrarium aber mit sehr vielen trockenen Kletterästen ausgestattet sein, auf denen die Erdchamäleons eine sehr offene Lebensweise an den Tag legen. Als Bepflanzung die-

Brookesia thieli.

nen Rankpflanzen und kleine Farne. Die Tiere aber sitzen fast ausschließlich oben im Geäst.

Die Temperaturen sollten eine deutliche Jahresschwankung aufweisen. Sie sollten im Sommer tagsüber etwa bei 24 bis 26 °C liegen und im Winter 18 bis 22 °C betragen. Nachts müssen sie um einige Grade abfallen. Im Verbreitungsgebiet sinken die Temperaturen im Winter bis auf 10 °C und mehr ab. Ebenfalls bei dieser Art ist noch nicht geklärt, ob die Tiere in der Natur eine Winterruhe einlegen. Entsprechendes Verhalten im Terrarium wurde bisher nicht beobachtet.

Die Beleuchtung sollte im Sommer 14 Stunden und im Winter 12 Stunden eingeschaltet sein. Täglich sollte das Terrarium morgens und abends überbraust werden.

Haltung und Zucht: Diese Erdchamäleons führen keine versteckte Lebensweise, vielmehr vertrauen sie ganz auf ihre Tarnung, und wenn sie sich doch einmal bedroht fühlen, drehen sie sich einfach auf die andere Seite des Astes, auf dem sie gerade sitzen.

Die innerartliche Aggressivität ist nicht so stark ausgeprägt, so daß sie problemlos paarweise gehalten werden können. Interessant ist, daß sich die Tiere dieser Art im Gegensatz zu den laub- und krautschichtbewohnenden Erdchamäleon-Arten nicht spät abends oder nachts paaren, sondern wie die echten Chamäleons am hellichten Tage, wenn ein Männchen ein Weibchen entdeckt hat. Erblickt ein Männchen ein Weibchen, so fängt es sofort heftig an zu nicken, um zu prüfen, ob das Weibchen paarungsbereit ist oder nicht. Ist es paarungsbereit, so steigt das Männchen von der Seite auf, dreht sich mit dem Weibchen auf die untere Seite des Astes und verpaart sich. Die Kopulation dauert etwa 30 Minuten. Über eine erfolgreiche Inkubation der Eier ist bisher nichts bekannt geworden.

Futter: Stubenfliegen, alle Arten von Motten, Drosophila, kleine Grillen und Heimchen sowie kleine Mehlwürmer.

Ihren Wasserbedarf decken die kleinen Erdchamäleons durch das Auflecken von Sprühwassertropfen.

Rhampholeon kerstenii (Peters, 1868)

Verbreitung: Somalia bis Tansania. Das Verbreitungsgebiet erstreckt sich hauptsächlich entlang der ostafrikanischen Küste. Von dieser Art wurde eine Unterart beschrieben.

Die meisten der im Terrarium gepflegten Tiere kommen von der Küste Kenias, aus der Gegend von Malindi. Die Art ist dort sehr häufig. Alle diese Chamäleons gehören zur Nominatform *R. kerstenii kerstenii.*

Lebensraum: *R. kerstenii* lebt hauptsächlich in der Laub- und Krautschicht der Wälder. Daneben wurden aber auch schon Tiere im Gras oder unter einzelnen Bäumen in der offenen Savannenlandschaft gefunden. Die größte Populationsstärke erreichen die Tiere an den Waldrändern. Die Art meidet auch nicht menschliche Siedlungen, selbst in den Dörfern wurden Chamäleons gefunden.

Größe: Männchen: maximal 90 mm; Weibchen: maximal 82 mm.

Die teilweise recht unterschiedlichen Größenangaben beruhen darauf, daß die Tiere aus unterschiedlichen Populationen stammen.

Kennzeichen: *R. kerstenii* ist eine flache, langgestreckte Chamäleon-Art. Die Körperbeschuppung besteht aus feinen Körnerschuppen, gemischt mit vergrößerten Tuberkeln. Dadurch fühlt sich die Haut etwa wie feines Sandpapier an. Entlang des Rückenfirstes ziehen sich vergrößerte Tuberkelschuppen bis zur

Schwanzspitze. Die Augenbrauenkante ist stark vergrößert und nach oben gerichtet. Die Normalfärbung besteht aus einem gleichmäßigen matten Braunton. Seltener zeigen die Chamäleons mal eine graue Färbung. In bestimmten Stimmungslagen, z. B. bei Erregung, nehmen die Tiere eine Streifenzeichnung an.

Terrarium: Typ I. Das Terrarium sollte eine Größe von L 30×T 30× H 40 cm aufweisen. Die Seitenwände und die Rückwand müssen dicht mit Kork beklebt sein. In die Terrarien der Weibchen füllt man eine etwa 5 cm hohe Bodenschicht, am besten Sand-Torf-Gemisch, damit sie ohne Probleme ihre Eier vergraben können.

Auf den Boden gibt man eine etwa 5 cm hohe Laubschicht. Zur Bepflanzung eignen sich kleine Farne und Zwergbambus. Außerdem müssen einige Kletteräste vorhanden sein.

Die Tagestemperaturen sollten etwa bei 25 °C liegen und nachts auf 20 °C abfallen. Das Terrarium wird etwa 14 Stunden täglich beleuchtet. Einmal täglich morgendliches Überbrausen des gesamten Terrariums reicht völlig.

Haltung und Zucht: *R. kerstenii* ist eine sehr ruhige Erdchamäleon-Art. Die Tiere versuchen nur selten, sich zu verbergen. Während des Tages laufen sie bedächtig durchs Terrarium und suchen nach Futter. Eine Paarung im Terrarium wurde noch nie beobachtet. Doch zeigten Terrarienbeobachtungen, daß das Balzverhalten dem von *Brookesia minima* sehr ähnelt. Auch bei dieser Art tragen die Weibchen die Männchen mehrere Tage durchs Terrarium.

Die etwa 50 Tage später abgesetzten Gelege können bis zu 9 Eiern umfassen. Gezeitigt werden die Eier bei 28 °C in einer mit leicht feuchtem Vermiculit gefüllten, dicht schließenden Plastikdose. Unter diesen Bedingungen schlüpfen die Nachzuchten nach 52 Tagen. Die Aufzucht der etwa 30 mm großen Jungtiere erfolgt einzeln in kleinen Terrarien. Einmal täglich werden die kleinen Aufzuchtbehälter übersprüht, und es werden ausreichend gut eingestäubte Futtertiere hineingegeben.

Futter: Kleine Grillen und Heimchen, Stubenfliegen, Wachs- und Mehlmotten sowie deren Raupen, Drosophila.

Getränkt werden die Erdchamäleons durch Sprühwasser.

Rampholeon spectrum (Buchholz, 1874)
Blattchamäleon

Verbreitung: Zentrales Afrika, von O-Nigeria bis nach Tansania.
R. spectrum besitzt von allen Erdchamäleon-Arten das größte Verbreitungsgebiet. Es umfaßt fast den gesamten tropischen Gürtel Afrikas. Dabei kommt die Art sogar bis in Höhen von 2400 m vor. Trotz des großen Verbreitungsgebietes sind nur zwei Unterarten beschrieben worden.

Für eine artgerechte Haltung ist es daher unerläßlich, daß man den genauen Fundpunkt und das dortige Klima kennt.

Lebensraum: *R. spectrum* ist wie fast alle Stummelschwanzchamäleons ein typischer Bewohner der Laub- und Krautschicht der zentralafrikanischen Regenwälder. Man findet die Chamäleons tagsüber am Boden umherlaufend oder aber bis in eine Höhe von etwa einem Meter auf dünnen Ästen sitzend und auf Beute wartend.

Größe: Männchen: maximal 90 mm; Weibchen: maximal 90 mm.

Schwankungen bei der maximalen Gesamtlänge sind durch die zahlreichen geographischen Varianten bedingt.

Kennzeichen: *R. spectrum* hat einen gedrungenen, massigen Körperbau, der mit seiner Blattform mehr an ein echtes

Rhampholeon spectrum.

Chamäleon als an ein Erdchamäleon erinnert.

Auffallendstes Kennzeichen ist der kleine Nasenfortsatz, der einige mm über die Schnauzenkante hinausreicht. Die Beschuppung besteht aus feinkörnigen kleinen Schuppen mit eingestreuten Tuberkelschuppen. Die Färbung ist recht trist, sie besteht aus verschiedenen Brauntönen.

T e r r a r i u m : Typ II. Die innerartliche Aggressivität ist zwar nur schwach ausgebildet, aber die Tiere unterdrücken sich trotzdem. Es ist deshalb nur eine Einzelhaltung anzuraten. Die Mindestgröße des Terrariums sollte etwa L 30 × T 30 × H 30 cm betragen. Die Rückwand und die Seitenwände müssen dicht beklebt sein, so daß kein Sichtkontakt zu einem Nachbarterrarium besteht. Für die Weibchen sollte eine etwa 5 cm hohe Bodenschicht, Voraussetzung für eine komplikationslose Eiablage, im Terrarium vorhanden sein. Eine Laubschicht, kleine Farne oder Rankenpflanzen sowie einige Kletteräste vervollständigen die Einrichtung. Die Tagestemperaturen für Tiere aus Kamerun sollten zwischen 25 und 28 °C liegen und nachts auf Zimmertemperatur sinken. Die Beleuchtungsdauer sollte etwa 14 Stunden täglich betragen. Ferner muß das Terrarium zweimal täglich überbraust werden.

H a l t u n g u n d Z u c h t : *R. spectrum* führt eine eher scheue und zurückgezogene Lebensweise. Die Tiere lassen sich nur sehr schwer ungestört beobachten. Zur Paarung setzt man das Weibchen ins Terrarium zum Männchen, woraufhin dieses meist sofort mit der Balz beginnt. Ist das Weibchen nicht paarungsbereit, so macht es einige drohende Pendelbewegungen in Richtung auf das Männchen, woraufhin dieses die Balz abbricht. Ist es jedoch paarungsbereit, so reagiert es scheinbar gar nicht auf das Männchen, sondern läuft nur sehr langsam weiter. Das Männchen nähert sich nun zügig unter nickenden Bewegungen und steigt, sobald es das Weibchen eingeholt hat, von hinten auf. Die Tiere verpaaren sich sofort. Etwa 40 Tage später legt das Weibchen 2 bis 5 Eier am Ende eines selbstgegrabenen Ganges ab. Über eine gelungene Zeitigung ist bis heute (1992) noch nichts bekannt geworden.

Futter: Kleine Heimchen und Grillen, Stubenfliegen, Wachs- und Mehlmotten sowie deren Raupen, Drosophila.

Ihren Wasserbedarf decken die Tiere ausschließlich durch Auflecken von Sprühwassertropfen.

Zusammenstellung der bekannten Chamäleon-Arten

Die Bedeutung der Ziffern zum Verbreitungsgebiet ist den beiden Karten im Abschnitt „Lebensraum und Verbreitung" vorne im Buch zu entnehmen. Lebensräume: A: Baumbewohner; B: Buschbewohner; C: Bodenbewohner; D: Laub- und Krautschichtbewohner; E: Bewohner der offenen Grassavanne. Vegetationszonen: I: Regenwald; II: Trockenwald; III: Feuchtsavanne; IV: Trockensavanne; V: Wüste. Terrarientypen (vgl. Zeichnungen im Abschnitt „Terrarientypen" vorne im Buch): I: Standardterrarium; II: Urwaldterrarium; III: Trockenterrarium; IV: Gazebehälter.

Art	Verbreitungs-gebiet	Lebens-raum	Vege-tation	Terrarium Typ
Bradypodion adolfifriderici	4	B	I/III	I/IV
Bradypodion caffer	1	A/B	IV	III/IV
Bradypodion carpenteri	4	A	I	IV
Bradypodion damaranum	1	A/B	II	III/IV
Bradypodion dracomontanum	1	A/B	II/IV	IV
Bradypodion fischeri	3	A	I	I
Bradypodion gutturale	1	B	IV	III/IV
Bradypodion karroicum	1	B	IV	III/IV
Bradypodion melanocephalum	1	B	IV	III/IV
Bradypodion mlanjense	3	B	II	IV
Bradypodion nemorale	1	A/B	II	III
Bradypodion occidentale	1	E	V	IV
Bradypodion oxyrhinum	1	B	IV	IV
Bradypodion pumilum	1	B	IV/V	III/IV
Bradypodion setaroi	1	A/D	II/IV	IV
Bradypodion spinosum	3	A/B	I	I
Bradypodion taeniobronchum	1	B	IV	III
Bradypodion tavetanum	3	A/B	I	I
Bradypodion tenue	3	B	I	I/IV
Bradypodion thamnobates	1	A/B	IV	III
Bradypodion uthmoelleri	3	A/B	I	I
Bradypodion ventrale	1	B	IV	III
Bradypodion xenorhinum	4	A	I	I/II
Calumma boettgeri	2	A/B/D	I	I/II
Calumma brevicornis	2	B	I	I

Art	Verbreitungs-gebiet	Lebens-raum	Vege-tation	Terrarium Typ
Calumma capuroni	2	C/E	III	I
Calumma cucullata	2	A/B	I	I/II
Calumma fallax	2	B/C/D	I	I/II
Calumma furcifer	2	B	I	I
Calumma gallus	2	B	I	II
Calumma gastrotaenia	2	B	I/II	I/II
Calumma globifer	2	A/B	I	I/II
Calumma guibei	2	C/D	III	II
Calumma hilleniusi	2	A/D/E	III	I/IV
Calumma linota	2	B	II	II
Calumma malthe	2	A/B	I	I
Calumma nasuta	2	A/B/D	I	II
Calumma oshaughnessyi	2	B/D	I	II
Calumma parsonii	2	A/B	I	I/II/IV
Calumma peyrierasi	2	B/D	III	I
Calumma tigris	2	B	I	I
Calumma tsaratananensis	2	A	I	I
Chamaeleo africanus	3/4/5/6	A/B/C	III/IV/I	I/III
Chamaeleo anchietae	1/3/4	B	I/III	III
Chamaeleo arabicus	8	A/B	III	III
Chamaeleo calcaricarens	8	B/C	IV/V	III
Chamaeleo calyptratus	8	A/B	III	III
Chamaeleo chamaeleon	7	A/B/C	III/IV/V	I/III
Chamaeleo dilepis	1/3/4/5	A/B	II/III	I–IV
Chamaeleo gracilis	3/4/5/6	A/B	II	I/III
Chamaeleo ituriensis	4	B	IV	I/IV
Chamaeleo laevigatus	3/4/5	A/B	III/IV	I/III
Chamaeleo monachus	3	B	II/IV	I
Chamaeleo namaquensis	1	C	V	III
Chamaeleo quilensis	3/4/5/6	B	II/IV	I
Chamaeleo roperi	4	A/B	III/IV	I
Chamaeleo senegalensis	5/6	A/B	IV	I/III
Chamaeleo zeylanicus	9	A/B	I	I
Chamaeleo (Trioceros) affinis	3	B/C	IV	III/IV
Chamaeleo (Trioceros) bitaeniatus	4	E	III	IV
Chamaeleo (Trioceros) camerunensis	5	A/B	I/II/III	I
Chamaeleo (Trioceros) chapini	4	B	I	IV
Chamaeleo (Trioceros) cristatus	5	A/B	I	II
Chamaeleo (Trioceros) deremensis	3	B/D	I	II
Chamaeleo (Trioceros) eisentrauti	5	A/B	I	I/II
Chamaeleo (Trioceros) ellioti	4	E	III	IV
Chamaeleo (Trioceros) feae	6	B/E	III	I
Chamaeleo (Trioceros) fuelleborni	3	B	II	I
Chamaeleo (Trioceros) goetzei	3	B/E	III	I

Art	Verbreitungs-gebiet	Lebens-raum	Vege-tation	Terrarium Typ
Chamaeleo (Trioceros) hoehnelii	3/4	A/B	III/IV	IV
Chamaeleo (Trioceros) incornutus	3	B	I	I
Chamaeleo (Trioceros) jacksonii	3	A	III	IV
Chamaeleo (Trioceros) johnstoni	3/4	A	I/III	IV
Chamaeleo (Trioceros) kinetensis	3	B/E	III	IV
Chamaeleo (Trioceros) laterispinis	3	A/B	I	IV
Chamaeleo (Trioceros) marsabitensis	3	A/B	II/III	IV
Chamaeleo (Trioceros) melleri	3	A	III/IV	IV
Chamaeleo (Trioceros) montium	5	B/E	I/III	I/IV
Chamaeleo (Trioceros) oweni	4/5/6	A/B	I	II
Chamaeleo (Trioceros) pfefferi	5/6	A/B	I/II	I
Chamaeleo (Trioceros) quadricornis	5	B	I/III	I/IV
Chamaeleo (Trioceros) rudis	4	C/E	III	IV
Chamaeleo (Trioceros) schoutedeni	4	B/E	III	IV
Chamaeleo (Trioceros) schubotzi	4	B/C/E	III	IV
Chamaeleo (Trioceros) tempeli	3	B	I/III	I
Chamaeleo (Trioceros) werneri	3/4	A/B	I	IV
Chamaeleo (Trioceros) wiedersheimi	5/6	A/B	I/II	I/II
Furcifer angeli	2	A/B	II/III	IV
Furcifer antimena	2	B	IV	I/III
Furcifer balteatus	2	A	I	I/II
Furcifer belandaensis	2	B	IV	I
Furcifer bifidus	2	A	I	I/II
Furcifer campani	2	C/E	III	I
Furcifer cephalolepis	2	A/B	I	I/II
Furcifer labordi	2	A/B	II/IV	I/III
Furcifer lateralis	2	A/B/C/E	I/II/III	I
Furcifer minor	2	B/D	I/II	I/II
Furcifer monoceras	2	B/D	IV	I
Furcifer oustaleti	2	A/B	II/IV	I/III
Furcifer pardalis	2	B/C/D	I–IV	I
Furcifer petteri	2	A	II	I/IV
Furcifer polleni	2	A/B	I	I
Furcifer rhinoceratus	2	B/D	II	I/II
Furcifer tuzetae	2	A/B	II/IV	I
Furcifer verrucosus	2	A/B	III/IV	I/III
Furcifer willsii	2	A	I	I/IV
Brookesia antoetrae	2	C/D	I	I/III
Brookesia betschi	2	D	I	II
Brookesia bonsi	2	C/D	II/III	II
Brookesia decaryi	2	D	II	II
Brookesia dentata	2	C/D	II/III	II
Brookesia ebenaui	2	D	I/II	II
Brookesia griveaudi	2	D	I	II

Art	Verbreitungs-gebiet	Lebens-raum	Vege-tation	Terrarium Typ
Brookesia karchei	2	D	I	II
Brookesia lambertoni	2	D	I	II
Brookesia legendrei	2	A!	I/II	I/II
Brookesia minima	2	C/D	I/II	II
Brookesia nasus	2	D	I/II	II
Brookesia peratmata	2	A/B	II	I
Brookesia peyrierasi	2	C/D	I	II
Brookesia ramanantsoai	2	C/D	I	II
Brookesia stumpffi	2	B/C/D	I/II	II
Brookesia superciliaris	2	B/C/D	I/II	II
Brookesia therezieni	2	B/C	I	II
Brookesia thieli	2	A/B	I	II
Brookesia tuberculata	2	C/D	I	II
Brookesia vadoni	2	B/D	I	II
Brookesia valerieae	2	C/D	I	II
Rhampholeon brachyurus	3	C/D	I/II	II
Rhampholeon brevicaudatus	3	C/D	III	II
Rhampholeon kerstenii	3	C/D/E	III/IV	I
Rhampholeon marshalli	3	D	II/III	II
Rhampholeon nchisiensis	3	C/D	I	II
Rhampholeon platyceps	3	D	I	II
Rhampholeon spectrum	3/4/5/6	B/C/D	I/II/III	I/II
Rhampholeon temporalis	3	D	I	II

Literatur

Altevogt, R., und R. Altevogt (1954): Studien zur Kinematik der Chamäleonzunge, Z. Vergl. Physiol. 36: 66–77.

Angel, F. (1942): Lez Lézards de Madagascar. Memoires de L'academie, Malagache XXXVI.

Atsatt, S. R. (1953): Storage of sperm in the female Chamaeleon, *Microsaura pumila pumila*, Copeia 59.

Benzien, J. (1954): Einiges über *Chamaelon fischeri matschiei*. DATZ VII, 11: 295–298.

Blanc, F. (1970a): Contribution a l'etude de la croissance postembryonnaire de *Chamaeleo lateralis* Gray, 1831. Ann. Univ. Madagascar, Tananarive, (Sci) 7: 321–343.

– (1970b): Le cycle reproducteur chez la femelle de *Chamaeleo lateralis* Gray 1831. Ann. Univ. Madagascar Ser. Sci. 7: 345–358.

Blanc, F., et Ch. Blanc (1971): Élevage de *Chamaeleo lateralis*. C. R. Sec. Herp. France, Paris, 1: 30–34.

BNA (1987): Das neue Artenschutzrecht. BNA-Handbuch, Köln.

Böhme, W. (1982): Ein neues Chamäleon aus Tanzania, mit Bemerkungen über Mimese bei Echsen. Bonn, zool. Beitr. 33 Heft 2–4: 349–361.

Böhme, W., und C. Klaver (1981): Zur innerartlichen Gliederung und zur Artgeschichte von *Chamaeleo quadricornis*. Amphibia-Reptilia 3/4: 313–328.

Bourgat, R. M. (1968): Comportement de la femelle de *Chamaeleo pardalis* Cuvier, 1829, apres-l'accouplement. Bull. Soc. zool. Fr. 93: 355–356.

– (1970): Recherches écologiques et biologiques sur le *Chamaeleo pardalis* Cuvier, 1829, de L'île de la Réunion et de Madagascar. Bull. Soc. zool. Fr. 95: 259–269.

– (1971): Vie en captivité des caméléons malgaches. Aquarane 5: 41–44.

Branch, B. (1988): Bill Branch's Field Guide to the Snakes and other Reptiles of southern Africa, London 328 Seiten.

Broer, W. (1978): Rotschwanznattern *Goniosoma oxycephala*, ihre Pflege und Zucht. Das Aquarium 12: 79–81.

Brygoo, E. R. (1971): Reptiles Sauriens Chamaeleonidae. Genre Chamaeleo. Faune de Madagascar 33: 1–318, Orstom et CNRS, Paris.

– (1978): Reptiles Sauriens Chamaeleonidae. Genre *Brookesia* et complement pour la genre *Chamaeleo*. Faune de Madagascar 47: 1–173 Orstom et CNRS, Paris.

Burrage, B. R. (1973): Comparative ecology and behaviour of *Chamaeleo pumilus pumilus* and *Chamaeleo namaquensis* (Sauria: Chamaeleonidae). Ann. S. Afr. Mus. 61: 1–158.

Bustard, H. R. (1958): Use of horns by *Chamaeleo jacksonii*. Br. J. Herpet. Z. 105–107.

Cooper, J. E., and O. F. Jackson (eds.) (1981): Diseases of the Reptilia, Vol. 1+2, London, New York, Toronto, Sydney, San Francisco, Academic Press.

Daiss, S. (1978): Haltung und Aufzucht von *Chamaeleo hoehnelii*, Aquar.- und Terrar.-Z. Stuttgart 31: 64–67.

Dischner, H. (1958): Zur Wirkungsweise der Zunge bei Chamäleons. Natur und Volk 9: 320–324.

Eason, P., G. W. Furguson and J. Herbrad (1988): Variation in *Chamaeleo jacksonii*: Description of a new Subspecies, Copeia, 3: 580–590.

Eggers, J. (1963): *Chamaeleo basiliscus*: Terrarienaufzucht in zweiter Generation. DATZ 16: 242–246.

Fischer. J. v. (1882): Das Chamäleon (*Chamaeleo vulgaris*), sein Fang und Versand, seine Haltung und seine Fortpflanzung in der Gefangenschaft. Zool. Garten 23: 70–82.

Fitzsimons, V. F. (1943): The lizards of South Africa. Trans. Mus. Men. 1, XV: 1–528.

Flower, S. S. (1925): Contributions to our knowledge of the duration of life in vertebrate animals. III Reptiles, Proc. Zool. Soc., London 911–981.

Francke, H. (1963 und 1964): Probleme der Haltung und Zucht von Chamäleons. DATZ 16: 344–346 und 374–377, DATZ 17: 23–25 und 54–56.

Friederich, U. (1985): Beobachtungen an *Rhampholeon kerstenii kerstenii* im Terrarium. Salamandra, Bonn, Band 21, Heft 1: 40–45.

Friederich, U. und W. Volland (1981): Futtertierzuchten. Verlag Eugen Ulmer, Stuttgart.

Frisch, O. v. (1962): Zur Biologie des Zwergchamäleons (*Microsaurus pumilus*). Z. Tierpsychol. 19: 276–289.

Heinecke, S. (1989): Reise durch den Kivu, DATZ 42 (9): 561–564.

Henkel, F. W. und W. Schmidt (1991): Gekkos. Eugen Ulmer Verlag, Stuttgart.

Hillenius, D. (1959): The differentiation within the genus *Chamaeleo Laurenti*, 1768. Beaufortia 8, (89): 1–92.

– (1963): Comparative cytology: aid and new complications in Chamaeleon-taxonomy. Beaufortia 9, (108): 201–218.

Ippen, R., H.-D. Schröder und K. Elze (1985): Handbuch der Zootierkrankheiten, Band 1: Reptilien. Akademie Verlag, Berlin.

Isenbügel, E. und W. Frank (1985): Heimtierkrankheiten. Verlag Eugen Ulmer.

Kästle, W. (1967): Soziale Verhaltensweise von Chamäleons aus der *pumilus-bitaeniatus*-Gruppe. Z. Tierpsychol. 24: 313–341.

– (1972): Echsen im Terrarium, Franckh'sche Verlagshandlung Stuttgart.

– (1982): Schwarz vor Zorn, Farbwechsel bei Chamäleons. Aquarien Magazin, Stuttgart.

Klaver, Ch. J. J. (1981): Chamaeleonidae. *Chamaeleo chamaeleon* (Linnaeus, 1758), Gemeines oder gewöhnliches Chamäleon. In: Handbuch der Reptilien und Amphibien Europas ed.: W. Böhme, I: 217–238.

Klaver, Ch. J. J. und W. Böhme (1986): Phylogeny and classification of the Chamaeleonidae (Sauria) with special reference to hemipenis morphology. Bonn zool. Monogr., 22: 1–64.

Klingelhöffer, W. (1957): Terrarienkunde III. Teil: Echsen, Stuttgart.

Krimse, W. (1988): Foveal and Ambient Visuomotor Control in Chameleons (Squamata). Zool. Jb. Physiol. 92: 341–350.

Krintler, K. (1977): Nachwuchs bei Helmchamäleons. DATZ 30: 352–354.

Leptien, R. (1988): Haltung und Nachzucht von *Furcifer polleni*. Salamandra, (Bonn), Band 24 (2/3): 81–86.

– (1991): Haltung und Nachzucht von *Rhampholeon kerstenii*. Salamandra Bonn 27 (1/2): 70–75.

Lilge, D., und van Meeuwen, H. (1987): Grundlagen der Terrarienhaltung. Landbuch-Verlag, Hannover.

Lin, J., and C. E. Nelson (1957): Comparative Reproductive Biology of Two Sympatric Tropical Lizards. Amph.-Rep. 3/4: 287–311.

Loveridge, A. (1957): Check list of the Reptiles and Amphibians of East Africa. Bulletin of The Museum of Comperative Zoology, Cambridge: 153–360.

Matz, G. und M. Vanderhaege (1980): BLV Terrarienführer. BLV-Verlagsgesellschaft, München, Wien, Zürich.

Meier, M.: (1979): Eine ehrliche Haut. Geo Hamburg: 32–48.

Mertens, R. (1946): Die Warn- und Drohreaktion der Reptilien. Abh. senckenb. naturforsch. Ges. 471: 1–108.

– (1951): *Brookesia stumpffi*, ein madagassisches Zwergchamäleon, in Gefangenschaft. DATZ 4: 329–330.

– (1966): Chamaeleonidae. Das Tierreich 83: 1–37.

Necas, P. (1991): Bemerkungen über *Chamaeleo c. calyptratus*. herpetofauna 13: 6–10.

Nietzke, G. (1978): Die Terrarientiere 1 und 2. Verlag Eugen Ulmer Stuttgart.

Oeser, R. (1961) Chamäleonpflege I–III. DATZ 14: 53–56, 91–94 und 116–117.

Parcher, St. R. (1974): Observations of the natural histories of six Malagasy Chamaeleontidae. Z. Tierpsychol. 34: 500–523.

Petzold H. G. (1973): Das Geheimnis der Chamäleonzunge. Forschende Kamera, Urania 49 (11): 14–16.

– (1982): Aufgaben und Probleme bei der Erforschung der Lebensäußerungen der Niederen Ammionten (Reptilien). Berliner Tierpark Buch Nr. 38, Nachdruck aus Milu Bd. 5 (4/5): 485–786.

Philippen, H. D. (1992): Liste der rezenten Formen der Familie Chamaeleonidae (Manuskript).

Podloucky, R. (1987): Das neue Artenschutzrecht und seine Folgen für die Amphibien- und Reptilienhaltung. herpetofauna 9 (50): 9–16.

Ravet, J. (1948): Atlas climatigraphique de Madagascar. Publ. Serv. meteorologique Madagascar, Antananarivo, 10: 1–96.

Schifter, H. (1965): Erfahrungen mit einem Pantherchamäleon. Zool. Garten 30 (3/4): 179–181.

– (1971): Familie Chamäleons. In: Grzimeks Tierleben, Bd. VI: 229–245.

Schmidt, W. (1984): Springschwanzzuchten. Der kleine Tip, Sauria 6 (3): 11.
– (1985): *Chamaeleo lateralis*. Beilage zur Sauria, Amph/Rept.-Kartei: 41–42 Berlin W. 7 (4).
– (1986a): *Brookesia stumpffi*. Beilage zur Sauria, Amph./Rept.-Kartei: 41–42 Berlin W. 8 (2).
– (1986b): Über die Haltung und Zucht von *Chamaeleo lateralis* (Gray, 1831). Salamandra, Bonn 22 (2/3): 105–112.
– (1987): Bemerkungen über das Pantherchamäleon. herpetofauna, 9 (47): 21–24.
– (1988): Zeitigungsversuche mit Eiern des madagassischen Chamäleons *Furcifer lateralis* (Gray, 1831). Salamandra, 24 (2/3): 182–183.
– (1990): Anmerkungen zur Pflege von Chamäleons. DATZ Stuttgart 43: 268–272.
– (1991): Ein buntes Zwergchamäleon aus Südafrika, *Bradypodion pumilum*. DATZ Stuttgart 44: 778–783.
– (1993): Freiland- und Haltungsbeobachtungen an der Chamäleon-Art *Calumma parsonii* (Cuvier, 1824). Salamandra (Bonn) 27 (4): 195–201.
– (1992): Über die erstmalige gelungene Nachzucht von *Furcifer campani* Grandid, 1872, sowie eine Zusammenstellung einiger Eizeitigungsdaten von verschiedenen Chamäleon-Arten in Tabellenform. Sauria (Berlin) 14 (3): 21–23.
– (1993): Über Versuche mit Umwegaufgaben bei Chamäleons, *Bradypodion pumilum*. Salamandra (Bonn) S. 270–274.
Schmidt, W., F. W. Henkel und W. Böhme (1989): Zur Haltung und Fortpflanzungsbiologie von *Brookesia stumpffi* (Boettger, 1894). Salamandra, Bonn Band 25 (1).
Schmidt, W. und K. Tamm (1987): Nachzucht vom Teppichchamäleon. DATZ 40 (12): 561–563.
– (1988a): Nachtrag zu Bemerkungen über das Pantherchamäleon. herpetofauna 10 (52), Weinstadt: 11.
– (1988b): *Furcifer pardalis*, Beilage zur Sauria, Amph./Rept.-Kartei: 101–104 Berlin W. 10 (1).
Schmidt, W., K. Tamm und E. Wallikewitz (1989): Chamäleons, Drachen unserer Zeit. Herpetologischer Fachverlag Münster.
Schmidt, W. und H. Simon (1988a): Die kleinste bekannte Chamäleonart der Welt, *Brookesia minima*. DATZ 41 (5): 90.
– (1988b): *Brookesia minima*. Beilage zur Sauria, Amph./Rept.-Kartei: 121–124 Berlin W. 10 (4).
Schnieper, C., u. M. Meier (1986): Das Chamäleon. Kinderbuchverlag Luzern.
Schuster, M. (1979): Experimentelle Untersuchungen zum Beutefang-, Kampf- und Fortpflanzungsverhalten von *Chamaeleo jacksonii*, Dissertation Münster.
– (1984): Zum fortpflanzungsbiologischen Verhalten von *Chamaeleo jacksonii*, Boulenger, 1896. Salamandra 20 (2/3): 88–100.
Schuster, D. und M. Schuster (1980): Haltung und Zucht von *Chamaeleon jacksonii* bis zur zweiten Generation. Zool. Garten N. F. Leipzig 50: 49–51.
Schwenk, K. (1985): Occurence, Distribution and Functional Significance of Taste Buds in Lizards. Copeia 1: 91–101.
Siebenrock, F. (1893): Das Skelett von *Brookesia superciliaris* Kihl. Sber. Akad. Wiss., Wien 102: 71–118.
Stettler, P. H. (1973): Handbuch der Terrarienkunde, Kosmos Verlag Stuttgart.
Tamm, K., V. Müller und W. Schmidt (1988): Haltung und Zucht von *Furcifer cephalolepis*. herpetofauna, 10 (57): 11–14.
Wager, V. A. (1981): The Life of Chameleon. A Wildlife Handbook.
Werner, F. (1902): Prodomus einer Monographie der Chamäleonten. Zool. Ib. Syst. 15: 295–460.
– (1911): Chamaeleontidae. Das Tierreich 27: 1–52.
– (1912): Das Bodenbewohnen des Chamäleons. Bl. Aquar. Terrarienk. 40: 7–9.
Witte, G. Fr. (1965): Les Caméléons de L'Afrique Central. Mus. R. Afr. Cent., Tervuren, Belg. Ann. Ser. 8° Sci. Zool. 142: 215.

Stichwortverzeichnis

Alle Seitenzahlen, die mit einem * versehen sind, weisen auf eine Abbildung hin.